A Cognitive Research on
Topic Chains in Chinese Narrative Discourse

杨 彬 著

汉语叙事性语篇话题链的认知研究

上海交通大学出版社
SHANGHAI JIAO TONG UNIVERSITY PRESS

内容提要

本书主要针对汉语叙事性语篇的话题链现象,依据认知语言学、信息结构理论等展开多角度分析,力求深入探究汉语叙事性语篇话题链建构的内在机制。本书面向叙事性语篇,深入考察话题链的衔接、组配情况,对话题链链际与链内的衔接手段进行细致的描写、归纳,以元认知的眼光讨论话题链的组配机制,重点讨论元认知在话题链的形成与维护中的突出作用;并分析中介语作文语料中话题链建构方面存在的一些典型偏误现象,进而提出针对性的应对策略。本项研究的程序与结论对于面向母语者的语篇教学工作以及叙事性语篇的自然语言处理也具有参考价值,适合对语言学研究感兴趣的读者阅读参考。

图书在版编目 (CIP) 数据

汉语叙事性语篇话题链的认知研究 / 杨彬著.

上海 : 上海交通大学出版社, 2024. 7. -- ISBN 978-7-313-31451-2

Ⅰ. H146.3

中国国家版本馆 CIP 数据核字第 2024DD7217 号

汉语叙事性语篇话题链的认知研究

HANYU XUSHIXING YUPIAN HUATILIAN DE RENZHI YANJIU

著　　者: 杨　彬				
出版发行: 上海交通大学出版社		地　　址: 上海市番禺路 951 号		
邮政编码: 200030		电　　话: 021 - 64071208		
印　　制: 苏州市古得堡数码印刷有限公司		经　　销: 全国新华书店		
开　　本: 710 mm×1000 mm　1/16		印　　张: 17.75		
字　　数: 306 千字				
版　　次: 2024 年 7 月第 1 版		印　　次: 2024 年 7 月第 1 次印刷		
书　　号: ISBN 978 - 7 - 313 - 31451 - 2				
定　　价: 98.00 元				

为学亦为道，

日益仍日损。

前 言①

　　本书偏向于实践应用研究,主要针对汉语叙事性语篇的话题链现象,依据认知语言学、信息结构理论等展开多角度分析,力求深入探究汉语叙事性语篇话题链建构的内在机制,以期为汉语叙事性语篇的研究与教学工作提供助益。

　　叙事性语篇的建构是一种极为复杂的动态生长过程。在此过程中,人类的心理认知机制始终在发挥制约作用,主要表现为元认知机能对思维的实时监控、反思、评价与调节。这在自然话语层面的鲜明体现的是每一个典型的自然话语片段都可以离析为两个层面,即元话语层和基本话语层,前者主要表现为元话语成分(包括已然固化的"元话语标记语"),而后者则主要体现为一系列的基本命题;在句法层面则显示为形式衔接、意脉连贯的不同类型的话题链。话语生成的过程,实则可谓在元认知的监控调节下选择妥当的话题表达式,组配、延展话语的过程,即话题链的延展、生长的过程。基本话语层除了受元认知的调控,还要受到认知图式的制约。本书面向叙事性语篇,深入考察话题链的衔接、组配情况,对话题链链际与链内的衔接手段进行细致的描写、归纳,以元认知的眼光讨论话题链的组配机制,重点讨论元认知与认知图式在话题链的形成与维护中的突出作用;并分析中介语作文语料中话题链建构方面所存在的一些典型偏误现象,进而提出针对性的应对策略。另外,还着重从信息结构的角度,对话题链的内在结构展开简明的形式化分析,希望借此助力汉语叙事语篇的研究与相关的语篇教学工作。

　　本书共分为6章,其中第2章到第5章为主体部分。现将各章内容简要介

　　① 本书获得上海市哲学社会科学规划项目基金资助(项目名称:基于语体甄别的汉语语篇研究,项目编号:2018BYY012),本书亦是国家社会科学基金项目"叙事语篇信息组配机制与生态模式研究"(20BYY213)的阶段性成果。谨致谢忱! 本书在博士论文的基础上扩充十余万字;结项之后,复又多番打磨;十数年间,备受众多师友同道惠泽,不胜感激!

绍如下：

第 1 章为概论,主要交代研究缘起、研究目标、理论基础、研究取向与研究方法等,还对语料来源作出说明。基于初、中级水平亚裔来华留学生们所建构的叙事性中介语作文语料,本章首先概括出非母语学习者在话题链延展方面所存在的六种典型问题,同时,依据相关研究成果,分析导致此类偏误的内在原因。其次,在概述话题研究的基础上,对学界几种具有代表性的"话题链"定义进行简要论析,重新拟订"话题链"的操作性定义,继而结合具体语例,讨论该定义在汉语叙事语篇理解、建构以及语篇研究等方面所具有的实践价值。

第 2 章主要基于元认知思想开展研究工作,重点讨论叙事性语篇话题链的显性语符标记,因为元话语标记语所映现或印证的,是人类的社会性交际互动行为过程中业已"言语化"并形成相对固定的语言形式的元认知活动,即元话语制导机制在言语层面留下的种种相对稳定的印记。本章首先介绍元认知与元话语的相关研究成果,然后对元话语标记语的内涵与类型、元话语标记成分和逻辑衔接语的差异等展开深入讨论。在此基础上,着重考察叙事性语篇话题链的链际与链内衔接手段;重点依据"用义项出条"的《汉语动词用法词典》开展研究工作,对该词典所选取的 1 223 个动词的 2 117 条语法功能项目进行严谨的甄辨,从中析取出可以用作话题链链内标记的意向动词与言说动词,进而依据叙实性理论,将意向动词划分为"叙实动词""非叙实动词""反叙实动词"三个小类;笔者又依据语言哲学中的言语行为理论,对析取出的言说动词进行系统的整理、分类;此外,还结合较为典范的叙事性语料,细致讨论语篇中意向动词与言说动词的递归套叠现象,以求阐明意向动词与言说动词在语篇分析方面所具有的功能与价值。

第 3 章的主要内容是针对话题链的组配形式展开的认知分析。本章依据认知与元认知的相关理论,重点考察话题链的组配机制及其形式表现。自然语言是人类最重要的思维工具、信息传递工具,是人类观察、体悟、认识并逐渐全面而精深地理解世界的过程与结果的结晶,是通过心智机能进行信息编码与传输交换而产生的"抽象实在"的符号体系。而意象图式的形成,是主客体之间相互作用的结果,这种相互作用依靠的是生命体的多种感觉器官。它们是意象图式形成的生理基础,也是主体与客体世界进行信息交换的界面或接口。意象图式是生命体基于反复感知和不断操控形成的,具有鲜明的稳定性。由于"无界永存"的空间与"无尽永前"的时间均可体现出事物存在的最基本的属性,前者表征万事万物生灭变化的范围,在外延上体现为一切事物的占比大小与相对位置关系;而后者则表征万事万物的生灭次序,在外延上体现为一切事件的存续过程长短与发生次序。鉴于此,笔者将不同的意象图式划分为两大基本类别,即"空间框架模式"与"时序象似模式"。人们对于客体世界的认知和理解,是对这两类基本认知模式及其主要次类的相关具体图式的综合运用的结果。而在应用语言符号表征、陈述我们认知与理解的结果从而生成话语的过程中,我们也在自觉或不自觉地借助这两类基本认知模式及其涵摄的不同意象图式。因此,在本章中,笔者结合具体语料,细致探讨元认知机能状态、意象图式与不同类型叙事性话题链的内在关联,并在此基础上探究元认知的前调节与后调节现象及其在话语层面的表现。

第 4 章侧重依据信息结构理论对叙事语篇的话题链展开分析。语言交流的过程,在其本质上,可谓语言交际者彼此之间交互传达各种主客观信息的过程,信息结构跟交际双方的心理状态密切相关,因而言说者需要依据交际语境对受话者的心理状态及其对将要表达的命题信息的识解状况进行积极的预设,然后选择适当的词语、句法结构与命题信息相匹配。因此,我们可认为,话题链的延展过程是言说者对所欲传达的信息进行动态组配、精制加工的过程。本章在简要考察信息结构思想发展沿革的基础上,重点阐述信息结构研究集大成者兰布雷希特(Lambrecht)的信息结构理论,该理论包括四组各自独立又相互关联的范畴:命题信息范畴、可辨识性和可激活性范畴、话题范畴与焦点范畴;兰布雷希特尤其重视考察不同信息在特定语境中的句法表现形式,明确主张没有严格形式证明的研究绝非真正意义上的信息结构研究。

继而,遵循该研究理念,本章针对非母语者生成的语料,着重从话题表达式所指对象的可辨识性与可及性的角度,讨论相关典型偏误的成因。这些分析,无论是对更加明确高效地开展汉语国际教育领域的语篇教学来说,还是对非母语学习者(乃至母语学习者)确保表达式的可辨识性和可激活性,从而不断提升话语建构能力而言,均具有非常积极的意义。本章还结合前文讨论的意向动词等,探究话题链中命题的分层激活问题,并基于信息安排原则的讨论,考察非母语者所建构的话题链中存在的信息配置偏误问题。笔者发现,不少非母语学习者对某些话题表达式在不同语境中蕴含的具体信息及实际功能,缺乏深入的理解与精准的把握,因而主张:在教学过程中,教师应重视引导非母语学习者系统地理解指称形式与指称内容以及指称对象之间的复杂关系。

本章另一重要内容是关于话题链结构层级的讨论。客观世界中不同事物彼此之间,虽然具有多种多样的复杂关系,但若从更普泛更抽象的逻辑视角看,不同事物彼此间的诸多关系可以归约简化为一种关系("同异关系"),而该同异关系又能进一步划分为全同关系、上属关系、下属关系、交叉关系和全异关系等五个基本类别。我们据此把基本话语层的话题链分成五种基本类型,并且分别针对典型的叙事性话题链展开深入分析,以求纲举目张地把握叙事性话题链的基本状况。

第5章主要涉及叙事性语篇话题链的篇章功能研究。语篇建构的过程,实质是言说者将内在丰富的意念情思进行信息转化,并设法将多维复杂的信息压制到线性一维的语言符号链条之中的过程。这个过程的关键在于:言说主体需要将混沌复杂的意念情思与并不更为固定明晰的音响形象尽可能精准而明晰地关联起来,并力求实现某种近乎精妙的确定性。如何将内在的意图或情思意念准确、明晰地转化为结构妥当、文思条畅的话语,是一项极其复杂的工程,其中包含一系列值得深入探究的问题。在自然语篇中,并不存在所谓纯粹客观的原发事件,即便是正在发生的事件,一旦为人所观照、进入人的大脑意识,就会被人脑进行不同程度的信息处理,从而借助语言符号进行还原或重构。语篇中的事件,都是言说主体基于特定的意图进行建构的结果。状貌各异的语篇,可谓情思意念在语言层面折射而形成的不同镜像。

本章从认知视角的切入、信息的传递、认知意象的营构与话题链的建构等多个角度,对聚讼纷纭的文坛公案——"黄犬奔马句法"工拙论所做的深入分析表明,即便所描摹、叙述的是同一个突发事件,但不同的言说者所建构的话语片段,面貌也迥然各异、功能也显著不同,这应是认知视角选择的差异、注意力调焦状态的不同、信息精制程度的差别等多方面因素共同作用的结果;而更深层次的动因,恐怕与不同的言说者各自的价值立场、情感倾向、修辞意图与修辞策略等主观性的情思意念存在种种差异密切相关。听读者则可以依据自身的"意象能力",借助形态各异的语篇(或话题链),建构起各自认同的"认知意象"。

汉语是"话题突出型语言"的典型代表;而话题链也逐渐被公认为是语篇的基本功能单位。从话题链的视角审视语篇可以发现,在语篇建构的过程中,言说者通常会组配一些可并置、可缀联或者可套接的组构单位以建构话语;因而,在分析语篇、提取核心信息的时候,我们可以对语篇中种种灵活配列的组构单位进行拆解、剔除或者压缩。借助大量的语料检索,我们发现,在自然生成的文本中,言说者组配话题链所采用的句法形式手段相当丰富而灵活。言说者常常会应用意向动词、关系小句、状语从句等多种词汇或句法形式手段,借以打破事件的自然时序并重构事件,或者灵活配置前后景信息,从而生成形态各异的语篇。因此,笔者认为,将话题链视作具有鲜明实践操作性的分析凭据,能为理解语篇内所蕴含的认知过程提供可靠的观察视角。

以话题链为切入点开展叙事语篇研究,也有助于开展面向非母语者的语篇教学工作。对于第二语言习得者来说,话语建构能力的习得与提高,更是一个巨大的难题,值得深入研究。本章在借鉴相关研究成果的基础上,针对第1章所述的非母语学习者在汉语叙事语篇建构方面存在的典型偏误提出两种应对策略,以帮助非母语者切实而高效地提高叙事性语篇的建构能力:一是引导学习者借助具有篇章管界功能的成分纲举目张地把握话题(链)结构;二是借助语篇认知语境整合词语语义网络并构建话题(链)框架。

第6章为结语部分,对全书的主要研究过程与所获相关结论及创新之处等进行总结、反思,并且阐述本项研究在理论与实践层面所具有的意义、所存在的缺陷与不足,以及将来的努力方向。

还需特别说明的是,由于诸多前贤时彦对本书的研究论题所做出的相关精深成果业已峰峦叠嶂、蔚然深秀,作为学识浅陋的后学后进,笔者在研究理念上便自觉秉承、践行至圣先师所倡导的"信而好古,述而不作"的原则,故而在有些具体环节多有采撷援引,同时也尽力佐以妥帖的自然语料加以印证、阐发,意在积学储宝、借力自壮,以期十数年来呕心沥血勉力而成的些许结晶,或可有所裨益于同道同仁。

著者

目　录

第 1 章　概论：从话题链的视角
　　　　　　开展叙事语篇研究

> 无论如何，语言是最切近于人之本质的。触处可见语言。所以用不着奇怪，一旦人有所运思地寻视于存在之物，他便立即遇到语言，从而着眼于由语言所显示出来的东西的决定性方面来规定语言。人们深思熟虑，力图获得一种观念，来说明语言普遍地是什么。
>
> ——海德格尔
>
> 研究语言的主要贡献在于它能使人理解心智活动的性质以及由心智活动构成和影响的结构。
>
> ——乔姆斯基

1.1　研究缘起与问题的提出

1.1.1　研究缘起与目标所向

在一场关于"语言"的演讲中，海德格尔指出："我们总是在说话。哪怕我们根本不吐一字，而只是倾听或者阅读，这时候，我们也总是在说话。甚至，我们既没有专心倾听也没有阅读，而只是做着某项活计，或者只是悠然闲息，这当儿，我们也总是在说话。我们总是不断地以某种方式说话。我们说话，因为说话是我们的天性。……人们坚信，与植物和动物相区别，人乃是会说话的生命体。"[①]据此可知，说话或者言说，是构成人之规定性的核心，是人成其为人的一大关键所在。陆丙甫认为："语言是人类最重要的思维工具，并且是最容易'物化'的（表示

---

① 海德格尔.在通向语言的途中[M].孙周兴，译.北京：商务印书馆，1997：1.

为一定的声音形式和文字形式),因而也是最容易观察的思维载体,所以语言研究对于思维研究具有极大的意义。"①综而可言,通过研究人的言说、研究人的语言能力来理解人类的心智活动,既有现实性与可行性,又具有极其重要的意义。

从第二语言教学的角度看,一个人的语言能力通常可以划分为听、说、读、写、译五种微技能②,如果以信息流动的向度作为分类的依据,我们可以把这五种能力划分为两个类别:"听"与"读"的能力属于吸纳信息的能力,"说"与"写"的能力属于输出信息的能力。而"译"的能力则兼具这两个向度,兼跨信息吸纳与信息输出两端,是更为复杂、更难发展的能力,对于此项能力,我们暂不作探讨。在言语技能培养的系统中,"说""写"能力,具有鲜明的实践意义,应该占据更为显要的位置,一则因为"听""读"训练的重要目的之一,是为提高"说""写"能力打基础;二则因为"说""写"能力,能够切实反映一个人规范地或者富于创造性地运用语言的能力,而这种能力的培养正是母语教学和第二语言教学的重要旨归或核心目的。

基于长期教学观察和大量语料分析,我们发现:绝大多数初、中级亚裔来华留学生③建构语篇的能力明显滞后于理解语篇的能力;在听、读过程中,虽然多数留学生对语篇信息进行结构性整合以解决关涉语篇局部或宏观结构层面问题的能力偏弱,而捕捉或提取语篇所涵涉的细节性信息的能力则相对较强;但是,建构语篇的能力整体上却明显不足,相当数量的初、中级留学生所建构的语篇,语义上往往欠连贯,其中部分学习者所建构的语篇,甚至还存在难以抽象其宏观语义结构的问题。

导致这种问题的原因自然是多方面的,究其根本,或许是因为"言、意"之间存在巨大的天堑。大脑中未经言语化处理的思维意念,通常极为模糊而复杂,正如索绪尔所言:"思想离开了词的表达,只是一团没有定形的、模糊不清的浑然之物。哲学家和语言学家常一致承认,没有符号的帮助,我们就没法清楚地、坚实地区分两个观念。思想本身好像一团星云,其中没有必然划定的界限。预先确定的观念是没有的。在语言出现之前,一切都是模糊不清的。"④而作为音响形象表征的语言符号,则具有线性一维的特征,在建构话语的过程中,只能一个一

<hr>

① 陆丙甫.组块理论的完善化及其在自然语言理解中的应用[J].思维科学,1986,2:77.

② 李红印认为,所谓"微技能"实际上就是人的心理认知能力,它支配人的行动和思维,包括语言学习;具体可阅:李红印.汉语听力教学新论[J].南京大学学报,2000,5:154-159.

③ 本研究中所谓的初中级亚裔来华留学生,主要是指来自日本、韩国与东南亚地区的全日制语言生(HSK水平为3—5级者)。

④ 费尔迪南·德·索绪尔.普通语言学教程[M].高名凯,译.北京:商务印书馆,1980:157.

个地连接起来,而绝不可能同时发出或者写出两个或两个以上语言符号,根本原因或应在于,作为与某个概念比较稳定地关联的音响形象,即"能指","属听觉性质,只在时间上展开,而且具有借自时间的特征:(a) 它体现为一个长度,(b) 这长度只能在一个向度上测定:它是一条线。……我们只要用文字把它们表示出来,用书写符号的空间线条代替时间上的前后相继,这个特征就马上可以看到。"①

话语建构的过程,实质上就是将星云一般模糊复杂的思想意念纳入线性一维的语言链条的过程,"言""意"二者之间存在无比巨大、难以弥合的堑壕。因此,相较于母语者而言,目的语能力相对薄弱的二语学习者,更容易遭遇"词不达意、言不尽意"的困境。而在建构叙事语篇的过程中,则直接表现为处理话题(topic)②的能力偏低,不能妥当选择话题表达式并合理地延展联缀,从而纲举目张、连贯有序地建构话语。例示如下:

> (1) a. 福岛的电灯很少,b. 所以星星很漂亮。c. 横滨市是大城市,d. 马路上有很多电灯。e. 所以在横滨看到的星星很少。f. 我觉得福岛的空气很漂亮。(留学生作文)(顺此说明:本文所引偏误类语例,主要来自笔者多年教学所积累的初、中级水平亚裔来华留学生的日常习作与试卷作文语料以及 HSK 动态作文语料库等;为节省篇幅计,下文统一标注为"留学生作文",而不再逐一标注。)

在上例中,"福岛的电灯""星星""横滨市""马路上""福岛的空气"等多个话题表达式,关涉不同的认知范畴。虽然第一个和第六个表达式(即"福岛的电灯、福岛的空气"),具有相同的修饰限定成分,易于进行关联激活,但因二者间隔着 4 个非同指话题表达式,且从语义上看,二者的中心语"电灯"与"空气"属于不同语义场。如此建构话语,势必会导致话题表达式指称对象的可及性偏低。许余龙认为,影响指称对象可及性的因素包括间隔距离、竞争度、显著性和一致性等③。据此可言,例(1)中前后不同话题表达式指称对象可及性低,主要是话题指称对

---

① 费尔迪南·德·索绪尔.普通语言学教程[M].高名凯,译.北京:商务印书馆,1980:106.

② 话题(topic)指的是话语信息传递的出发点与后续话语信息的认知参照点,在句法上具有类型不同而又相对明晰的表现形式(即话题表达式),特别是在口语语体语篇中,话题往往也具有(或可添加)相对稳定的形式标志。为行文方便,暂且先将"话题、话题表达式"作为操作术语使用,后文将会对其内涵加以深入阐述。

③ 许余龙.篇章回指的功能语用探索[M].上海:上海外语教育出版社,2004:86-90.

象的一致性偏弱导致的。将指称对象不一致的话题表达式联缀到一起,不利于实现信息的关联激活以及压制处理,会显著增加大脑激活不同话题表达式相关心理表征的负担,不利于听读者梳理、整合信息,自然会降低理解话语的效率。

如何妥善建构话语,即便对母语者来说,也绝非易事。在建构语篇时,相当数量母语者常常会遭遇刘勰所说的"方其搦翰,气倍辞前;暨乎篇成,半折心始"①的痛切体验,问题的关键或许是由于思想意念不受拘碍,容易翻空出奇,而言语表达则需妥当选择、组配抽象实在的语言符号,因此难以臻于精妙。母语者尚且如此,更何况非母语者。如何剖析导致前述问题的深层次原因,进而探究汉语话题结构的规律? 如何纲举目张、循序渐进地指导母语者与非母语学习者切实有效地提高建构语篇的能力? 这是我们的目标所向;但这种问题涉及面广,而且异常复杂。我们不揣鄙陋,勉力管窥蠡测,以求抛砖引玉之效。

划定界限、澄清前提,是开展研究工作的必要基础。李熙宗先生认为,在长期应用过程中,由于交际场域、对象、目的等诸多因素的综合制导,全民语言发生功能分化,逐渐形成不同语体,不同语体具体表现为特定语体质素及其关系所构成的言语特点体系;语体在不断分化的同时,也存在复杂的交叉渗透融合现象②。袁晖、李熙宗对语体研究方法展开系统的论述③;而袁晖则从词语、句子、辞格和篇章等方面论析语体的通用与专用成分以及跨体成分④。这些成果对于更加深入地开展语体研究,均具有鲜明的指导意义。综上可认为,若要更加明晰准确地探析话语的结构规律,须以高度的语体自觉严格甄选语料并深入论析特定语体的重要质素,如此才能真正把握不同语体语篇的本质属性与内在规律。我们拟在审慎地甄别语体的基础上,考察母语者所建构的典范的叙事性文本与初、中级亚裔来华留学生所建构的叙事性中介语作文语料,以深入探究叙事性语篇的建构规律。

之所以选择将叙事性语篇作为研究对象,是因为叙事性话语乃人类最基本的话语形式,正如罗兰·巴特所言:"世界上叙事作品之多,不计其数;种类浩繁,题材各异。对人类来说,似乎任何材料都适宜于叙事:叙事承载物可以是口头或书面的有音节语言、是固定的或活动的画面、是手势,以及所有这些材料的有机混合;叙事遍布于神话、传说、寓言、民间故事、小说、史诗、历史……电影、连环

---

① 陆侃如,牟世金,译注.文心雕龙译注[M].济南:齐鲁书社,1995:359.
② 李熙宗.关于语体的定义问题[J].复旦学报,2005,3:176-186.
③ 袁晖,李熙宗.汉语语体概论[M].北京:商务印书馆,2005:33-35.
④ 袁晖.语体的通用成分、专用成分和跨体成分[J].烟台大学学报,2005,1:109-113.

画、社会杂闻、会话。而且,以这些几乎无限的形式出现的叙事遍存于一切时代、一切地方、一切社会。叙事是与人类历史本身共同产生的;任何地方都不存在,也从来不曾存在过没有叙事的民族;所有阶级、所有人类集团,都有自己的叙事作品,而且这些叙事作品经常为具有不同的,乃至对立的文化素养的人所共同享受。所以,叙事作品不分高尚和低劣,它超越国度、超越历史、超越文化,犹如生命那样存在着。"①

而之所以将中介语作文作为语料基础,理由正如吕必松所言:"中介语研究可以作为语言学习理论研究的一个突破口。"②鲁健骥也认为,应该"把学习者使用的目的语形式当作一个整体,当作一个动态系统加以研究,从而发现外语学习的规律,揭示成年人学习外语的过程"③,系统地开展中介语研究。相较于关注目的语习得形式与规范形式的"单一性、具体性"的偏误研究,中介语研究更有助于探明外语学习的规律,从而能更加有效地指导非母语者提高应用目的语表情达意的能力。鉴于以上认识,我们拟在甄别语体的基础上,依托典范的母语语料和典型的中介语语料,深入探究叙事性话语的建构规律。然而,该如何展开具体研究?

奥托·叶斯伯森认为:"语言的本质乃是人类的活动,即一个人把他的思想传达给另一个人的活动,以及这另一个人理解前一个人思想的活动。如果我们想要了解语言的本质,特别是语法所研究的那部分的本质,就不应该忽视这两个人,语言的发出者和接受者,或更简便地说,说话人和听话人以及两者间的相互关系。以往,这一点是被忽视的……这就从根本上错了。"④然则,一个人如何"把他的思想传达给另一个人"?言说者与受话人之间如何达成共识?如何建立信息通道以实现思想情感的传达与交流?此乃极其复杂的过程,涉及诸多因素。

鉴于汉语话题优先的本质属性,笔者拟着重从"话题"视角,尝试探究上文提出的问题,以期为指导母语者与非母语者提高叙事性话语建构能力服务。由于作为语言结构和功能的一个交汇点的"话题",不仅涉及汉语语法的基本语序问题,还与"共指、回指、信息、焦点"等关涉话语延展与衔接的一系列重要问题密切相关⑤。后续话语,都是在某种话题的基础上展开的,美国著名语言学家霍凯特

① 罗兰·巴特.叙事作品结构分析导论[C]//叙述学研究.张寅德,编选.北京:中国社会科学出版社,1989:2.
② 吕必松.对外汉语教学理论研究问题刍议[J].语言文字应用,1992,1:65.
③ 鲁健骥.中介语研究中的几个问题[J].语言文字应用,1993,1:22.
④ 奥托·叶斯伯森.语法哲学[M].何勇,等译.北京:语文出版社,1988:3.
⑤ 徐烈炯,刘丹青.话题的结构与功能[M].上海:上海教育出版社,1998:1-4.

(Hockett)早已指明："……言说者提出话题,然后作与之有关的阐述。"①语言学界也普遍认同"话题"负载已知信息,是言说者传递新信息的出发点,可以作为建构与理解话语的"基本参照点",在语言交际和语言研究中具有重要的定位价值②。

首先需要说明的是,在开展具体研究的过程中,笔者高度重视定性分析的价值,而并不特别依赖定量分析,正如著名教育家叶圣陶先生所言:"至于讨究的方法,不外本于我们平时的经验。自己的,他人的,一样可以用来作根据。自己或他人曾经这样地作文而得到很好的成绩,又曾经那样地作文而失败了,这里边一定有种种的所以然。如能寻出一个所以然,我们就探见一条道路了。还应当排除一切固执的成见与固袭的教训……,以探见我们的路","这个工作不过是一种讨究而已,并不能揭示一种惟一的固定的范式,好像算学的公式那样。它只是探察怎样的道路是应当遵循的,怎样的道路是能够实现我们的希望的;道路也许有几多条,只要可以达到我们的目的地,我们一例认为有遵循的价值。"③基于这种理念,我们拟侧重定性分析,辅以定量分析,将重点放在揭橥问题、寻求原因以探索解决办法之上。还有一点需要特别指明的是,本书的主要研究对象是叙事话语,笔者所做的主要是话语或篇章分析工作,这就使得经由语料考察获得的所谓规律,不可避免地具有相对的柔性,就像陈平所言:"语言学研究得到的结果,极少能表现为说一不二的'法则'。同句法分析相比,话语分析得来的结论,更是常常表现为一种倾向,一种规律性(regularity),而不是概括力很强,仅有少许例外的所谓规则。这是话语本身的性质使然,是不以我们的主观意志为转移的。"④

另需特别说明的是,本书重在致力于切实解决一些具体的问题,以求为母语者和非母语者提高叙事性话语理解与建构能力提供帮助,而不是首先要追求理论或模式向度的完足与精美,个中因由,不妨借用袁毓林的一段论述来说明:"语言学家不遗余力地构造了无数的语法理论模型,相当于为语言建造了一座又一座金碧辉煌的宫殿,而无视人们实际上却住在茅屋里借助社会性心智用简朴的方式说话和交际这一现实。也就是说,语言学家应该扪心自问:'我们在茅屋里说话,为什么要为语言建造一座宫殿?'当然,这是一种蹩脚的比附性隐喻表达,意思是:就像简陋的茅屋就足以给人遮风避雨一样,语言系统以其简朴的结构

---

① Hockett, Charles F. A Course in Linguistics[M].New York：MacMillan, 1958：201.
② 徐烈炯,刘丹青.话题的结构与功能[M].上海：上海教育出版社,1998：7-10.
③ 叶圣陶.怎样写作[M].北京：中华书局,2016：3.
④ 陈平.汉语零形回指的话语分析[C]//现代语言学研究——理论·方法与事实.重庆：重庆出版社,1991：182-183.

供人思维构想和传情达意,不必把它想象成一座富丽堂皇的宫殿。"①语言系统本身的结构可说是简朴的,因此致力于服务语言应用的探究性工作,恐怕应该重视观察具体鲜活的言语现象本身以探究语言规律,从而解决实际问题,而不宜过于着意追求某些数据的精密或漂亮。正如叶斯伯森所主张的:"把观察活的语言作为基础……这样才能获得对语言本质的正确理解。"②因而,在开展研究的过程中,我们更侧重于追求深入地分析具体的言语现象本身,而不耽于精细地统计出某类现象的所谓客观的数据。

1.1.2 问题的提出:中介语作文语料中的典型偏误与相应分析

基于对中介语作文语料的考察可知,初、中级亚裔来华留学生所建构的叙事性语篇的话题结构,存在以下六种典型偏误。现将具体问题与相应的分析条陈如下。

第一种典型偏误:在(几乎)未使用有效的衔接转换手段的情况下,直接将表征不同范畴事物的词或短语作为话题表达式,开启并联缀话语,导致话题结构偏于凌乱无序。例如:

> (2) a. 屋子里挂着两只彩灯。b. 墙上贴着一个红双喜字。c. 新郎端着一杯喜酒。d. 他穿的西服上有一朵花。e. 他高兴地说:"欢迎,欢迎!"f. 新娘害羞地说:"吃喜糖,吃喜糖。"g. 她戴着一副耳坠。(留学生作文)

在上例d句中"他穿的西服"这个话题表达式,尽管包含代词"他",可与c句的话题表达式"新郎"形成回指关系,但是"他穿的西服"的指称对象,与"新郎"的指称对象,分属两个范畴,并不在同一个认知框架之中,二者不具一致性。此外,"他穿的西服上有一朵花"是一个典型的存现句;而存现句通常被视作引入新话题的典型结构,"存现结构在篇章中不仅用于引入一个新主题(即'话题'),而且特别用来说明所引入的实体是一个重要的新主题,即那些最有可能在其后的篇章中重点谈论的主题"③。但在上例的后续话语中,言说者并未针对该存现结构所引入的"一朵花"进行评述,而是使用代词"他"和前一句的先行词"新郎"建立回指

---

① 袁毓林.为什么要给语言造一座宫殿[R].转引自微信公众号"汉语堂",2019-08-23.
② 奥托·叶斯伯森.语法哲学[M].何勇,等译.北京:语文出版社,1988:1.
③ 许余龙.篇章回指的功能语用探索[M].上海:上海外语教育出版社,2004:147-149.

关系,进而继续对"新郎"进行陈述。如此一来,"他穿的西服上有一朵花"这个存现结构,就在c、e两句之间产生明显的间隔效应,无疑会削弱话题的一致性,从而损害整个话语的连贯性。另外,在g句中,言说者再次通过存现句引入一个新的潜话题,即"(一副)耳坠";虽然言说者没有进一步陈述、说明这个潜话题,但是因为所使用的存现句是典型的引入新话题的句法结构,势必会在受话者的大脑中激活"耳坠"的心理表征,然而这个潜话题的指称对象与前述话题的指称对象并不属于同一范畴,彼此间缺乏关联,显得孤立无依、突兀奇怪,自然也会损害话语的连贯性。

第二种典型偏误:指称属于同一认知域的不同事物的话题表达式,彼此间的篇章距离较远,又缺乏强化指称对象可及性的回指关联手段,致使话题结构过于松散。例如:

(3) a. 我和东京的朋友一起去福岛了。b. 福岛在东京的北边。……c. 福岛的纬度比东京高,e. 所以,听说在福岛下雪大得厉害。(留学生作文)

在上例中,"福岛的纬度"这个话题表达式和省略号前面句子中的话题表达式"福岛",具有联想回指关系,属于联想回指类中的上、下义回指这个小类,如果进一步辨别的话,就可以将之判定为"综合-具体关系"回指[1]。b、c两句中的"在东京的北边"与"纬度比东京高",都是关于福岛地理位置的信息,都是对于话题"福岛"所作的陈述,属于同一认知域,因而彼此间容易实现关联激活。如果将之联缀在一起,受话者就更容易进行信息整合,从而更全面地了解"福岛"。但在原文中,言说者连用了非同指话题表达式引领的十个句子(或小句[2])将它们分割开

---

① 徐赳赳.现代汉语篇章语言学[M].北京:商务印书馆,2010:343-353.
② 刘复首先采用"小句"概念,他主张"他想我一定要去"这种句子实际上是由"他想……"与"我一定要去"两个小句组合而成的;参见:刘复.中国文法通论[M].北京:中华书局,1920:73-74。邢福义(1998)认为,小句是最小的具有表述性和独立性的语法单位。首先,小句具有表述性,能够表明说话的一个意旨,体现一个特定的意图;其次,小句具有独立性,一个小句不被包含在另一个小句之中;最后,在具有表述性的语法单位中,小句是最小的语法单位,小于起码包含两个小句的复句和句群。……指的是单句,以及结构上相当于或大体上相当于单句的分句。而陈振宇(2016:2)则认为,"小句"是汉语语法体系中的一个重要层级,是组成句法结构的基本单位,既与"短语(或词组)"不同,也与"句子"有异;他还认为小句是理解汉语"组句"策略的重要基础,小句具有两个关键特征,即在逻辑上具有真值,在形式上具有完整的论元结构。在自然话语中判断、切分小句的时候,本文综合借鉴上述三种观点。另外,还可以参考徐赳赳(2003:57-74)。

来,如此安排,导致具有同指关系的话题间隔距离太远,不利于读者整合信息以理解话语。所谓间隔距离,是指先行语与回指语在篇章中出现的前后间隔距离。这个语篇分析参项,可以分解为"名词短语间隔距离、段落间隔距离、句子间隔距离、小句间隔距离"四个具体指标。如果先行语和回指语之间的篇章间隔距离短,那么在读者处理回指语时,先行语唤出或激活的那个指称对象在读者的短时记忆中仍然处于激活或半激活的活跃状态,因而具有高可及性[①],反之,则可及性较低,导致语义不连贯,不利于关联激活、归并信息,必然会影响话语理解的效率。

第三种典型偏误:指称同一认知域的事物的话题表达式的排列顺序,未遵循汉语语序的基本规律,且彼此之间缺乏必要的具有关联、转换功能的话语成分。例如:

(4) a. 在台地(stage)上放着三束鲜花。b. 在上面还有挂着一个海报,c. 在海报写着"庆祝公司……"d. 屋子里面挂着很多彩灯。e. 有两个人在台地上,f. 一个人是男的,g. 他穿着一套西服,h. 在身上他也贴着一朵花。i. 一个人是女的,j. 她戴着一副眼镜。(留学生作文)

计算语言学家鲁川认为,汉语的编码机制是"援物、取象、比类、尽意"[②]。所谓"援物"就是汉语的编码以客观物质世界为依据,这是汉语的语序具有高度"临摹性"(iconicity)的体现,有些学者(如戴浩一、黄河)将之称为"象似性"[③]。在这种属性的支配下,汉语对于空间或时间概念的排列,一般遵循由大到小的表达顺序。鲁川将之概括为"时空地位大小律",即时空大的先说,时空小的后说,地位高的先说,地位低的后说。这种基本规律致使汉语母语者在建构话语的过程中首先将巨大、凸显的事物作为话题,以确立认知参照点,从而向受话人传递未知的或不确定的信息。在建构话语的过程中,言说者如果不遵循上述基本语序规律,就会给受话人理解话语造成障碍,因为若要理解、接受此类话语,甚至需要付出改变长期形成的稳定的心理认知框架的代价。在上例中,"台地(实即'舞台')"是相对较小的空间范围,而"屋子"则是相对较大的空间范围,"舞台"只是

---

① 许余龙.篇章回指的功能语用探索[M].上海:上海外语教育出版社,2004:183,88.

② 鲁川.汉语语法的意合网络[M].北京:商务印书馆,2001:257-268.在该书中,鲁川除了提出汉语语序的理解是临摹性的观点之外,还在综合海内外语言学者的研究成果的基础上,归纳出汉语语序的三条基本规律:时空事理先后律、时空地位大小律、信息旧新轻重律。

③ 戴浩一,黄河.时间顺序和汉语的语序[J].国外语言学,1988,1:10-20.

"屋子"内部的一个固定设施,其空间占比一般远小于观众席等区域。先激活一个时空地位小的事物,再推进到时空地位大的事物,这无疑是违反了"时空地位大小律"。当然,有些读者可能会认为"屋子"并非典型的话题,理由或许就是"屋子里面挂着很多彩灯"是典型的存现结构,而按前文所述,这种结构的应用,最突出的功能是引入一个将在后文重点谈论的新话题。尽管如此,我们不应否定"屋子"本身所具有的话题地位。此外,"有两个人在台地上"这个句子更加典型地违反了"时空地位大小律",因为言说者将(常处于)动态的、形体相对较小的"人"排列于静态的、形体巨大而凸显的"舞台"之前。打破基本认知规律、不遵循汉语基本语序而建构出来的话语,其认知处理难度自然会显著增加。

此外,该例中表征无定信息的话题表达式"(有)两个人、一个人"等,尽管可以参与语篇建构,发挥回指功能,但受不同回指用法的影响,数量名回指在组构成分、句法分布和适用语境等方面会表现出显著的内部差异,并使得指称性质产生分化,而且有些无定数量名形式在话语中会"伪装"为新信息,并且其与已知对象的同指关系可能会形成某些"会话含义",需要依据语境信息加以推理方可获得识解①。此类现象,是面向非母语者开展汉语教学的难点之一,值得开展深入研究。

第四种典型偏误:指称集合、无定事物的话题表达式被随意地与指称个体、有定事物的话题表达式混用,致使话题所表征的信息不易确定。例如:

(5) a. 寒假时,我回国了。b. 二月下旬,我和东京的朋友一起去福岛了。c. 福岛在东京的北边。d. 我的朋友住在福岛。e. 所以去福岛时,住在那个朋友家。

……(注:此处的省略号,代表原文中的三个自然段,共计 213 个字。)

f. 福岛的朋友养狗。g. 它不但身高很大,而且吼的声音很响。h. 狗的听觉很敏锐,i. 所以我夜半去洗手间的时候,j. 它向我汪汪叫。(留学生作文)

(6) a. 第二天,我们去了长城,b. 长城很好看。c. 别的地方,我们去了故宫和天坛。(留学生作文)

在例(5)中,"我的朋友""那个朋友""福岛的朋友"三个话题表达式的指称对象,

---

① 冉晨.现代汉语中数量名回指语的指称性质与回指确认方式[J].语言教学与研究,2024,1:59-68.

在言说者的心目中实际具有相同的心理表征,但言说者没有考虑到受话者的认知状况,用指称集合信息的话题表达式"我的朋友"和"福岛的朋友",来指称个体性的"住在福岛的那个朋友",不加区分地将它们混用在一起,必然会增加受话者辨识不同话题表达式的指称对象的心理负担,因为"我的朋友"和"福岛的朋友"所表达的都是"无定、多数"等信息,如果不借助其他信息,这两个话题表达式的指称对象都难以确定。尤其是在语篇间隔距离太远的情况下,作者让"福岛的朋友"这个没有明确具体所指的句法结构充当开启话语的"话题表达式",显然违背话题功能性质的相关要求[①]。在一般的叙事性文本中,话题应是具有定指性的有定成分[②],而不能是无定或虚指的成分,这甚至被当作认定话题的主要依据。至于例(6),c 句中"别的地方",表达的也是成员无定的集合概念。因其指称对象无法确定,将之作为传递信息的起点,会使受话人难以精准确定信息,故而不宜将之放于话题位置以开启后续话语。也有学者(如陈振宇,2017)认为,定指性存在程度差异,常规意义上的无定成分,如果经过添加定指标记、凸显数值等等"定指化"(specification of reference)操作,或者通过运用摹状词以及添加足量的限定性描写性成分以增加凸显程度,都能够实现缩小无定成分的外延,从而提升其定指性,经过诸如此类的操作,便可充当话题。另外,陈振宇还认为,在特定的语境中,虚指成分如果表示类指,就可以自由充当话题。[③] 由于本书的研究初衷之一是讨论汉语国际教育领域的相关偏误问题,以便帮助初、中级阶段的非母语者确立常规语境中的话题选择与应用规范,提升一般性叙事语篇的建构能力,因而,暂且仍以李讷与汤珊迪(Charles N. Li & Sandra A. Thompson)为代表的诸多学者所公认的"话题必须具有定指性"的传统观点为分析依据。值得申明的是,陈振宇(2017)关于 NP 成分的定指性及其充当话题的合法性的相关研究成果,对于指导高级阶段的非母语学习者更加灵活地选择不同的话题表达式以建构更加复杂的叙事性语篇而言,无疑具有切实的参考意义。

第五种典型偏误:指称确定事物的表达式被放在用于传递新信息的自然焦点或常规焦点位置上,违反话题结构的基本规则。例如:

---

① 徐烈炯,刘丹青.话题的结构与功能[M].上海:上海教育出版社,1998:31.

② Charles N. Li & Sandra A. Thompson 认为话题必须具有定指性,而通常可以充当话题的有定名词短语,指的是言说者认为受话人已经知道并且能确定其在言说者头脑中的特定所指的短语。具体请参阅:Charles N. Li, Sandra A. Thompson. Subject and Topic:A New Typology of Language, Subject and Topic[C].Aharles N. Li, Ed. New York:ACADEMIC PRESS, Inc, 1976:461.

③ 陈振宇.汉语的指称与命题——语法中的语义学原理[M].上海:上海人民出版社,2017:150 - 190.

(7) a. 在西边有财经大学，b. 财经大学也有很多留学生。c. 听说特别是韩国的留学生很多。d. 在学校正对面有鲁迅公园，e. 很多老人为了健康每天在那个公园里散步，运动。（留学生作文）

焦点(focus)通常被视作与话题相对的概念，在本质上，焦点具有鲜明的话语功能，焦点位置的句法结构所负载的信息，是言说者最希望被受话者注意到的部分。徐烈炯、刘丹青认为："在句子内部，焦点是说话人赋予信息强度最高的部分，跟句子的起源部分相对，可以用'突出'(prominence)来概括它的功能；在话语中，焦点经常有对比的作用，跟语境中或听说者心目中的某个对象对比，可以用'对比'(contrastive)来概括它的功能。从理论上说，焦点可以存在于句子的任何部位，因而不是一个结构成分。"[1]但是，徐烈炯与刘丹青也明确表示，汉语句子末尾通常是自然焦点的所在；认为句尾是自然焦点的常规所在，也是比较通行的看法。比如，Ho，Yong 认为无标记焦点（即通常所谓的"自然焦点"）无一例外地都位于句尾的最具信息性的部分[2]。在例(7)中，a.、b.中的"财经大学"和 d.中的"鲁迅公园"都是专有名词，表征特定的指称对象，尽管从话语功能的角度看，它们具有传递新信息的作用，但言说者用存现句结构将指称明确有定的专有名词放置在典型地用来传递新信息的自然焦点位置，显然不妥当，因为汉语有一种强烈的倾向，即：主语所指的事物是有定的，宾语所指的事物是无定的[3]。而沈开木则认为，话题往往仅是论述的起点，是说者听者双方已知的内容，通常又

① 徐烈炯，刘丹青.话题的结构与功能[M].上海：上海教育出版社，1998：94.
② 屈承熹.汉语篇章语法[M].潘文国，等译.北京：北京语言大学出版社，2006：160-161.
③ 陈振宇(2017：180-188)认为，在汉语中，一般情况下，存现句的宾语位置往往可以相对自由地加不定 NP，却不能加上定指 NP，但是，如果将定指性成分进行相应的复杂化处理，如添加更多的修饰性限定成分或者让定指性成分增加并列成分，则可以大大提高句子的合法度(如：?? 教室里坐着聂老师。vs教室里坐着班主任聂老师。)他还认为，由普通名词充当的光杆 NP，其不定指的性质是很强的，但在一些存在句中也要受到限制，或者加上数量结构或者干脆改为专有名词性质的定指成分，则可以提高句子的合法度(如：?? 圆形花坛的外面围绕着河。vs圆形花坛的外面围绕着一条河。//?? 在长沙市韶山路幽静的一角，坐落着图书馆。vs在长沙市韶山路幽静的一角，坐落着湖南图书馆。)我们认为，正如陈氏所言：由普通名词充当的光杆 NP 在一些存在句中要受到限制，需要加上数量结构(如前一例中改为"一条河")，句子才合法；究其根本原因恐怕在于"河、图书馆"这类光杆名词，并不具有很强的"不定指的性质"，恰恰相反，由于这类 NP 成分代表语境中一个确定的类，因而"与定指成分有相似之处"(可参阅陈平 1987《释汉语中与名词性成分相关的四组概念》，《中国语文》第 2 期)。语料检索显示，"处所＋VP＋专名"这种结构(如上例中"……坐落着湖南图书馆")，语用频率并不高；对此不做赘述。此外，加上本研究主要是面向初中级水平的非母语者所存在的偏误现象展开的，旨在帮助初中级阶段非母语者学习者更加明确规范地建构叙事性话语，因此，综合这多方面情况，我们建议在面向初中级阶段的非母语者开展汉语教学的过程中，最好还是遵循"存现句定语位置上的名词性成分须具有不定指的属性、该句法位置不宜出现定指的 NP 成分"这一长期为学界公认的句法组配规则。

可以视作已知信息,但是在两个述题相同的条件下,后一句的话题"可以是新信息",如"我看了。他也看了。"①

值得特别说明的是,"在西边有财经大学"和"在学校正对面有鲁迅公园"这两个存现结构,之所以不易被母语者接受,恐怕还与动词"有"的语义属性存在密切关系。因为存在动词"有"具有兼容性,此种属性使得"处所＋有＋……"这种结构对话题的一致性具有强制性要求,因而会使其中表征处所的话题表达式获得突出的语段属性,"常常可以将其语义范围扩展到一个句子以上"②,因此,以"处所＋有"开启话语时,后续话语通常可以如此延展:"处所＋有＋……,＋有……,＋有……,＋还有＋……";否则,如果不保持话题的一致性而运用该结构来建构话语的时候,就需要不断转换话题(或者至少要引入一个新话题),从而很容易形成"从前有座山,山里有座庙,庙里有个老和尚,老和尚对小和尚说:'从前有座山,山里有……'"这种类似俄罗斯套娃的话语结构。这种现象,应可视作曹逢甫"汉语是语段取向的语言"③这一重要论断的有力佐证。

然而,对于"(在)学校正对面有鲁迅公园"这样的话语片段,如果将表存在的"有"换成"是",即变成"(在)学校正对面是鲁迅公园",其可接受度则不会再存在争议。这可能主要是因为存在义动词的属性差异,"是"表存在时,具有排他性,因而在"处所＋是＋……"这个结构框架中,省略号部分可以出现专有名词等具有特定指称对象的话语表达式,即指称特定事物的专有名词(短语)则可以出现在句尾自然焦点位置上。可见存现结构中的存现动词的属性差异会深刻地影响自然焦点位置的话语形式的选择。

第六种典型偏误:混用不同的表达方式,导致话题链④断裂,致使话语偏于零碎,会增加听、读者整合信息的心理负担。请看下例:

> (8) a. 那时,我们有口语课,b. **口语老师表情很有意思**。c. 所以容易了解新学的生词等,d. 还有很热情,e. 好像我们班的班主任一样好,f. 所以我最喜欢那个老师。(留学生作文)

---

① 沈开木.句段分析(超句体的探索)[M].北京:语文出版社,1987:264.

② 曹逢甫.主题在汉语中的功能研究:迈向语段分析的第一步[M].谢天蔚,译.北京:语文出版社,1995:39.

③ 曹逢甫.主题在汉语中的功能研究:迈向语段分析的第一步[M].谢天蔚,译.北京:语文出版社,1995:39－43.

④ 后文还会专门讨论这个概念的内涵,暂且将之作为操作性术语使用。

从表达方式来看,"那时,我们有口语课,口语老师表情很有意思"是典型的叙述,而其后的"所以容易了解新学的生词"则是议论,而其后的"还有很热情",又是典型的叙述,但是紧随其后的"好像我们班的班主任一样好"则又是议论;尤其是"所以容易了解新学的生词等"与"口语老师表情很有意思"所传达的理性信息跨度太大,导致话题一致性较弱,其间的逻辑关系需要听读者付出较人认知努力才能推测出来。据此可言,不恰当地将议论表达方式混插在叙事性话语之中,容易导致话题链断裂。

从话题开启与延展的角度看,"那时,我们有口语课""口语老师表情很有意思""还有(口语老师)很热情""所以我最喜欢那个老师"等四个片段,可以构成一个相对完整的话题链。"我们有口语课"可以视作一个类存现结构,用以引入潜在的新话题,虽然后面没有直接对"口语课"本身进行评述,但是,后续话语中的"口语老师"和"口语课"之间具有联想回指关系,二者间的联想关系,是通过存储于人们大脑中的认知图式所隐含的逻辑关联而激活并确立的。这种联想回指关系,使得话题表达式"口语老师"的指称对象具有高可及性,所负载的信息容易被确定,所以如此延展话题能够保证话语的连贯性。张耘鸣、方梅(2023)基于口语语料中话题的在线产出的分析认为,话题的重要特性是具有连续性(continuity)[1]。另外,"表情很有意思"和"很热情"都是针对同一个话题"口语老师"所展开的评述,它们处于同一个认知域,这足以使它们能够形成围绕同一个话题的连贯话语;从逻辑事理的角度来看,将"(为人/性格)很热情"联缀于"表情很有意思"之后,存在违反"时空事理先后律"和"时空地位大小律"的嫌疑。因为"很热情"是针对指称对象相对更大、更稳定的话题(即性格)所做的评述,而"很有意思"评述的则是某个具体的、转瞬即逝的表情,所以上述话题链相对更符合认知常规的语序,或应是:"那时,我们有口语课,口语老师(性格)很热情,表情(也)很有意思,所以我最喜欢那个老师。"但遗憾的是,在原话语中,作者在以叙事为主的话语中,混用了两个议论性话语片段,导致话题链断裂,致使整个话语片段颇显凌乱。

屈承熹认为,表述模式的转变或者语体的转换都可以作为标识话题链的界限,而且"这样的界限甚至还可以扩展而成为'篇章句'的起迄标记。"[2]在讨论汉

① 张耘鸣,方梅.从自然口语的句法合作共建看汉语话题[J].汉语学报,2023,2:19-20.
② 屈承熹.汉语篇章语法[M].潘文国,等译.北京:北京语言大学出版社,2006:260-267.

语篇章句及其灵活性的过程中,屈承熹也讨论了篇章句的起讫标记问题。① 如果依其判断方法,就可以认为例(8)中的叙事性话题链被两个议论性表达片段割裂开了。而如果将后续的"还有很热情"等作为一个新话题链处理的话,就应标明话题,否则叙述就缺乏相应的表述对象,会增加受话者理解话语的难度。对于上例中的话语,尽管母语者可以依靠大脑的工作记忆机制回溯推求、梳理并整合相关信息,然而,言说者如此联缀话语会加大认知负担,则是无可否认的。可见,不恰当地混用表达方式,会打破话题链的连贯性,导致话语过于零碎、可接受度偏低,如此延展联缀话题链,会无谓地增加认知处理的难度,加重信息整合的心理负担。

笔者认为,上面提到的问题是侧重抽象概括的篇章语法②难以解决的。因为常规的篇章语法分析,重点关注不同语法范畴和语法手段在语篇中的地位和功能,关注交际互动因素对语用表达方式乃至语法手段的塑造。虽然以功能为导向的篇章语法的主要目标,是要说明"使用者如何运用语言形式",是要解释"语言结构何以如此"等问题。但是,究其本质,篇章语法研究仍然侧重语法研究本身,是立足于更大的语境范围考察语法问题,是对传统的拘泥于句子的语法研究范式的突破,即从"句内组织之法"的研究,转向"句际组织之法"的研究,并试图通过句际组合情况的考察,以解决立足单句无法彻底解决的句内的结构问题。[可参阅陈平(1987),方梅(2008),廖秋忠(1991),刘丹青(2005),毛浩然、徐赳赳、娄开阳(2018),屈承熹(2006,2018),徐赳赳(1995,2003,2012)等]。此外,尽管篇章语法研究特别强调语料的自然性和真实性,研究"自然发生的语言材料"(narurally occurring data),但是这些语料基本都是正向的,皆由母语者生成,并不考虑二语习得者所生成的材料,然而后一类语料往往却能够激发我们以别样的视角与眼光重新审视我们的母语,往往更有助于我们认识并理解母语。

综上可言,就其研究旨趣和所分析的语料来看,现有的篇章语法研究主要是偏于静态的结构分析,只是进一步丰富了考察的视角、扩大了考察对象的分析背景。或许正因如此,篇章语法研究虽已取得丰硕的成果,但仍然难以给上文所讨

---

① 屈承熹.汉语篇章句及其灵活性[J].当代修辞学,2018,2:12-20.

② 刘丹青,编.语言学前沿与汉语研究[C].上海:上海教育出版社,2005:6.在该书"导言"中,刘丹青提出,篇章语法应是最重视功能语法特色的分支,讲究完全从真实语篇中研究语法。但国内学界对此领域的了解还比较模糊,有时跟话语分析或会话分析难以分辨。虽然它们都立足真实语篇,但研究旨趣有别。话语、会话分析的目的是要找出话语本身的组织结构规律,而篇章语法是要从语篇组织中寻找、发现语法的由来,解释语法现象的话语来源(所谓"浮现语法"),目的还是研究语法。

论的语篇建构方面所存在的诸多问题提供令人满意的答案。

语篇或话语建构的深层机制究竟如何？相关的制约因素是什么？话题的选择与分解的策略是什么？话题的延展联缀遵循怎样的规律？这些不断延展的话题，是否处于同一层次？如果不在同一层次，那么又该如何妥当实现话题在不同叙述层次上的转换与联结？……

横看成岭侧成峰，远近高低各不同。超以象外，方可得其环中。研究语言现象也是如此，超越具体的语言现象，并从不同的视角或者同一视角的不同视点进行观察、研析，或许可以更好地认识所研究的对象，更好地解决问题。

因此，笔者不局限于结构与功能分析的框架之内，而是要借鉴元认知理论、图式理论、信息结构理论等，对叙事性语篇的话题结构展开多向度分析；在深入研析母语操持者所生成的语料的同时，还注重对二语习得者生成的中介语料进行解释，重点讨论话题选择、切分、联缀、推进的策略、机制与动因。与此同时，笔者还注重分析二语习得者在建构话语时所出现的偏误现象，试图依据上面提及的几种理论，从不同角度探究前文所述的偏误现象的深层原因，以期为学习者提高理解与建构叙事性话语的能力提供可资借鉴的参考。

1.2　话题研究概述

1.2.1　话题研究思想的萌芽

在西方，关于话题的思想早在 19 世纪就已开始萌芽。德裔法籍古典语文学家韦伊(H. Weil)在其博士学位论文中主张，在研究词语序列与概念序列的相互关系时，除了开展语法向度的研究之外，还应该立足语言交际，以相对动态的眼光探究话语的构造。因此，他认为，实际话语中的句子存在一个言说的出发点。该出发点通常是语法的主语，也是话语信息传递的起点，是言说双方实现妥善的交际的重要基础。[①] 德国语言学家甲柏连孜(Georgvon der Gabelentz)是最早主张从语法、逻辑与心理三个层面对主语进行三分处理的学者，即将主语离析为语

法层面的主语、逻辑层面的主词，以及心理层面的心理主语，与之相应的分别是语法谓语、逻辑谓词和心理谓语。① 究其实质，其中的心理主语与当下通行的"话题"这一术语的内涵大致相当，都是话语信息传递的起点，是理解话语信息的参照点。

1.2.2　基于功能、结构观念的话题研究及相关反思

对话题现象进行纯粹语言学意义的研究，应是从布拉格学派创始人马泰休斯(Mathesius)开始的，他在《论现代英语的句子观》和《论功能句子观》等论文中，立足语言本体分析话题现象，并逐步将之发展成为句子的"实义切分理论"。此后，功能句子观学说在布拉格学派内获得显著发展，这一路向的研究也在国际语言研究领域内逐步广泛展开。韩礼德(Halliday)(1976,1977,1985,1994)在其系统功能语法体系中，进一步深化、拓展主位述位理论。他认为，语言要素在组句成篇的过程中，需要同时完成三种元功能，即概念功能、人际功能和篇章功能。相应地，主位也可以切分为三种类型，即话题主位、人际主位和篇章主位。他还进一步区分有标记和无标记话题，进而分析话语的信息结构。这些研究，可以为我们更加深入地理解、研究语篇提供理论基础和分析手段。

话题(有的学者又称之为主题或主位，以下统一使用"话题"这个概念)，是现代语言学中的重要概念，它在类型学、语法学、语用学以及语篇分析等领域内具有不容忽视的地位。无论是形式学派还是功能学派的学者，都越来越重视从这个切入点展开研究。明确而严格意义上的"话题"概念，是由霍凯特(Hockett)最先正式提出的："……言说者提出话题，然后作与之有关的阐述。"②其目的是更好地分析一种句法功能与主语相似但又不易从句法向度加以厘定的语言现象③。赵元任率先将之引入汉语研究领域，用以解释汉语的主语和谓语，但其分析主要局限在句子范围之内，这或许是因赵先生将句子视为"文法分析上一个重要的最大的语言单位"④。李讷和汤珊迪(1976)从类型学角度提出，相对于英语

---

① Seuren, Pieter A. M. Western Linguistics：An historical introduction[M]. Oxford：Blackwell Publishing，1998：125.

② Hockett，Charles F. A Course in Linguistics[M].New York：MacMillan，1958：201.

③ 徐烈炯,刘丹青.话题的结构与功能(增订本)[M].上海：上海教育出版社,2018：6-202.

④ 赵元任.中国话的文法[M].刘梦溪,主编.石家庄：河北教育出版社,1996：69.

等主语突出型的语言来说,汉语是话题突出型语言。^① 这一理论主张推动话题研究迅速发展。

此后,不少研究者在结构主义的立场上着力考察"话题"的结构位置、标记特征、指称特点、语义结构及其句法表现等等。这些研究,对我们深入认识话语结构颇有帮助,但从话语生成的角度来看,仍有不足之处,既难以解释话语建构过程中话题的动态延展策略或规律,又未能明晰地阐明话题链的链内结构与链际转换衔接等问题,因而就不易为语言学习者提高话语建构与解构能力提供切实有效的帮助。吉翁(Givón)(1983)就早已批评过这样的研究,认为这种做法是把话题视为"原子式的、不连续的"实体、当作小句的独立成分,忽视了对话题连续性机制的讨论^②。在批判前人的基础上,Givón 富有启发性地讨论了话题连续性的形成机制及其衡量办法,提出建构话题连续性或可及性的词汇句法形式的连续统。该连续统共包括 9 种形式手段,但这些形式手段主要是针对英语归纳出的,而且其中有些是语音层面的手段。受这种研究理念的影响,此后的研究者都努力坚持在更大的语篇范围而非句子之内动态地讨论话题及其连续性问题。周国正(2005)基于书面语篇对主题的重复与省略现象展开细致而深入的分析,认为仅从主题之间的线性关系着眼,使得主题串联观念难以对某些语言现象进行妥善解释,加入语篇和语用因素进行综合考虑之后可以获得一些重要发现,如:① 语篇的整体格局(schema)可以提供主题,主题因而不必一定要在主题串的开端加以标明;② 语篇中某些显性的主题实则是伪主题,从语篇表意的层次上考量则可发现它们与核心主题并不处于相同的层次,因而不会阻断主题串;③ 主题的重复主要是语用因素决定的。^③ 而乐耀、陆筠怡(2023)则在全面梳理 Givón 关于话题连续性的论述的基础上,对其测量话题连续性的方法予以修正。他们认为,话题连续性的测量包括话题的可及性和重要性两个维度:前者关注话题的回指状况,主要涉及当前话题识别的难易程度;后者则主要考察首现话题,侧重关注话题的后指情况,着力探究当前话题在后续语篇中所体现出的重要程度和持续性。两位学者以汉语口语叙事语篇为材料,应用修正后的话题连续性测

---

① 具体请参阅:Charles N. Li, Sandra A. Thompson. Subject and Topic:A New Typology of Language, Subject and Topic[C]. Aharles N. Li, ed. New York:ACADEMIC PRESS, Inc, 1976:459-485.

② T. Givón. Topic continuity in discourse:An introduction[C]// Topic Continuity in Discourse:A Quantitative Cross-language Study. Amsterdam:John Benjamin Publishing Company. 1983:1-41.

③ 周国正.书面语篇的主题串连与省略[J].上海大学学报(社会科学版),2005,6:23-33.

量方法,分别从指称形式、句法位置和特殊句式等角度,考察话题连续性不同维度与指称形式和句法位置的关联①。该项研究厘清话题连续性的性质及其测量维度,并探讨了话题连续性测量的对象以及测量单位的选择等问题,对于深入研究叙事性语篇的话题延展及相关问题,兼具理论意义和实践价值。

在以这种理念研究汉语话题方面,曹逢甫(2005)与屈承熹(2006)可谓突出的代表;方梅(2022)着重考察非论元名词话题结构、重叠式话题结构和"N 的 V"这三种结构,侧重从话题连续性的角度考察三种结构的篇章功能。该研究对于深入探究话题建立、话题管理和话题连续性②,亦具有鲜明的借鉴价值。此外,李大勤(2001)针对汉语定语小句开展个案研究,讨论汉语的话题结构的生成问题,认为由基础生成的非关系化小句由于不存在与关系化相关的移位操作,其COMP 位置可以作为把句内某一 NP 提升到话题位置的"中间站",因而可以合法地通过 NP 提升构成话题句③。该研究对于动态地、格局化地研究汉语话题现象具有深刻的启发意义。

布朗与尤尔(Brown & Yule)提出用"话题框架"的概念描述所有可能被认作合法的"语篇话题"的东西的特征。他们还在信息结构分析的基础上深入讨论语言形式与特定信息的联系方法,并分析大块语料的构成,解析它们是如何被解读而成为连贯的语篇的④。Brown & Yule 对于视角与话语结构之间的关系的分析具有独特的启发意义。综上我们认为,如从能否更好地帮助学习者提高言语建构与解构能力的角度看,深入探究由同一个话题所联缀的语言链条(即话题链)的延展规律,以及不同话题链之间的衔接特点,或许比仅对话题本身进行结构性考察及功能分析更有意义。

1.2.3　面向汉语的话题研究概述

受上述语言观念与研究思潮的影响,汉语研究界对于"话题"及相关问题的研究渐趋繁盛,涌现出大量论著与论文,如曹逢甫(1987,2005),陈国华、王建平(2010),陈平(1987,1991,1994),范继淹(1985),方梅(2008),洪明(2009),黄衍

---

① 乐耀,陆筍怡.话题连续性测量的两个维度:可及性和重要性[J].世界汉语教学,2023,1：29 - 40.
② 方梅.从话题连续性看三类结构的篇章功能[J].中国语言学报,2022：8 - 24.
③ 李大勤."关系化"对"话题化"的影响:汉语话题结构个案分析[J].当代语言学,2001,2：127 - 131.
④ Gillian Brown, George Yule. Discourse Analysis[M].New York：Cambridge University Press, 1984：1 - 39.

(1987,1991),李大勤(2001),廖秋忠(1984,1986/1992),刘丹青(2001),陆丙甫(1993),陆烁 等(2021),彭宣维(2002),钱乃荣(1989),屈承熹(1999,2006,2018),史有为(1995),冉晨(2024),宋柔(2013),孙坤(2013,2014,2015),完权(2021),王建国(2012),王静(2004,2006),王文斌等(2016),奚雪峰 等(2017),徐烈炯、刘丹青(1998,2018),许余龙(1996,2000,2002,2004),徐赳赳(1996,2003),杨连瑞 等(2009),袁毓林(1996,2002),姚双云、刘红原(2020),张伯江、方梅(1994,1996),张耘鸣、方梅(2023),张寒冰(2024),钟书能(2016),周强 等(2014),朱勘宇(2002)都就话题及其指称问题做过深入的讨论。近些年来,还有不少研究生论文也着力针对叙事性语篇探讨话题与话题结构及相关问题,或者针对专书或者兼顾语言对比,探讨话题结构、话题延展与衔接的内在机制等,博士论文如费惠彬(2006)、金贤姬(2015)、李秉震(2010)、聂仁发(2002)、潘珣祎(2010)、彭吉军(2011)、邱雪玫(2011)、吴碧宇(2010)、奚雪峰(2017)等;而主要从话题结构的分布、二语习得中话题衔接偏误、话题链、回指等方面探究话题相关论题的硕士论文,主要如刘宝(2012)、刘大祥(2006)、罗燕玲(2004)、尚清(2016)、石雨(2008)、王春燕(2015)、尹林会(2020)、张倩倩(2017)、周萌(2005)等。

从前面的分析可以看出,对于和"话题(或主题、主位)"这些术语相对应的语言现象,不同学者还存在不同的理解。但是就其大体而言,上述这些研究大致呈现出三种主要的趋向:① 研究对象逐渐从句子层面向语段层面拓展,并逐步向整体语篇的层面过渡;② 研究的理念也渐呈由静态的分布考察向动态的过程分析转变之势;③ 综合应用认知语言学理论、语言习得理论等,依托语料库考察习得偏误现象,以便为语篇教学、话语建构能力的培养提供学理支持的应用性研究也越发凸显。关于话题的丰富研究成果,既深化了人们对语言结构(句子结构及语篇结构)的认识,同时也不断加深人们对语言结构的交际功能的理解。

综而可言,截至目前主要面向汉语的话题研究,大致可以分为四个研究路向:① 句法向度。倾向于将话题归入句法范畴,认为话题是一个句法成分,话题体现出不同的语法化程度。代表学者有潘海华,徐烈炯、刘丹青,袁毓林等。② 功能向度。重点考察话题的篇章功能和语义特征,认为在篇章生成中,话题控制代词化和省略等。代表学者有曹逢甫、陈平、彭宣维、徐赳赳等。③ 系统语法向度。这个研究路向受布拉格学派"主述位"理论影响较深,侧重考察描写语言的主述位结构,针对英语等语言的研究较充分,而针对汉语的研究相对较少。代表学者有黄衍、王福祥、徐盛桓等。④ 认知路向。侧重从元认知、信息结构、回指的理解等思路研究话题及话题链的特性。代表学者有屈承熹、沈开木、许余龙等。

此外,近几年还出现两种新的研究动态,值得特别一提。一是,具有心理实验性质的研究日渐丰富,如李金满 等(2020)①、陆烁 等(2021)②、王芳 等(2020)③,这些研究利用眼动技术等科学手段,更为客观深入地探究汉语话题理解和运用的心理机制,富有创新意义。二是,强化语体语篇的研究思路,基于互动语言学理论,针对自然口语探究话题在对话中的建构规律的研究,开拓了汉语话题研究的新领域,如:完权(2021)基于口语对话材料探究话题的互动性④;姚双云、刘红原(2020)基于互动理念,探析汉语话题在会话互动中的结构性表现⑤;张耘鸣、方梅(2023)发现,在汉语自然口语对话之中,言说双方有鲜明的合作共建谓语的表现,至于合作共建能否顺利实现,取决于对话题的识别,通过考察全局性、局部性言谈话题在对话进程性的典型表现,两位学者抽象出口语中言谈话题的三种推进方式,即链式推进、层次推进与框架推进,他们还对言说者识别言谈话题所依据的语言资源加以分析⑥。这种研究对于更加结构化地认识现代汉语口语中的话题现象,颇有助益。

从上面的文献梳理与简要讨论可以看出,就整体而言,现有的话题研究的成果相当丰富,成绩非常显著,但也存在需要突破的局限,主要表现为:① 未能将句子话题和语篇话题更为有机地融合起来,尚未建立不同级阶的话题的连续统,从语篇整体关系层面及语篇建构的角度探讨话题推进的研究工作,还有待更深入的开掘;② 现有的研究成果更多的是着眼于"话题"本身,涉及关于话题之间的组配联缀的成果相对偏少;③ 研究过程中,语体因素考虑得尚不够充分,有些研究未能充分遵循语体语篇的研究思路,从而更加客观严谨地探究语篇建构的内在规律;④ 面向语言教学特别是第二语言教学的应用性研究还相对欠缺,对于汉语国际教育领域出现的偏误性语料,重视程度相对偏低,有待进一步加强。

---

① 李金满,吴芙芸.句首名词作主语还是话题? ——来自 SVO 和 TSV 句子加工的证据[J].现代外语,2020,4:477-488.

② 陆烁,段旭峰,李翔羽.汉语领属话题句中显著性与局部性规则及其心理现实基础——来自眼动技术的证据[J].当代修辞学,2021,1:56-73.

③ 王芳,吴芙芸.汉语话题结构的心理实验研究:进展与展望[J].外语学刊,2020,6:9-16.

④ 完权.话题的互动性——以口语对话材料为例[J].语言教学与研究,2021,5:64-77.

⑤ 姚双云,刘红原.汉语会话互动中的话题结构[J].当代修辞学,2020,6:62-76.

⑥ 张耘鸣,方梅.从自然口语的句法合作共建看汉语话题[J].汉语学报,2023,2:19-29.

1.3 话题链研究简析与本书的操作性定义①

1.3.1 话题链研究简析

正如前文已简要引介的 Givón 所言,若将话题视作"原子式的、不连续的"实体,而不以局部或全局的眼光进行考察,并且忽视探究实现话题连续性的内在机制,则不利于全面深入地认识话题现象。鉴于此,下文将立足段落或篇章等更大的语境,从动态的视角,以话题链为切入点,细致考察汉语叙事语篇中话题延展的状貌,并努力探索其中蕴含的主要规律。

在汉语篇章研究领域,关于话题链内涵的讨论可谓众说纷纭,在此不做赘述,而仅拟对其中具有突出影响力的三种观点展开讨论。毋庸置疑,这三种观点均有助于我们深化对于话题链的内涵与形式特征的认识,然而它们各自也存在有待进一步完善之处。现分别简析如下:

其一,曹逢甫率先提出"主题串"(topic chain,即通常所谓的"话题链")的概念,认为"主题是语段概念,它可以将其覆盖范围扩展到数个句子",从而构成长短不一的主题串②。他还较为细致地讨论主题的"联系、引介、串联、对比"等语段功能。该成果对于汉语语篇研究富有启发意义。曹先生的这种界定,强调话题链的语篇功能;令人遗憾的是,他未对话题链的边界划分问题展开明确的论述,未对边界标记进行形式化描写,因而依据其对话题链的界定③,仍难以解决汉语句子界限模糊的问题。

其二,Li Wendan 基于对前人研究成果的深入反思,将"话题链"界定如下:"话题链至少包括两个小句,小句之间由显性话题 NP 与零形 NP 具有的同指关

---

① 本小节与下一小节的主要内容已发表,详见:杨彬."话题链"的重新定义[J].当代修辞学,2016,1:72-78.在整合、纳入本书的过程中,笔者在原有基础上,又基于近几年的研读与思考,对个别观点的表述与个别语料的分析加以进一步打磨、锤炼之外,还补充了一些新材料。

② 曹逢甫.主题在汉语中的功能研究[M].谢天蔚,译.北京:语文出版社,1995:40,92-99.

③ 曹逢甫后来又进一步区分出无标记话题链和有标记话题链,但是他对于话题链的内涵的界定,基本未变,仍然认为话题链是一种篇章单位,是篇章中由一个领起话题与一个或多个述题小句共同构成的片段。具体请参阅:曹逢甫.汉语的句子与子句结构[M].王静,译.北京:北京语言大学出版社,2005:45-52.

系连接。"①很明显,这个界定既已指明话题链的部分形式特征,又从语义角度凸显出话题链的内部特征,即显性话题 NP 和零形 NP 之间存在"同指关系"②。然而,这种界定也未明示如何确定话题链的界域,仍存在不足。

其三,屈承熹在讨论汉语篇章语法的时候,就"话题链"做过富有启发性的阐释③。他认为,话题链形成的完整过程包括三个阶段:① 导入;② 选取;③ 接续。在颇为详尽地讨论李樱、陈平、许余龙等三位学者关于回指研究成果的基础上,屈先生做出如下概括:"回指和'话题'密切相关,用回指衔接小句的篇章功能主要体现在话题的位置上。ZA(零回指)连接小句,构成'话题链';PA(代词性回指)和 NA(名词性回指)则分别显示篇章中的次要和主要停顿,而这两种停顿正好可以用来作为话题链和'段落'(paragraph)的边界。"随后,他又回顾并分析了话题链这一概念的发展过程,并给话题链下了一个新定义:"话题链是一组('以显性 NP 作前导'④)以 ZA(零回指)形式的话题连接起来的小句。"屈先生从形式、语义和功能三个角度,考察分析了话题链,相对而言,更为全面,无疑能使我们对话题链这一语言现象形成更加深入的认识。

无可否认,依据屈先生的定义及相关讨论,我们可以较为明确地从话语中切分出话题链。例示如下:

(9) a. 张庆平$_i$宁愿住在距离此处遥远的市区,

    b. $\emptyset_i$⑤上班的早晨 5 点钟就起床,

    c. 然后$\emptyset_i$坐的士到单位的通勤车站点,

    d. $\emptyset_i$再坐一个小时的班车去馆里。(《人物周刊》,2009 年第 36 期)

很明显,上面这个话语片段,就是一组以 ZA(零回指)形式连接起来的小句,后三

---

① Li Wen-dan. Topic chain in Chinese: A Discourse Analysis and Applications in Language Teaching[J].Muenchen, Germany: Lincom Europa. (转引自王建国.《汉语话题链——篇章分析与语言教学中的应用》简介[J].当代语言学,2008,2: 181 - 183.)

② 李讷和汤珊迪对话题链的概括与此大致相同,他们认为,话题链的第一个小句提出指涉对象,随后的数量不等的小句虽不明示性提出指涉对象,但所谈论的信息,都与起始小句的指涉对象相关。具体请参阅: Charles N. Li, Sandra A. Thompson. Mandarin Chinese[M].Berkeley and Los Angeles: University of California Press,1981: 659.

③ 屈承熹.汉语篇章语法[M].潘文国,等译.北京: 北京语言大学出版社,2006: 247 - 248.

④ "以显性 NP 作前导"系笔者综合其相关论述而补入的信息。

⑤ "∅"表示零形式的话题成分表达式,下文的语例分析过程中也会将"0"作为变体使用,以标记零形式的话题表达式,不再另作说明。

个小句中的零形回指"∅ᵢ"与首句中的先行词"张庆平ᵢ"具有同指关系,因而可以将之确定为一个话题链。从上例来看,如此分析话语显得简便易行,优势似乎相当明显。然而,在经过广泛的语料分析之后,我们发现:依据屈先生的定义,难以解析不少例外情况;而且,如果严格依据其分析理念和相关形式标记切分话语的话,也容易导致切分结果过于细碎。因此,不足之处也显而易见(具体分析详见下文)。

陆丙甫指出:"在心理学上有一个广为接受的结论,即结构程度越高的材料,越容易为人脑信息加工机制所记忆和处理。"[①]据此可言,在语篇建构的过程中,若能恰当地提升语篇的结构化程度,自然可以获得纲举目张的效果。与此相应,在语篇分析、理解的过程中,若也能如此处理,无疑也可以事半功倍地提高解构话语、获取语篇信息的效率。综上所述,我们认为,对于话题链的定义,还有进一步修正的必要。毕竟,这是更好地开展话语研究的前提与基础。然而,正如王建国所言:"对'话题链的界限'这个基本问题至今却没有取得统一的认识,从而在一定程度上阻碍了话题链的深入研究,也使得一些研究成果的合理性受到质疑。"[②]因而,话题链的内涵究竟该如何界定,话题链的统摄辖域该如何划分如何确定,均值得继续深入讨论。

1.3.2　进一步的讨论

基于我们的分析实践可以发现,对常规的叙事性语篇而言,依据上述三种关于话题链内涵的界定,特别是屈承熹先生所下的定义与所确定的分界标记,便于切分出典型的话题链,有助于促进对语篇结构的分析与理解,但在实际语料中,例外不少。

比如,为某个话题链所共享的话题,并不一定以"显性 NP"的形式率先出现于起始小句,而是表现为零形式或者代词形式。对于这种情况,陈平在 20 世纪 80 年代就作过讨论。他指出汉语书面语里存在零形反指的现象,当然这种现象也存在着明确的限制条件,即"在话语结构上,包含零形反指成分的句子,一定得从属于非零形同指成分所在的句子"。具体例子:"∅ᵢ能在天亮的时候赶到,∅ᵢ把骆驼出了手,他ᵢ可以一进城就买上一辆车。"[③]方梅也细致讨论过零形主语在前的小句具备哪些句法和篇章特点,并认为强制要求零形反指的小句主要有以下

①　陆丙甫.核心推导语法[M].上海:上海教育出版社,1993:187.
②　王建国.话题链的研究现状[J].汉语学习,2012,6:75.
③　陈平.汉语零形回指的话语分析[M]//现代语言学研究——理论·方法与事实.重庆:重庆出版社,1991:206.

几类,即原因小句、让步/条件小句和话题,而小句主语零形反指这种句法形式,是书面语中因为对信息进行背景化包装的现实需求而导致的句法降级,能够典型地反映出汉语信息包装方面的一些特点①。

又如,屈承熹认为,在给话题链下定义的时候,应以小句间的连接关系为中心。或许,正是基于这种看法,他排除了单独小句构成话题链的可能性。其理由主要有三:其一,话题是篇章概念,一般情况下在单个小句内不起作用;其二,即便单个小句中存在有标记的话题形式,它自身也不能构成话题链;其三,单个小句因为与其他小句没有共享话题,因而彼此间不存在任何篇章联系。② 然而不难发现,在日常交际中,单独小句构成的话语经常出现。例如:

(10) a. 桌子上的葡萄ᵢ,你都吃掉吧。

b. 锅里的饭ᵢ都盛出来吧。

c. 这件衣服ᵢ,帮我挂到橱里去吧。

在日常生活交流中,对于上述话语,受话者往往只是采取"吃葡萄、盛饭、挂衣服"等相应的行动,使言说者实现以言取效的目的,而不一定会相应地对接一个新的话轮。这种仅以实际行动应对话语而不接续相应话轮的现象,通常在一些非常危急的情境中更为常见。言说者在情急之下会生成"火!""车!""孩子!"等独词句,而为了尽快救火、规避车祸或者抢救落难的孩子等,受话人更为常见的反应,往往只是采取相应的行动而不作言语回应。有些学者(如胡壮麟)认为,完全可以将这种独词句视为独立的语篇③。限于篇幅,不再赘述。

此外,值得一提的是,在不同语种的儿童语言发展过程中,普遍而大量出现的独词句,也可以作为将独词句视作独立语篇的重要佐证。认知心理学家弗拉维尔等在综合巴雷特(Barrett)相关研究成果的基础上指出:"在以单词代表全句的话语中,儿童使用单个词,不只是作为某个称谓,而且传递某个类似于一整个句子的意思,其特定的意思随情境的变化而变化。因此,'球'并不只意味着'那是球',而且还意指'我要球''我抛球'或'球打中我'。不过,需要补充说明的是,对这种单词语所作的这种'富含意义'的解释是有争议的。事实上,当一次只能产生一

---

① 方梅.由背景句触发的两种句法结构:主语零形反指和描写性关系从句[J].中国语文,2008,4:291-303.

② 屈承熹.汉语篇章语法[M].潘文国,等译.北京:北京语言大学出版社,2006:250.

③ 胡壮麟.语篇的衔接与连贯[M].上海:上海外语教育出版社,1994:1-15.

个单词时,儿童究竟含有多少像句子一样的意义,这是难以确定的。"①而在这种境况下,父母或者其他照顾孩子的成人,常常也只是做出相应的动作反馈,当然,也有些成人会同时伴随一些言语反馈,以确定儿童使用独词句的真正意图。

不同学者之所以对单个小句是否可以视作话题链存在不同分歧,如屈承熹(2018)便认为单个小句不能视作话题链,这与曹逢甫等学者的看法截然不同。导致这种问题的关键或许在于他们对"何为语篇"抱有不同认识。为了保证研究理念、划分标准与分析结果的逻辑一致性,我们主张单个话题句也可视作一个话题链,可以从理论上认为其后续的链条为零形态,姑且称之为单环话题链(由单个小句对话题进行评述或说明的话题链)。此外,从理论上来看,独词句尚且可以视作完整的语篇,更何况单句构成一个话题链,本研究之所以将单句视作"单环话题链",也是受此种语篇观的影响。所以,我们认为上述例(10)中的各个句子可以视作单环话题链;曹逢甫(2005)也主张单句可作话题链,他说:"汉语的句子可以大体上定义为一个主题链,它是由一个或多个评论子句共享一个位于主题链首位的主体而形成的一段话语。所以,当主题链只有一个子句的时候,这个子句就是一个简单句。"具体如"那本书我看完了"。此外,他认为也有缺乏明确主题的句子,如"下雨了、来了三个人"等②,也可视作话题链。

顺便特别说明一下,评判某个概念的选择是否恰当、判断某个观点是否成立,理应以系统的格局与眼光做根基,并在尽可能全面深入地理解所欲评判的某个概念或观点所处的体系的基础上,做出客观的评判。否则,若是像有的学者断章取义,则容易陷入强词夺理的境地。更值得力避的是:如果不能审慎、严谨、精准地甄辨"叙事体、描写体③、说明体"等不同属性语料的"体格性",就不宜勉

---

① J. H. 弗拉维尔,P. H. 米勒,S. A. 米勒,等.认知发展[M].邓赐平,刘明,等译.上海:华东师范大学出版社,2002:387.
② 曹逢甫.汉语的句子与子句结构[M].王静,译.北京:北京语言大学出版社,2005:53.
③ 在《现代汉语词典(第7版)》(北京:商务印书馆,2016:906)中,关于词条"描写"的解释如下:"用语言文字等把事物的形象或客观的事实表现出来",其后所列举的语例为"描写风景、描写人物的内心活动"。"描写"是最基本的五种语文表达方式(即叙述、描写、抒情、议论、说明)之一;相应地,"描写体"与"叙事体、说明体、议论体"等则应是基于表达方式而划分出的语篇体式。严格意义上的"描写体"语篇或语段,应是完全或主要是用"描写"这种基本表达方式所建构起来的。受"描写"这种着力追求最大限度地"渲染细节、强化过程"的表达方式的根本制约,"描写体"语料天然地具有"生动、形象、细腻、优美"等多种鲜明而突出的风格特点,因而典型的或精妙的描写性话语必然能够鲜活而强烈地激发读者的联想与想象,能够强力地促使读者产生某种情感体验或心理欲望。一个语段或语篇若非如此,则绝不应划入"描写体"的范畴。如"冰箱不大,分成各有其门的冷藏和冷冻上下两部分,冷藏室区分为四层"之类的话语,既无传神的细节描绘,又无生动的过程渲染,绝不应归入"描写体",只能视作典型的说明性文字。如果这么张冠李戴地处理语料,而欲科学地探究汉语篇章的内在规律,无异于缘木求鱼;立论,不可不慎。

强讨论汉语篇章的基本构造单位,更不宜探究汉语语篇的内在规律,否则恐怕难以避免出现不应有的硬伤。

我们发现,在具体处理语料时,若将 PA(代词性回指)和 NA(名词性回指)当作"话题链"与"段落"边界的形式标记,从而把话题链限定为一组以 ZA(零回指)形式的话题连接起来的小句的话,这无疑有利于从形式上清晰地判定话题链的界限。但若严格依据该标记切分语篇,往往会导致分析结果过于零碎。例示如下:

> (11) a. 李四$_i$这个家伙,
>
> b. 我$_j$因为救他,
>
> c. $\emptyset_j$受了伤,
>
> d. $\emptyset_i$居然不来看我,
>
> e. $\emptyset_i$跑到纽约度假去了。(转引自 屈承熹,2006:254)

对于上面这段话语,屈承熹(2006)认为其中实际上存在两个话题链,一个是 b.和 c.,另一个是 a.、d.和 e.。他将前者称为子话题链,将后者称作主话题链,认为两者之间具有内嵌关系。这样分析实际上是把上引的小句串看作一个整体,即一个话题链。但如果严格按照其定义以及形式标记划分的话,上面的小句串就应该分为三条链:a.为一个链条,b.和 c.为一个链条,最后两个小句形成第三个话题链。因为 a.中"这个家伙"虽然是一个体词性短语,但在此处它具有鲜明的述谓性,从修辞效果上看,可以直接而强烈地凸显言说者的愤慨之意,因而基本不具有指称性,可以视为话题"李四"的述题[①];而且 b.中的代词"我"是 PA(代词性回指),与"李四"不具有同指关系,按屈先生的看法应算作话题链的边界标记,这样就更应将小句 a.视作独立的话题链。另外,小句 d.和 e.中的零形式话题,与前一个链中的话题"我",并不具有回指关系,所以也不应归入上一个话题链,而应该算作第三条链。因此,如果严格照屈先生的观点划分,上面短短五个小句组成的话语片段,就应该划分为三个话题链。如此分析结果,不能不说过于琐碎;如果这样分析一个篇幅较长的语篇,就将不胜其烦。

再讨论一下 NA(名词性回指)是否总是作为段落标记的问题。经过大量的

---

① 朱德熙先生认为,"体词和体词性结构在一定条件下也能做谓语",但若是"名词性偏正结构做谓语,中心语所指事物必须是主语所指的人或事物不可分离的一部分",而不能仅与主语的指称对象具有松散的领属关系(如＊"这个人新电脑");具体请参阅:朱德熙.语法讲义[M].北京:商务印书馆,1998:102-103.

语料分析,我们发现,在一般的自然语篇中,NA(名词性回指)并不总是被当作段落的边界标记。请看下例:

> (12) 一个党支部书记$_i$,竟敢在分管政法工作的乡党委副书记$_j$主持的全乡干部大会$_k$上如此张狂,实在是出人意料。可是,副书记$_j$没有制止。会$_k$后,会上的情况$_{k-1}$一传开,路营村的村民们$_l$肺$_m$都要气炸了:"共产党的天下,难道就没有王法了?"(引自陈桂棣、春桃《中国农民调查》,第11页)

如果严格地将 PA(代词性回指)和 NA(名词性回指)视作话题链和"段落"(paragraph)的边界标记,并依此分析话语,然则上例中"副书记""会上的情况"和"路营村的村民们"这三个 NA(名词性回指),都应是段落的边界标记,因为它们都是回指上文的 NA 表达式,若如此切分,上引的这个语段就应切分为四个段落,语篇的零碎之状不难设想。很明显,若这样做,分析结果完全不符合母语者的语言直觉。而乔姆斯基认为,语法理论应该符合母语者的语言直觉,衡量一个语法理论"唯一的最后的标准就是整个系统的简化",他还认为理论应该"跟直觉能对应"①。我们认为,这种原则不仅对语法研究是适用的,对其他向度的语言研究也应同样有效。

综上可以发现,要想系统深入地研究话题链,就必须审慎地考察分析纷繁复杂的语言现象。另外,值得特别注意的是,在长期的使用过程中,语言要素逐渐出现功能分化,助推言说者生成各具特色的言语成品。这些言语成品可以归入不同的范畴,即语体范畴,此类范畴内涵复杂,需仔细甄别,以便更客观严谨地探究语言现象背后的科学规律。正如李熙宗先生所言:"语体在长期的语言运用过程中历史地形成的与由场合、目的、对象等因素所组成的功能分化的语境类型形成适应关系的全民语言的功能变异类型,具体表现为受语境类型制约选择语音、词语、句式、辞式等语言材料、手段所构成的语言运用特点体系及其所显现的风格基调。"②不同语体界域的话语各自具有不同的"体格性",若想更加深入地认识话题链的内涵、界域、延展与衔接规律及其在语篇理解与篇章建构向度的价值,就不宜一概而论,有必要先划定语体界限,从而进行系统的考察、分析。这也是我们坚持语体语篇研究思路、重点探究叙事性语篇话题链现象的主要原因所在。

---

① 诺姆·乔姆斯基.句法结构[M].邢公畹,等译.北京:中国社会科学出版社,1979:54,85.
② 李熙宗.关于语体的定义问题[J].复旦学报(社会科学版),2005,3:186.

1.3.3　话题链的重新定义①及其在篇章分析中的意义

基于上述分析,可以认为,在界定话题链时,既应考虑术语的定义对语言现象的概括力,亦需考虑分析过程与分析结果的简洁性和可操作性。鉴于以上因素,我们拟立足于叙事性语篇,对话题链重新定义如下:

> **话题链是(叙事性)语篇建构的基本单位。它是一个由具有同指关系的 NA(名词性回指)、PA(代词性回指)和 ZA(零回指)②等三种形式的话题表达式引领的单个或多个小句联缀而成的话语链条,其中可能内嵌由意向动词和(/或)言说动词③纳入的其他非同指话题所引领的子链,意向动词和言说动词在话题链中可能处于缺省状态,而 ZA 与 PA 这两种话题表达式也可能出现于话题链的起始小句之首。**

经实践检验可发现,本文所提出的操作性定义④,在话语分析中能够统摄相对更

---

①　此处的重新定义,仅是一种面向话语分析操作的初步界定,仍有待进一步讨论、完善,之所以暂拟如此,也是受 J. H. 弗拉维尔的影响。他在《认知发展》中提出:"这世界上一些真正让人感兴趣的概念……含义总是固守其多重的、模棱两可而显得不精确的性质,尤其是总显得不稳定和开放——可以有争议和异议,时而出现完全新异的阐述和重新界定,所引入的概念范例也总是新颖却又常常显得悬而未决。这些概念具有这种复杂性和不稳定性(一些人可能称之为丰富性和创造性),或许不是一件坏事。无论怎样,他们的确像是有这些特征,因此,明智的做法是,我们不要在试图对其下正式定义的方面耗费太多的时间和精力。"具体请参阅:J. H. 弗拉维尔,等.认知发展[M].邓赐平,等译.上海:华东师范大学出版社,2002:1-2.

②　本研究中的"零回指"的内涵与陈平(1987)的"零形指代"相当,都仅仅"适用于作为句子中谓语动词的支配成分的所指对象"。相关论述,具体可参阅:陈平.汉语零形回指的话语分析[C]//现代语言学研究——理论、方法与事实,重庆:重庆出版社,1991:183-187.

③　意向动词是以意识或心理的意向性为基础而存在的,所谓意向性就是意识或心理状态借以指向或涉及其自身以外的事物或事态等对象的属性,意向性以种种不同的意向方式而显示其存在,在语言系统中,以意向方式为所指的动词,即意向动词,具体如"看、听、想、发现、觉察、断定……",在语篇中,意向动词可以零形态存在;而言说动词是以言说方式为其所指的动词,具体如"说、陈述、论证、哭诉、宣告……"。意向动词与言说动词,是进行语篇分析的可靠依据。另请参阅:刘大为.意向动词、言说动词与篇章的视域[J].修辞学习,2004,6:1-7.

④　需要特别说明的是,本研究对于话题链内涵所做的重新界定,旨在为分析一般性叙事语篇构建一个操作性定义,以便纲举目张地拆解出一般性叙事语篇的基本组构单元,从而帮助初中级阶段非母语者"以相对更高的结构化程度"分析、理解、把握汉语叙事性语篇,从而提高叙事性语篇的理解与建构能力。在更加复杂的自然语篇中,无疑存在着多条话题链交叉或并行的情况,从本书第4章所论析的"交叉关系型话题链、全异关系型话题链"和第5章所讨论的"黄犬奔马句法",都可以看出自然语篇中话题链延展与组配方面所存在的复杂性。但是,从理论上来说,无论多么复杂的叙事性语篇,我们都可以将之拆解为一个个话题链。获取这种相对理想化的分析结果,也正是我们努力构拟一个相对更加适切的操作性定义的初衷与目标。

多的话语现象,在操作上也更方便,而且还能保证所分析的结果具有更高的结构化程度,因而更有利于大脑进行信息处理。在实践中,具体分析程序与步骤如下:① 找出话语中的意向动词和(或)言说动词;② 划分出不同的意向动词和(或)言说动词的管界辖域;③ 对话题与话题链进行标注分析。

下面再对上述定义的价值作简要分析。从对语言现象的涵盖力的角度看,上述定义能够统摄更多语言事实。比如前文提到的零形反指现象;再比如,在叙事性语篇中,先时信息、后时信息及现时情境的某些具体信息,都有可能被言说者通过某种句法形式手段纳入当前的话题链中来。诸如此类的话语现象,若依前述屈承熹等学者的定义进行分析的话,很容易导致分析结果的细碎;而若依据本书的定义,则可以避免这一点,也能够使分析结果更加符合母语者的语言直觉。

暂举一个意向动词内嵌当下情境信息的语例,聊以作为简要的证明:

(13)Ø$_i$站起来,他$_i$觉得他$_i$又像个人了。太阳$_j$还在西边的最低处,河水$_k$被晚霞照得有些微红。他$_i$痛快得要喊叫出来,Ø$_i$摸了摸脸上那块平滑的疤,Ø$_i$摸了摸袋中的钱,Ø$_i$又看了一眼角楼上的阳光,他$_i$硬把病忘了,Ø$_i$把一切都忘了,Ø$_i$好似有点什么心愿,他$_i$决定走进城去。(老舍《骆驼祥子》)

如果按屈承熹所下的定义分析,需严格地将 PA(代词性回指)和 NA(名词性回指)处理为话题链和"段落"(paragraph)的边界标记,然则,上面这段话语需要把"太阳""河水"判定为边界标记从而将之分为四段,亦即划分为四个话题链。这无疑是不符合我们母语者的语感的。事实上,作者也并没有这样操作,而是将由"太阳"与"河水"引领的话语纳入由"他"(祥子)所引领的整个话题链,从而形成一个自然段落。

如何理解这个整段话语构成的篇幅较大的话题链?依据上述操作性定义,我们可以认为"太阳"之前缺省了一个意向动词(比如可以填补上"看见"或"发现"等),该意向动词将"太阳"与"河水"所引领的传达具体情境信息的话语纳入"他"所引领的整个话题链中,强化现场性。如此衔接话语,既能丰富话语的信息含量、有效渲染主人公的心情,又能使整个话语具有更高的结构化程度;而保证话语形式的高度结构化,正是人类信息处理的心理机制的内在要求。

为了进一步阐明本书所界定的"话题链"定义在篇章分析方面所具有的价值,下面再讨论一个主要关乎言说动词的语例:

（14）他（指"王子"）听一位老人说，荆棘盖住了城堡，一个叫睡美人的漂亮公主已经睡了一百年，国王、王后和王宫里所有的人也都睡了一百年。老人还说，他的爷爷告诉他，不少王子想穿过荆棘篱笆，但都被困在里面，悲惨地死去了。（《睡美人》）

上面这个语段，其实也可以判定为一个比较复杂的话题链。对于该话题链，我们可以将上文定义中所提及的言说动词作为话语切分的主要依据，对语例（14）的话语结构进行分析。具体分析步骤如下：① 标示出话语中的言说动词及意向动词；② 划分出不同言说动词及意向动词的管界辖域；③ 对话题与话题链进行标注、分析。现将分析结果呈现如下，序号记作（14'）：

（14'）他$_i$**听**{[一位老人$_j$**说**，[荆棘$_l$盖住了城堡，一个叫睡美人的漂亮的公主$_m$已经睡了一百年，<u>国王、王后和王宫里所有的人</u>$_n$也都睡了一百年。]$^{2-1}$老人$_j$还**说**，[他的爷爷$_k$**告诉**他$_i$，（不少王子$_o$想穿过荆棘篱笆，但∅$_o$都被困在里面，∅$_o$悲惨地死去了）^{3}]$^{2-2}$}^{1}。

（注：① 出于简洁性考虑，这里暂且将"国王、王后和王宫里所有的人"视为一个整体，用下画线标识；② 上标与下标中的字母与数字均是为了更加明晰地标示话题与话语结构，下文不再逐一说明。）

从上面的分析标记可以看出："（……）^{3}"所表述的内容是言说动词"告诉"的直接宾语，这部分与其前面的成分共同构成了一个事件结构①，即"/他的爷爷告诉他（……）^{3}/"；而该事件结构内嵌于言说动词"说"的界域，它们共同构成高一个层级的事件结构"/老人说[……]$^{2-2}$/"；该事件结构又和前面的事件结构"/老人说[……]$^{2-1}$/"一起内嵌于"听"的意向域之内，组成更高层级的事件结构"/他听{……}^{1}/"。从事件结构层级的角度来看，上面语例中由 87 个字组成的语段，在结构上可以分成三个级阶；而从话题链的角度看，这三级事件结构在话语层面却只体现为一个话题链。为了体现直观性，再以图 1 - 1 显示，序号记作（14''）：

---

① 莱昂纳多·泰尔米（Leonard Talmy）认为，被同时激活或被互相激活的同一组概念成分以及它们之间的关系，可以共同构成了一个事件结构或事件框架（event-frame），而那些被视作次要成分的要素则处于事件结构之外。具体请参阅：Talmy, L. Toward a Cognitive Semantics（Volume Ⅰ）: Concept Structuring Systems[M].Cambridge, MA: MIT Press, 2000: 259.

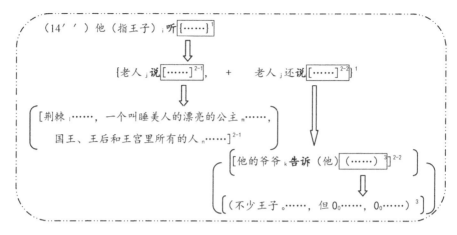

图 1-1　《睡美人》中三个级阶的事件所构成的话题链示意图

我们可以鲜明地认识话题链在自然语篇中的存在状态及其篇章结构价值,正如钱乃荣所言:"话题链的存在是篇章有组织的最主要的标志之一。"①依据上述分析可以认为,话语结构具有鲜明的级阶性,意向动词和言说动词可谓划分话语不同级阶的重要界标,而不同的话题链结构则是纷繁的话语级阶的言语体现,复杂的话语结构,正是有限多数的语言组构要素和规则的递归使用生成的。

需要进一步说明的是,在分析语篇的话语结构时,当然可以运用其他不同的分析理念与方法,也可以从不同的角度出发,但不管采取何种方式进行分析,必须坚持的一个基本准则,或许应是尽可能保证分析程序的可重复性与分析手段的易操作性,这样才有助于更加纲举目张地认识话语结构的特点,也才能为二语学习者与母语学习者提供更有效的分析样本,帮助他们更加高效地提高理解话语、建构话语的能力。

更需申明的是,上文对于话题链的讨论,虽然尽力以相对纯净的叙事性语料为研析对象,但在实际的语言生态中,语体并非以界限明晰的传统经典范畴化方式存在,而是以"原型范畴"的方式存在。几乎在任何一个文本中,不同语体范畴的"质素"往往都是处于相互渗透、交融的状态,正因如此,我们的语言世界才存在着纷繁复杂的文本生态。特别是在互文研究逐渐深化的背景下,我们可以更加清晰而深刻地领会文本生态的状貌与本质。就像祝克懿所指明的,不同文本之间存在着极为复杂的涵涉关系:"当下的文本与之前、共时的源文本成分间有

---

① 钱乃荣.话题句与话题链[J].汉语学习,1989,1:7.

以互动关系制约下的组合关系、共现关系、重写关系……从文本内部看,互文本体现为当下文本成分与源文本成分间的互涉关系;从文本外部看,互文本体现为处于不同空间层次上、不同来源的源文本按不同的方式参加到当下文本中来所形成的空间结构关系。"①面对生动丰富的文本生态,若要更加深入开展语篇研究,恐怕首先要努力厘清文本的基本建构单位,如此之后,或许才可以进一步探索不同文本组构联缀的界面或接口。

1.4 理论基础、研究取向与研究方法

1.4.1 理论基础

1. 认知心理学中的元认知理论与意象图式理论

现代语言理论认为,研究语言的核心目标是探求语言使人理解心智活动的性质,并且考察由心智活动影响或构成的结构形式。因此,探索认知心理在话语活动过程或话语结构中的具体表现、探索话语活动或话语结构背后的认知动因,就成了语言研究的重要任务之一。自 20 世纪 80 年代以来,这种取向的语言研究越发受到重视,语言学研究者们从传统的结构分析转向认知和功能主义的研究轨道,强调对语言结构进行理据分析和认知解释,使语言研究走向深入。笔者也将以这种理念为指引,展开对话题链的分析。因此,认知心理学中的元认知理论和意象图式理论,自然就成为本书的重要理论基础。

元认知(metacognition)能力是一种重要的认知能力。人类的元认知思想的萌芽早在两三千年前的文献中就有所体现(具体可参看第二章的相关论述),但是,"元认知"作为明确的术语,则直到 1976 年才由美国儿童心理学家 J. H. 弗拉维尔提出。弗拉维尔等学者在其心理科学杰作《认知发展》②一书中认为,元认知是以各种认知活动的某一方面作为其对象或对其加以调节的知识或认知活动。这一思想在哲学、文艺评论、语言学等诸多领域内都产生了巨大影响。元话语的产生也是直接受此影响的结果。所谓元话语,是在监控、反思、调节自己建

---

① 祝克懿.互文:语篇研究的新论域[J].当代修辞学,2012,5:3.

② J. H. 弗拉维尔,P. H. 米勒,S. A. 米勒,等.认知发展(第 4 版)[M].邓赐平,刘明,等译.上海:华东师范大学出版社,2002:218 - 223.

构话语的过程中,言说主体所生成的超越基本话语的话语。考察元话语,通过对于元话语标记语的分析,我们可以有效地观察并探究心理认知对话语结构的影响。

意象图式理论①也是本书的一大重要理论基础。该理论尤其关注信息、知识在头脑中的存在方式及加工过程,其核心目标是要解释信息与知识在大脑中是如何表征的。该理论认为,大脑中所有的信息与知识,表现为以级阶、体系的形式存储于长时记忆的种种可以相互作用的知识结构,这就是所谓的意象图式。意象是人们以不同的方式认知、理解某种情景的结果,正如张敏对兰盖克(Langacker)的"意象"所作的概括:"对于同一情景,可以通过选择不同的属性加以注意,调整这些属性的显著性(salience),从不同的视点(perspective)去观察,以及作不同程度的抽象化和具体化,等等,去形成不同的意象。"②图式是人脑认知世界的结晶,也是我们使用语言表达对世界的认知与理解的基础。在话语建构的过程中,图式理论发挥着重要的制约作用。本研究将以此为基础,讨论意象图式这种知识结构框架对话题链的衔接、组配的制约与影响。

2. 信息结构理论

信息结构理论③认为,语言交际的过程实质上也是一个信息传达的过程。在这个过程中,话语及其命题信息单位的结构和语言环境之间具有密切的关系,具体表现为后者对前者的结构形式具有塑造作用。换言之,话语的信息结构,可谓命题信息在特定话语环境中的语用结构化的形式表达。信息结构研究,特别重视考察特定语境中某种信息的句法形式表现。兰布雷希特(Lambrecht)认为,没有形式向度证明的话语研究和信息结构研究无关。

Lambrecht 是信息结构理论的集大成者,其"信息结构理论"包括四组各自独立而又相互关联的范畴:一是命题信息范畴(包含语用预设和语用断言两个方面),该范畴表明命题信息与言说者对受话者在交际时的知识和意识状态的预设有关;二是可辨识性和激活性范畴,该范畴既与语言表达式的指称对象在受话者大脑中的心理表征的性质有关,又与这些心理表征在交际过程中所经历的变

---

① 张敏.认知语言学与汉语名词短语[M].北京:中国社会科学出版社,1998:103-112. 另可参阅:Ronald W. Langacker. Foundations of Cognitive Grammar (Vol.Ⅰ:Theoretical Prerequisites)[M].北京:北京大学出版社,2004:110-132.

② 张敏.认知语言学与汉语名词短语[M].北京:中国社会科学出版社,1998:106.

③ LAMBRECHT K. Information structures and Sentence form[M].London:Cambridge University Press,1994:36-333.

化有关;三是"话题",它与语篇指称和命题之间的"有关性"(aboutness)的语用关系密切相关;四是焦点,此乃语用结构化命题中断言借以与预设相区分的要素,更是让话语具有信息性的要素。

信息结构理论也是本研究的重要理论基础,我们尝试以此理论为指导,深入考察语篇中话题的选择与配列的形式表现,并探讨其背后的机制,此外,还将基于该理论,分析初、中级水平非母语学习者所生成的偏误性语料,以尝试从非母语者的视角反思、探究叙事性语篇中话题链延展、组配的规律。

1.4.2 研究取向与研究方法

语篇研究与句法研究存在明显的差异。句法研究一般要求严整地阐明语言现象背后所存在的规律,比如对于某种构式的研究,需要明确探析其结构形式、分布状况、构式含义及其生成机制、使用条件等,并尽可能逻辑严明地呈现整个分析论证的过程。此外,理想的语法研究结论,应当具有明确而可靠的预测价值。而对语篇研究来说,通常则不宜做如此严格的要求,或因语篇构建的基本特征在于"文有法而无定法",这一点已然成为广为接受的共识。因此,不宜要求语篇研究也必须像语法研究那样,描写出具体的条件、概括出严整的规律,而只能要求探寻到若干倾向性的原则。尽管某种质的规定性总有相应的量度特征,但是在质的规定性范围之内,量度特征差异往往不具决定性意义。这也正是本书不拟进行极其精细的定量统计而侧重定性分析的主要原因。比如,对语篇中的省略现象,我们恐怕只能说:在一般的语篇中,对同一指称对象进行述谓性言说的各个小句,拥有一个共同的话题,指称该话题的名词结构表达式,通常出现在话题链的第一个小句之首,在后续的小句中,则多半会处于省略状态,但我们无法准确预测出在哪个小句中一定会省略。这恐怕很大程度上与言说者对于语篇间隔距离的容忍度不同有密切的关系,具体是指言说者对先行语和不同形式的回指语之间的篇章距离的容忍度存在差异,短时记忆能力强的言说者,通常倾向于更多地采用省略的策略(即使用零形式的回指语),至于省略到什么程度,尚需心理语言学的实验证明。在建构话语的过程中,言说者也可能在进行一定的省略之后,采用代词或某种变形的名词性结构等形式来回指前面的话题表达式,然后继续运用省略策略,使用零形式的回指语;而且,在不少语篇中,由于要实现特定的修辞目的,言说者往往并不会把具有独立指称功能的名词性结构的话题表达式安排在话题链的首个小句中。

基于以上考虑,本书在讨论话题链的结构形式的时候,主要运用演绎的方法,从元认知调控状态、意象图式出发,推衍出话题链的组配形式,在此基础上考察其句法形式表现。此外,在一些具体问题的研究上,采用演绎与统计归纳相结合的方法,如在分析元话语标记时,我们在参考西方语言学界对元话语标记语的界定和分类的基础上,对汉语语篇中的元话语形式进行分类,在确定基本类型之后,再从大量语料中检索例证,进行归纳分析。再如,分析作为话题链链内标记的意向动词和言说动词时,则采用数据统计的分析方法,从孟琮主编的《汉语动词用法词典》中,先统计出所有可以带小句宾语的动词,然后再进行分类研究。

1.5 语料来源

本书所使用的由母语者生成的正向语例主要来自以下文本(按作者或编者的姓名音序排列):

① 迟子建:《额尔古纳河右岸》,人民文学出版社,2010。

② 格林著、冯伯里译:《格林童话》,广西师范大学出版社,2001。

③ 杭州市文化局编:《西湖民间故事》,浙江文学出版社,2018。

④ 黄裳:《黄裳自选集》,人民文学出版社,2008。

⑤ 计文君:《天河》,《小说月报》第十期,百花文艺出版社,2008。

⑥ 老舍:《骆驼祥子》,天津人民出版社,2005。

⑦ 梁实秋:《梁实秋散文集》,中国社会出版社,2004。

⑧ 摩罗:《不死的火焰》,中国工人出版社,2002。

⑨ 唐振常:《川上集》,生活·读书·新知三联书店,2003。

⑩ 王蒙:《春之声》,载宋耀良选编《中国意识流小说选:1980～1987》,上海社会科学院出版社,1980。

⑪ 汪曾祺:《受戒》,《汪曾祺自选集》,商务印书馆,2015。

⑫ 杨寄洲主编:《汉语教程》,北京语言文化大学出版社,1999。

⑬ 张中行:《桑榆自语》,人民日报出版社,1996。

⑭ 还有一些语料,摘自报纸杂志、网络文章以及 CCL 语料库,在此不再特别注出。

⑮ 此外,论析过程中偶然觅得的部分非常适切的语料,我们都将随文注明来源。

书中所应用的偏误性语料,主要来源于初、中级汉语水平亚裔来华留学生所生成的中介语作文语料,主要是笔者在近 20 年来的对外汉语教学工作中所积累的来华留学生日常习作与试卷作文语料,以及 HSK 动态作文语料库等。

另有少量语料属笔者自拟,均已经过多名母语者检校并获认同;在此统一说明,文中不再另外标出。

第2章　基于元认知的话题链显性标记分析

> 如果我们从语言承担信息的角度出发去分析语言，我们就不能把信息的概念局限在语言的认知和概念方面。
>
> ——罗曼·雅柯布森

> 写说本是一种社会现象，一种写说者同读听者的社会生活上情意交流的现象。从头就以传达给读者为目的，也以影响到读者为任务的。对于读听者的理解、感受，乃至共鸣的可能性，从头就不能不顾到。……对于夹在写说者和读听者中间尽着传达中介责任的语辞，自然不能不有相当的注意。看它的功能，能不能使人理解，能不能使人感受，乃至能不能使人共鸣。
>
> ——陈望道

2.1　元认知与元话语

2.1.1　元认知的内涵

"元认知"（metacognition）最先是由美国儿童心理学家 J. H. 弗拉维尔（J. H. Flavell）正式提出的[①]。他指出，元认知通常被宽泛地定义为："以各种认知活动的某一方面作为其对象或对其加以调节的知识或认知活动。"[②]而元认知

[①]　我国古代的教育文献《学记》关于"教学相长"的论述之中，也包含着鲜明的元认知的思想："学然后知不足，教然后知困。知不足然后能自反也；知困然后能自强也。故曰教学相长也。"这里所说的"知不足""知困""自反""自强"等，实质上也体现出大脑元认知机能对学习与教育这两种认知活动过程及结果的监控与调节。

[②]　J. H. 弗拉维尔，P. H. 米勒，S. A. 米勒，等.认知发展[M].邓赐平,刘明,等译.上海：华东师范大学出版社,2002：218.

之所以被如此称谓,关键在于元认知的核心内涵是"关于认知的认知"①。

元认知是认知主体的重要机能之一。通常来说,"元认知机能在许多与问题解决相关的认知活动中起着重要作用,包括口头信息交流、口头劝说、口语理解、阅读理解、写作、语言习得、知觉、注意、记忆、问题解决、逻辑推理、社会认知和各种形式的自我指导及自我控制等","元认知,涉及元认知知识、元认知监测和自我调节"②。对于 J. H. Flavell 的这种论断,国内很多研究者做过诸多阐发,其中较早开展此类研究的学者有陈英和(1996)、董奇(1989)、周篠麟(1984)。陈英和针对元认知能力和认知能力做出较为简明而深入的对比分析:"主体的元认知能力与认知能力是有着本质的区别的。认知能力是指那些指向具体的认知对象的智力能力,如对某个具体信息的记忆、理解和其他方面的心理加工,阅读能力就是一种认知能力。而元认知能力则是指对认知能力进行调节和监控的更高一级的能力。而对阅读这种具体的认知能力来说,元认知的职能是选择更适合当前阅读任务的技能和策略,并对这些技能和策略的使用进行调控,以保证阅读任务的顺利完成。"③而董奇根据 Flavell 的研究,对元认知的内涵做出更加细致的阐述:"元认知概念包括三方面的内容:一是元认知知识,即个体关于自己或他人的认识活动、过程、结果以及与之相关的知识;二是元认知体验,即伴随着认知活动而产生的认知体验或情感体验;三是元认知监控,即个体在认知活动进行的过程中,对自己的认知活动积极地进行监控,并相应地对其进行调节,以达到预定的目标。因此,元认知过程实际上就是指导、调节我们的认知过程,选择有效认知策略的控制执行过程。其实质是人对认知活动的自我意识和自我控制。"④杜晓新对元认知的概括则较为简明而抽象:"元认知就是个人在对自身认知过程自我意识的基础上,对自身认知过程的自我反省、自我控制和自我调节。元认知主要包括两个方面,即元认知知识和元认知体验。"⑤周篠麟则较早译介国外学者关于认知内涵的不同研究,并认为认知活动是符号的心理运算,即信息加工的过程,可以从不同角度加以探究,可以仅仅把一些典型的心理元素,认为是认识活

---

① J. H. 弗拉维尔,P. H. 米勒,S. A. 米勒,等.认知发展[M].邓赐平,刘明,等译.上海:华东师范大学出版社,2002:218.

② J. H. 弗拉维尔,P. H. 米勒,S. A. 米勒,等.认知发展[M].邓赐平,刘明,等译.上海:华东师范大学出版社,2002:219.

③ 陈英和.认知发展心理学[M].杭州:浙江人民出版社,1996:313.

④ 董奇.论元认知[J].北京师范大学学报(社科版),1989,1:68.

⑤ 杜晓新.元认知在认知活动中的作用[J].上海师范大学学报,1992,3:136.

动(如注意、知觉、判断、语言运用、推理、想象、概念化等等)①。综上所述我们可以认为,在针对具体的事物或事件进行相应的思维认知活动过程中,在更为抽象的认知层面总是伴随着认知主体的自我体验、自我观察、自我监控与自我调节。

显然,元认知理论与皮亚杰的"发生认识论"思想有着内在的一致性。在系统研究儿童智力在各个年龄阶段的个体发生发展的基础上,皮亚杰又从认识的起源开始追踪、考察科学思维的发展,进而提出生物的发展是个体组织环境和适应环境这两种活动相互作用的过程。深受格式塔心理学影响的皮亚杰还认为,在主客体相互作用的过程中,主体会逐渐形成特定的认知格局(schema),而格局是认知结构的起点与核心,在受到外来刺激之后,不同格局协同联动,通过同化和调节,调整原有格局并建立起新的格局,以适应新的刺激。格局的这种动态变化,使得心理认知结构越来越复杂,最终形成一系列逻辑结构或认知图式。他指出:"认知的结构既不是在客体中预先形成了的,因为这些客体总是被同化到那些超越于客体之上的逻辑数学框架中去;也不是在必须不断地进行重新组织的主体中预先形成了的。因此,认识的获得必须用一个将结构主义(Structurism)和建构主义(Constructivism)紧密地联结起来的理论说明,也就是说,每一个结构都是心理发生的结果,而心理发生就是从一个较初级的结构转化为一个不那么初级的(或较复杂的)结构。"②为简明起见,皮亚杰关于认知发展的论述,可简化呈现为图2-1。

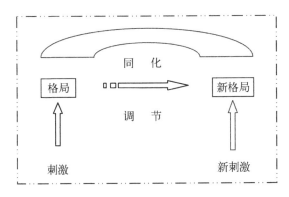

图 2-1 皮亚杰关于动态同化的认知发展思想示意图

① 周篠麟.对"认知"的几种看法[J].心理科学,1984,2:44-46.
② 皮亚杰.发生认识论原理(英译本序言)[M].王宪钿,等译.北京:商务印书馆,1985:15.

综合皮亚杰认知发展的思想,可以将元认知的本质概括为三点:① 元认知远非一种单纯的知识体系或具体技能,而是一种相对抽象、动态发展的认知活动机制,它总是指向并影响具体的认知活动;② 该机制依据既往的认知活动中所积累的知识和体验、所形成的认知结构,对新信息进行接收、处理;③ 与此同时,认知主体也对接受、处理新信息的认知过程进行监控、评价、调节,并将认知结果同化到原有的认知格局之中,使原有的认知结构格局获得更新,以适应新的认知任务。

2.1.2 元话语①及元话语标记语

1. 元话语及元话语标记语的内涵

雅柯布森认为:"元语言是任何语言发展至关重要的因素。用同一语言当中在某一方面相似的其他符号来解释一个语言符号,这就是一种元语言的运作,这种运作在儿童学习语言的过程当中起着极重要的作用。"②而"对母语创造性的吸收以及最终的掌握而言,不断诉诸元语言是必不可少的。……第一语言的构造隐含了用元语言进行运作的能力,没有这一能力的发展就不可能熟悉其他语言。……语言科学面临的迫切任务,即对词汇意义和语法意义进行系统的分析,必须从把元语言作为语言学最深层次的问题着手"③。元话语是元语言在话语层面的折射。深入研究元话语现象,有助于进一步理解人类的元语言。

---

① 有必要首先将元话语和元语言区分开来。雅柯布森在"语言学的元语言问题"的演讲中指出:现代逻辑主张有必要区分语言的两个层次,即谈论语言之外事物的"对象语言"(object language)和谈论语言代码本身的语言。古希腊和古印度的语言学传统就已经明确预料到这种划分,而中世纪的著作《论假定》(de-suppositionibus)则提出了这种划分。谈论代码本身的语言叫作"元语言"(metalaguage),这是源自波兰语的翻译借词(loan-translation),由塔斯基(Alfred Tarski)在 20 世纪 30 年代创用。在这两个不同的语言层次上,可以使用相同的语言(verbal stock)。所以我们可以用英语(作为元语言)来谈论英语(对象语言),用英语同义词和迂回的说法来解释英语的词和句子。……元语言是任何语言发展至关重要的因素。用同一语言当中在某一方面相似的其他符号来解释一个语言符号,这就是元语言的运作,这种运作在儿童学习语言的过程当中起着极为重要的作用(具体请参阅《雅柯布森文集》第 57 - 58 页的相关论述)。此外,刘大为将这种可以在两个不同的层次上使用的、可以用来谈论解释其自身的语言称为"自元语言",详见:刘大为.语言对自身的指称[C]//语言研究集刊(第三辑).上海:上海辞书出版社,2006:267 - 290.

② 罗曼·雅柯布森.语言学的元语言问题,雅柯布森文集[M].钱军,编.长沙:湖南教育出版社,2001:64.

③ 罗曼·雅柯布森.语言学的元语言问题,雅柯布森文集[M].钱军,编.长沙:湖南教育出版社,2001:65.

J. H. 弗拉维尔正式提出元认知的概念并用以探讨儿童心理认知发展的过程之后,愈来愈多的研究者更加关注元认知,并将它广泛地引介到哲学、文艺评论、叙事学、语言学、学科教育教学等诸多领域,元话语的概念也因之而被广泛应用。

对于作为分析、解释语言代码本身的工具语言(元语言①)的研究,具有重要的理论与应用价值。李葆嘉认为,近年来,汉语研究的诸多领域难以出现重大突破的原因在于没有对现代汉语元语言系统展开深入研究,也未能面向汉语对元语言展开理论建构向度的创造性探索。他认为,语言学向度的元语言是由对象语的解释性符号构成的符号系统。元语言系统研究是一种"语言基因图谱分析工程",只有在此工程之上才能建立语义结构系统,才能更为妥善地模拟自然语言。② 元话语可谓元语言在话语层面的映现,其内涵具有广义与狭义之分。广义的元话语,基本是指在哲学、文艺评论和叙事学等领域内所使用的元话语。在这些领域内,元话语有时指称讨论他人话语的话语,有时又表示理论话语的表达方式(如"宏大叙事")等;而本章所讨论的则是狭义的元话语,是纯粹语言学意义上的、着重对言语思考与表述过程进行观照、调控所形成的话语,即言说主体在监控、反思、调节自己的基本话语的过程中,所生成的超越基本话语层的话语。简言之,狭义的元话语就是"关于基本话语的话语",它不仅负载言说主体对基本命题的组织方式以及情感态度评价,还体现为言说主体有意识地与直接的(或潜在的)受话者所进行的人际沟通或协商。具体来说,在言语交际的过程中,言说者要想帮助受话者更好地接收基本信息内容、领会其所要传达的修辞意图,就必须对话语生成进行有效的组织、监控与评价,并要根据实际需要作出妥善的调节。这些认知活动,在言语层面表现为一系列不涉及基本命题信息的词语、短语或句子,这些成分就是本书所说的元话语和元话语标记语。

事实上,元话语不仅表现为言语层面的语言形式标记,更表现为一系列无比复杂的动态监控、调节等心理活动。但是受心理学、神经语言学等学科研究现状的制约,我们目前还难以深入分析元话语的动态监控调节过程,因而只能退而求其次,考察元认知机制在生成话语的过程中所形成的印记,即表现为词语、短语

---

① 不少研究者认为,作为谈论语言代码本身的工具语言,即元语言是由波兰的语义哲学家塔斯基在 20 世纪 30 年代首先创用的;实际上,德国数学家、哲学家弗雷格(Gottlob Frege)在其大约撰写于 1923 年的《逻辑的一般性》(*Logical Generality*)一文中就已提出"元语言"(Hilfssprache)和"对象语言"(Darlegungssprache)这两个术语。

② 李葆嘉.汉语元语言系统研究的理论建构及应用价值[J].南京师范大学学报,2002,4:140-147.

或句子形式的,可以反映言说主体标识、组织、联缀或者评价基本信息单元的"标记"和"纽带",比如"看来""说实在的""众所周知""遗憾的是""话扯远了,回到原题"等等。

我们还可以借助克里斯特尔的论述,对元话语的内涵及其形式表现略加说明:所谓元话语(metadiscourse),是话语研究领域的一个重要术语,指组织和展现一个语篇时那些有助于读者理解或评估其内容的特征。元话语除包括模棱语(如 perhaps,"也许")这种人际成分、态度标记(如 frankly,"老实说")和对话特征(如 see figure1,"见图 1")外,还包括各种篇章组织特征(例如标题、间隔、first "首先"和 next"其次"这种连接成分)①。这些成分,都具有相对固定的语言形式或篇章特征,均具有话语标记功能,因此,我们将之统称为"元话语标记语"。另外,值得注意的是,在自然交际场景中,还有些话语具有元话语功能,但其形式并未符号化,相较于通行的具有某类元话语标记,功能相当但形式不同,严格说来,可谓元话语标记语的"语境变体"(如"我们还是绕着点随便点说吧,免得文章一开篇就显得特正经特累人"之类的说法);抑或可以说此类元话语尚处于"标记化"的演变过程之中。出于方便论述的考虑,除需要特别指明的情况外,一般将"语境变体"式元话语全都统称为元话语标记语。

2. 元话语及元话语标记语研究概述

在人类语言交际过程中,元话语现象早已出现并且普遍存在,可谓人类语言活动的一大基本特征;而"元话语"(metadiscourse)这个术语,则于 1959 年才由美国学者哈里斯(Harris Z.)率先正式提出②。通过考察元话语及元话语标记语,我们不仅可以推知言说者是以何种策略与思路表达自己的话语意图的,也可以推知言说者是如何借助不同的言说方式影响受话者理解话语内容的,还可以推知言说者对命题内容的主观态度。因而可以说,元话语及元话语标记语研究具有重要的实践意义,无论是对于话语理解还是对于话语建构来说,其价值都不容低估。很多学者从不同的角度对此进行过深入研究,成果颇丰,现简述如下。

1)西方学者相关研究简述

凯勒(Keller)(1979)从心理语言学的角度对元话语进行研究,并将其命名

---

① 戴维・克里斯特尔,编.现代语言学词典(第四版)[M].沈家煊,等译.北京:商务印书馆,2000:221.

② Harris, Z. Linguistic transformations for information retrieval [C]//Proceedings of the International Conference on Scientific Information (Vol. 2). Washington D. C.: National Academy of Sciences-National Research Council (NAS-NRC). 1959: 937 – 950.

为"开场白"。他认为,元话语具有四种功能:① 标示话题结构,② 组构会话的话轮,③ 表明对信息、观点的认识状态,④ 检查交际渠道是否畅通。[①]

威廉姆斯(Williams)认为,元话语跟主题内容并无直接关系,仅是"关于话语的话语,包括所有不涉及话题内容的东西"。他还把元话语视作衡量、确定文本写作风格的一个重要修辞变量(stylistic variable)[②]。

对元话语做过系统的开创性研究的美国学者范德(Vande Kopple)则认为,元话语是指有关基本命题信息内容以外的话语,具体指的是言说者引导读者对话语篇章所传达的信息进行组织、分类、解释与评价的一整套认知机制[③]。

英国学者肯·海兰德(Ken Hyland)认为,元话语指的是作者对话语的组织、对话语内容的看法、对受话者的态度的预测等,是体现篇章各种特征的一套机制。他还在前人研究的基础上,进一步整理归纳,将篇章元话语分为五类(表逻辑联系的词语、表框架标记的词语、表内指标记的词语、表提供证据的词语、表解释的词语),把人际元话语分为五类(表模棱两可的词语、表强调的词语、表态度的词语、表关系标记的词语、表人物标记的词语),共计十个次类。[④]

海兰德(Hyland)和茨奥(Tse)认为,对元话语的理解有狭义和广义之分。狭义的元话语强调元话语的篇章组织功能;广义的观点认为,元话语体现出作者在篇章中所表现出来的运用语言的方法,以及把话语组织和话语含义结合起来的方法。通过使用元话语,作者就可以把单调的、零散的语言单位组成相互关联的、为读者所喜爱的篇章,元话语还能把篇章跟语境联系起来,表达话语的人际意义,提高篇章的可信度。从这个角度看,元话语是属于功能的范畴,因此,有些标点、句子排列的次序等都可列入元话语的范畴。他们认为,单纯把元话语看成"有关话语的话语"是不正确的,因为这样处理的话,就等于把元话语局限在话语层面。比较合理的做法是,把元话语看作组织篇章的手段,这样就能把标点符号等形式手段也包括在内。在组织篇章的过程中,作者通过元话语这种手段,把自己的态度、观点融入篇章之中,传达言说者对受话者的协商态度,能起到吸引受

① Keller, Eric. Gambits: Conversational strategy signals[J]. Journal of Pragmatics, 1979, 3: 219－238.

② Williams, M. J. Style: Ten Lessons in Clarity and Grace[M]. Boston: Scott Foresman, 1981: 211－212.

③ Vande Kopple, W. Some exploratory discourse on meta-discourse [J]. College Composition and Communication, 1985: 82－93.

④ 转引自徐赳赳.关于元话语的范围和分类[J].当代语言学,2006,4: 345－353.

话者积极参与的作用。①

关联理论背景的代表性学者黛安·布莱克默（Diane Blackmore）认为，话语的连贯并不取决于具有诸如阐述、解释、对照等连贯功能的话语标记，而是将元话语现象判定为语境联系语，并认为话语联系语所联结的并不是具体的基本话语单元，其作用在于明确具体的语境因素以激活、关联相关的语言环境，从而对话语理解进行制约，以帮助受话者建立最佳关联，目的在于降低受话者理解话语时可能付出的心理努力的程度。②

西弗林（Schiffrin, D.）倡导互动分析与变异分析相结合的研究理念，以动态的眼光将话语视作社会互动过程，借以探究话语局部连贯的内在机制。她重视考察话语标记的语义和语法特征、话语分布与话语功能。她将话语标记判定为话语的"语境坐标"，认为话语标记具有指别（indexical）功能，在话语分析过程中，可以充当语境线索，是切分话语的"界标"。她还着重从互动社会语言学的立场将话语切分出五个层次：意念结构、行为结构、交谈结构、参与框架与信息状态③。在具体分析过程中，她指出某个话语标记会在一个或多个层次上为确保话语连贯发挥作用。④ Schiffrin 关于话语标记的学术思想与研究成果集中体现于其所撰写的 *Discourse Markers*⑤，该书对话语的内涵、话语标记的内涵、话语标记的功能、研究话语标记的因由进行深入讨论，并针对 and, but, or, so, because, then, now, well, oh, you know, I mean 等 11 个具有突出的语境坐标功能的典型话语标记展开细致研究；该书是话语标记研究领域的开创性论著。

---

① Hyland Ken, Polly Tse. Metadiscourse in academic writing: A reapraisal [J]. Applied Linguistics, 2004, 2: 156－157.

② 请参阅：Blackmore, D. Relevance and Linguistic Meaning: The Semantics and Pragmatics of Discourse Markers[M].Cambridge University Press, 2002: 59－185.

③ 在汉语语用学界，范开泰也提出基于交际理念的研究模式，他认为，对语言交际过程进行语用分析可以获得语言的语用意义，而语用意义只能在交际中才可以表现出来。该语用分析模式可离析为五个层面：一是话语结构分析（考察的是言说者如何选择谈话的出发点作为话题以及围绕话题建构话语的策略等）；二是心理结构分析（重点探究言说者如何选择话语焦点从而突出交际的兴趣点）；三是信息结构分析（旨在探究言说者如何联缀新旧信息）；四是语气情态分析（重在分析言说者如何选择妥当的语气、口气以表达自己对于言说内容以及言说对象的态度与情感）；五是言外之意分析（力求考察话语表达形式在特定的语用环境下所临时生成的语用意义）。详见：范开泰.语用分析说略[J].中国语文,1985, 6: 401－408.

④ Schiffrin, D. Discourse markers: Language, meaning, and context[C]// The Handbook of Discourse Analysis. D. Schiffrin, D. Tannen, and H. Hamilton, Ed. Oxford: Basil Blackwell, 2001: 54－75.

⑤ 可参阅 Schiffrin,Deborah. Discourse Markers[M].北京：世界图书出版公司,2007: 49－330.

2）汉语学界相关研究简析

（1）语法研究领域。

深受结构主义思想影响的传统的语法研究，通常将元话语标记语视为独立成分或者插说成分，认为它们是附丽于句子之上的零余成分。如施树森在讨论特殊的句子成分时指出：有时可以在句子里面插入一个成分，这种成分不属于主语、谓语、宾语、定语、状语、补语之中的任何一种，在结构上也不与句子中的其他成分发生关系，因而是一种特殊的句子成分，可以称为独立成分，这些独立成分是话语交流中不可或缺的成分，因为它们能够更加稳妥而委婉地表达言说者的态度和感觉；而所谓态度和感觉，关涉面很广，但主要可以分为以下几类，即推测情况、引起注意、估计程度、交代信息来源、举例说明、缓和严重意味等等。①再如吕叔湘、朱德熙两位先生认为："插说，把一个句子的结构打断，插一句话进去，从前也有这种句法，但是不大常用。近来这种句法多起来，是受了外国语法的影响。"②而叶南熏在其专著《复指与插说》中将插说成分系统地梳理为 14 个类别；相关研究成果还可参阅邢福义（1995）等。就其总体而言，这类研究主要是侧重从句法结构的角度探究这些成分，在本质上，与立足互动交际的元话语及元话语标记语研究明显不同。

持"三个平面"语法观的学者，从语用角度对插说结构做了深入分析，特别是其中关于"评议性"成分的研究，这些研究对象，大致可以归入元话语及元话语标记语的研究范畴。胡裕树、范晓（1998）认为，句子中的"句法—语义"结构反映客观事实，而插说或添加到其上的词语或句法成分一般都具有评议性，显示出言说者对于客观事实的主观态度③。

深受功能主义语言观影响的学者，如张伯江、方梅（1996），对于人际主位和篇章主位在篇章中的呈现情况做过细致分析。方梅（2000）的《自然口语中弱化连词的话语标记功能》则深入讨论表达"非真值语义"的连词所具有的篇章联缀功能。她认为，传统语法研究中将连词视作表达小句或句子之间的时间或逻辑语义关系等真值语义手段的做法不能全面反映连词的功能，基于自然口语语料的考察可以发现连词常常出现语义弱化现象，而语义弱化的连词一般被用作组织言谈的话语标记，以实现话语组织功能和言语行为功能，前者主要表现为实现

---

① 施树森.汉语语法提要[M].南京：江苏人民出版社，1957：41-43.

② 吕叔湘，朱德熙.语法修辞讲话[M].北京：中国青年出版社，1962：165-166.

③ 胡裕树，范晓.有关语法研究三个平面的几个问题[C]//袁晖，戴耀晶.三个平面：汉语语法研究的多维视野.北京：语文出版社，1998：25-41.

前景化(foregrounding)①和切换话题两种情况,后者则主要体现为转接和延续话轮的功能②。该文的思维格局、研究理念、研究程序和语料分析等方面,均具深刻的启发意义。

受语法化与词汇化研究思潮影响的学者们,对话语标记语展开一系列个案研究。从历时或共时层面考察话语标记语的演化过程,如李晋霞(2005)的《"好"的语法化与主观性》《论话题标记"如果说"》、刘丽艳(2006)的《话语标记语"你知道"》、董秀芳(2007)的《词汇化与话语标记语的形成》等等;再如陈昌来、张长乐(2009)的《"后来"的词汇化及相关问题》、陈昌来(2013)的《"近来"类双音时间词演化的系统性及其相关问题》与陈昌来、王韦皓(2014)的《"据说"的词汇化历程及其动因分析》等等。这些研究成果非常有助于理解诸多具有话语标记功能的语言要素的历时发展轨迹。

近年来,汉语界关于话语标记语的研究成果日渐增多,研究的广度、精度与深度也不断提升,比如曹秀玲(2016)从交互界面出发,综合考察主客观信息,综合句法和章法两端,对于作为考察语篇建构内在机制的重要切入点的"话语标记"展开系统研究;如李晓琴、陈昌来(2020)依托构式语法思想,从语用功能、结构要素及其关系、表达特点与应用策略、形成机制与发展趋势等方面对一系列话语标记展开全面深入的个案研究,如《现代汉语换言标记构式"往 X 里说"》《评价性换言标记构式"说得 X 一点"》;再如曹秀玲、魏雪(2021)的《从感官动词到推断元话语标记》立足于言语行为理论,认为推断元话语标记是推断类言语行为的重要标志,此类元话语标记来源多样,其中从感官动词演化而成的推断元话语标记数量众多、形式丰富、语用频率较高,而且内部成员(如"看"类和"听"类)彼此之间大致存在对立而又互补的语用关系;该文还探究了感官动词演化为推断元话语标记的认知机制③;宗守云(2022)对断言标记"不用说"展开深入分析,认为该标记传达的时候言说者基于背景事件与断言间的关系而作出的肯定行为,而其功能则是标记后续小句为断言信息,该研究对于语言交际中的认知协作现象富有启发意义。④

---

① "前景化"本是布拉格学派在研究诗学以及诗歌文体的过程中创造的术语,其原本的内涵也可译为"现实化"(actualization);后来该术语被引入语言学研究领域,在语言交际中,"前景化"会体现在语言符号形式在常规应用基础上的某些变异的特征,语言符号的组配形式因而也就获得凸显性。具体可参阅:张德禄.语言符号及其前景化[J].外国语,1994,6:9-14.

② 方梅.自然口语中弱化连词的话语标记功能[J].中国语文,2000,5:459-469.

③ 曹秀玲,魏雪.从感官动词到推断元话语标记[J].语文研究,2021,2:13-20.

④ 宗守云."不用说"为什么还要说?——断言标记"不用说"及其立场特征[J].语言科学,2022,1:51-60.

此外,还有研究者,如朱晓芳(2008),对中学语文课堂教学语言的元话语标记语展开颇具实践意义的考察,对本书启发良多。其余相关研究,在此不再赘述。

（2）话语分析领域。

廖秋忠(1992)的《现代汉语篇章中的连接成分》《篇章中的管界问题》是这方面的代表性成果。前者确立以功能为主、位置为辅的分析标准,系统地讨论了汉语书面语中句子或大于句子的结构体之间所使用的连接成分;后者先罗列出现代汉语中具有管界功能的那些关联词语,在此基础上讨论确定管界的手段,并依据语义和形式将之划分为十一个类别。廖秋忠所归纳出的成分和类别,在功能上与元话语标记语有共通之处。总体而言,廖秋忠关于语篇的相关研究富有创新性,值得深入借鉴。

沈开木(1987)在讨论超句体的联系手段时,谈到关联词语和独立成分,这两类成分中包含相当于元话语标记语的成分,如"闲话休提、从这一点来说、再说"等等。此外,沈开木(1996)的《现代汉语话语语言学》中借鉴"实义切分"的理论观念与分析方法,对话语中的语言符号链条进行了结构分析,其中也讨论到"行文、交往"等成分,指的主要是句际关联手段、修正行文或促成人际交往的成分。

刘大为(2008)的《自然语言中的链接结构及其修辞动因》、李秀明(2006)的《汉语元话语标记语研究》、李明洁(2008)的《元认知和话语的链接结构》、李佐文(2001[①]、2003[②])等等,在对话语分析的过程中,对元话语标记语都进行了深入的研究。特别是刘大为(2008)的研究,在深刻论述链接结构的修辞动因的基础上,全面而系统地探讨了三类标记成分,这对话语结构及标记研究具有深刻的指导意义。

值得一提的是,近些年来,基于口语语料探究元话语标记的研究日渐增多,如杨万成、陈昌来(2023)认为,强断言标记"我敢说"具有标示主观认识和凸显独特评价的功能,表示说话者对自身判断高度肯定,可以凸显所述话题是言者认识领域的事件,该标记的应用明显受到交际双方认识状态的影响[③]。再如赵晨雨(2023)以CCL语料库为基础对话语标记语"说真的"进行元语用分析,发现该标记语可以在语篇、信息、发话人和交际双方四个维度体现元语用意识,据而认为

---

① 李佐文.论元话语对语境的构建和体现[J].外国语,2001,3:44-50.

② 李佐文.元话语:元认知的言语体则[J].外语研究,2003,1:27-30.

③ 杨万成,陈昌来."我敢说"的话语标记功能与认知立场表达[J].当代修辞学,2023,4:67-76.

表坦诚言说态度的"说真的",是汉语口语交际中高频应用的坦言性话语标记语。该标记具有元语用功能,可反映说话人的元语用意识,有助于构建语篇结构、强调信息、表达真诚态度以维护人际关系,从而促进交际顺利进行①。因为本研究侧重考察书面介质的叙事语体语篇,故而对口语中的元话语标记语的相关研究,在此不做赘述。

3. 元话语和元话语标记语的关系

严格说来,前文所说的"元话语"实际上大都指的是"元话语标记语"。话语既表现为言语行为的结果,更表现为言语行为的过程。大脑内在的言语活动是无限复杂的,正如刘勰在《神思》篇中所说"文之思也,其神远矣。故寂然凝虑,思接千载;悄焉动容,视通万里"。② 这句话的大意是说,当大脑调用语言进行思考时,内在的精神活动是无限自由而广泛的,在时间向度上可以跨越千载,而在空间向度上则可以横通万里,可以在无限广阔的时空中自由流转跃迁。因此可以说,形之于视听觉符号的言语活动的结果最多只能算是冰山的一角,而言语活动的内在过程,则如同隐没在海水之下的巨大冰山。毋庸置疑,后者在整个言语互动行为中是更为复杂而重要的。由此可以认为,作为对基本话语进行监控、评价与调节的元话语,本质上也更主要是一种复杂的动态过程,即表现为:在意图言语化过程中,大脑元认知机制对交际对象的认知水平、背景知识等多方面的预设,以及对意图言语化过程的计划、监控与调节。但是目前因为神经语言学和心理学研究水平的制约,我们还无法直接而又直观地观察、认识元认知在话语建构层面的预设、计划、监控、调节的动态过程,而只能凭借这种动态过程映射到视听觉符号层面所留下的印记——元话语标记语——来推测、构拟大脑元话语监控调节机制的动态制导轨迹。打个比方来说,元话语标记语就如同路标(landmark),我们可以据此推测"潜隐着的"意图言语化的路径。相对于整个路径来说,路标无疑是少之又少的,因而可以认为,元话语标记语也只是预测认知状况、组织命题信息、传达情感态度以更妥当地传达交际意图并有效实现人际言语互动的整个元话语活动过程中映射出的极其微小的部分。

从理论上来说,元话语标记语应是一个动态变化的开放系统。随着心理学、神经语言学、语音学、话语分析等学科的不断发展,人类对于大脑元话

---

① 赵晨雨.话语标记语"说真的"的元语用分析[J].汉字文化,2023,20:20-22.
② 陆侃如,牟世金,译注.文心雕龙译注[M].济南:齐鲁书社,1995:359.

语监控调节机制的认识也必将逐步提高；此外，在人类语言交际的过程中，随着传播媒介与传播方式的不断革新（比如网络与自媒体的迅猛发展），尤其是在社会正常运转的状态下，话语的创造性建构活动必将日渐兴盛，因而新生成的元话语标记成分必将不断加入现有的元话语标记集合。从这个角度自然可以说，元话语和元话语标记的重要差别在于固定程度的不同。李佐文（2001）①认为，元话语标记语是已经实现语法化的元话语，是一个相对比较封闭、稳定的系统。而我们认为，元话语标记语是相对封闭的系统、由元话语语法化而来的说法，恐怕不免会有以偏概全之嫌，值得稍加商榷②。一方面因为语法化是语用倾向性原则逐渐凝固化的结果③，因而话语标记语就难以构成一个封闭的系统；另一方面则是因为口语研究证明，有些元话语标记的出现，并非相应的实词不断虚化并语法化的结果，而是受认知模式制约而自然生成的结果。

一个极为有力的理据是方梅（2000）关于自然口语中弱化连词的研究成果。在自然口语交际中，连词的语义弱化并非个别的、偶发的现象，特别是语用频率相对较高的连词（如"所以""但是""不过""然后"等等），语义弱化的用法比例相当高，有的（如"所以"）占比甚至超过50%。值得特别注意的是，高频应用的连词之中，语义弱化的连词呈现出不对称分布的规律，仅在先事与后事、条件与推断、原因与结果等为数不多的关系中，联缀后事、推断或结果的连词更倾向于成为语义弱化的连词，具有非真值语义的表达功能，而这种非真值语义连词的话语标记功能，是认知模式对小句承接方式与话语关联形式进行句法塑造的结果，有其稳定的认知基础，并无充分的语言事实证明"所以"等连词的这种话语标记功能经历了明确而稳定的"意义内容虚化、形式功能强化"的语法化过程。传统的语言研究没有注意连词的这种功能，主要原因或应是学术理念导致研究者们耽于研究书面语而忽视口语研究，而且偏重于关注篇章连接成分在表达真值语义关系方面所具有的作用。然而，相较于无限丰富复杂的意

---

① 李佐文.论元话语对语境的构建和体现[J].外国语,2001,3：45－49.

② 汉语中语法化的现象广泛存在,其中主要表现为实词变为虚词的虚化,词义更实一些的实词向词义稍虚的另一类实词转变的虚化,还有虚词向更虚的虚词或词缀成分转变的虚化,各种变化都有特定的机制在起作用,但总的来说,语法化主要指意义的虚灵化以及形式标记、衔接功能的强化。可以参阅沈家煊(1994)等文章的论述。

③ 沈家煊.语用法的语法化[J].福建外语,1998,2：1－7.

图言语化的过程①而言,业已经过反复"剪裁配置"的书面语,无疑已经摒弃或遮蔽掉太多的认知活动环节与细节,因而肯定会显著影响并限制我们对自然语言现象内在规律形成相对更加科学、全面的认识。也正因如此,我们非常有必要对口语语言现象开展系统而深入的研究。

综上而言,我们认为,元话语标记语所映现或印证的是人类的社会性交际互动行为过程中业已"言语化"并形成相对固定的语言形式的元认知活动。换言之,元话语标记语是人类建构话语的过程中,大脑元认知制导机制在言语层面留下的印记。

4. 元话语标记语和逻辑衔接语②的区别

在话语生发与延展的过程中,由于部分元话语标记语也能发挥衔接联缀的功能,有人会因而将之与常规的关联词语(本节中称之为"逻辑关系衔接语")混为一谈。因此,有必要对二者加以辨别。

从表面上看,逻辑衔接语和部分元话语标记语二者的功能具有相似之处,即都能够衔接联缀话语;实则不然。从所涉及的对象来看,元话语标记语主要涉及话语表述的动态过程,体现的是言说者对命题内容的组织策略、态度评价,或者是言说者对受话者的心理预设、人际调谐等;而逻辑衔接语体现的是话语的命题内容之间的时序、因果等方面的逻辑语义关系。元话语标记语和其标记对象(基本话语)分别处在两个认知层面;而逻辑衔接语贯穿在其衔接对象的线性延展过程之中,与其所衔接的话语内容处在同一个维度。因此可以说,元话语标记语具有可剥离性,可是逻辑衔接语却不具有可剥离性。在很多时候,若把一段话语中的元话语标记语剥离掉,至多只会加重话语理解的认知负担,但不会导致无法理解话语的结果;然而,如果把逻辑衔接语剥离掉,就会导致对前后话语内在逻辑关系的歧解,甚至会造成误解乃至完全无法理解。请看下面两个例子:

---

① 修辞意图的言语化的过程,是一种极其丰富复杂的认知过程,从意图的形成到语言符号的妥当配置,其间需要考虑的因素非常多,正如陈望道先生所言:"写说本是一种社会现象,一种写说者同读听者的社会生活上情意交流的现象。从头就以传达给读者为目的,也以影响到读者为任务的。对于读听者的理解、感受,乃至共鸣的可能性,从头就不能不顾到。而尤以发表这一阶段为切要。……对于夹在写说者和读听者中间尽着传达中介责任的语辞,自然不能不有相当的注意。看它的功能,能不能使人理解,能不能使人感受,乃能不能使人共鸣。"具体请参阅陈望道.陈望道学术著作五种·修辞学发凡[M].上海:复旦大学出版社,2005: 216 - 218.

② 该术语借自刘大为(2008)在复旦大学首届"望道修辞学论坛"所做的报告,题目为"自然语言中的链接结构及其修辞动因"。

（1）我幼年住在家乡，关于桥，印象深的是远一座，近两座。远的在村西北三四里，亢庄之南，弓形，高大，远望，像是半浮在空中。何以这样高，其下有什么水，没问过；¶更奇怪的是¶，如此之近，却一直没走过。近的两座，大的石桥在村东，到镇上买物经常走；小的砖桥在村西，下地干农活更要常常走。（张中行《桑榆自语·桥》）

（注：本书中所采用的诸如"¶……¶"之类的符号，其目的都是标示出不同类型的元话语标记语以求相对更加醒目地划分话语结构，不同形状的符号，具体作用不同，本书将在附录中统一加以说明，下文不再逐一解释。）

（2）a. 因为生病了，所以不去上课。（因果关系）

b. 如果生病了，就不去上课。（假设关系）

c. 只要生病了，就不去上课。（充分条件关系）

d. 只有生病了，才不去上课。（必要条件关系）

e. 生病了，于是不去上课。（承接关系）

f. 生病了，不去上课。（？关系）

在上面例（1）中，两个¶符号之间的"更奇怪的是"，就属于元话语层面的要素，表达的是言说者自己的主观态度，它和这段话语所表述的话题"桥"关涉的命题内容之间并没有直接的关系，即使将之剥离掉，也基本不影响受话者对话语基本命题信息的理解。但是在第二个例子中，要是将"如果……就"和"因为……所以""只要……就""只有……才"或者"……，于是"等逻辑衔接词都剥除掉的话，所得到的是 f.。显而易见，f.中"生病了"与"不去上课"之间究竟是何种逻辑语义关系，如果没有更大的语境，就会变得模糊不清。在理论上，可以作因果关系、假设关系、充分/必要条件关系、承接关系等五种各不相同的理解。因此可以说，上面例（2）中的"因为……所以"等逻辑衔接语，都隶属于基本话语层，主要功能是表达命题内容之间的逻辑语义关系。逻辑衔接语所联缀的前后项之间，具有两相依赖的关系，特别是逻辑后项中的命题，其语义的确定，需要依靠前项，逻辑衔接语处在命题的线性延展的维度上，是话语延展的必要组构成分，不能随便剥除；一旦剥除，就会导致命题内容语义不自足。然而，在自然话语之中，有时候不仅元话语标记语本身可以删略，甚至其后所联缀的与话题相关的命题内容，也可以删略而并不会影响命题内容主要信息的传达，请看下例：

(3) 投稿活动也从这时开始。对象是"孤岛"上《文汇报》的副刊
"世纪风"，习作是小小的散文和"掌篇小说"，¶也就是¶（目前流行的
"微型小说"那样的东西）。创作的最初动机是模仿，我想这和小孩子的
喜欢学大人说话行事 很相近。（黄裳《读书生活杂忆》）

在上面的例子中，两个¶¶符号之间的"也就是"，就是典型的元话语标记语，具有
换言解释功能，"也就是"及其后的圆括号所包括的内容，是对前面的"掌篇小说"
的换言说明，并未推动语义主线向前延展，将之删略掉，也基本不影响话语理性
信息的传达。

　　对于元话语标记语和逻辑衔接语之间的区别，刘大为先生做过深刻的论析，
现援引如下：话语标记语属于元话语，所以它只涉及说出这些话语单位的行为
层面上的要素，例如行为过程本身（如"顺便提起""话又说回来""打个比方"等），
行为者的主观态度和看法（如"依我看""幸运的是""按道理"等），针对受话者所
进行的话语调节（"你说说看""你听着""请注意这一段"等）以及话语意图的表达
（如"我提醒你""警告你"等），却无关乎话语单位的内容。然而逻辑衔接语反映
的却是话语单位中所说及内容之间的关系，或者说就是命题之间的关系，像因果
关系、转折关系、并列关系、递进关系、时间和空间上的顺序关系等，显示这些关
系的词语即逻辑衔接语，例如"所以""但是""还""接着""又"等，经常还会成对出
现。当然这些衔接语中也可能渗透着话语主体的主观态度和认识，有时还表现
得非常强烈，例如"反而""甚至"等。但是这种主观因素并没有取得独立的词汇
表现，这正是逻辑衔接和话语标记语的根本区别之一。[①]

2.2　话题链的链际衔接手段[②]

　　在现代语言学研究领域，研究过程与研究结果的形式化程度的高低，在很大程
度上，已然成为评判语言研究成果得失短长、科学与否的重要标准之一。科学意义

---

　　① 请参阅刘大为（2008）在复旦大学首届"望道修辞学论坛"发表的演讲，题目为"自然语言中的链接
结构及其修辞动因"。
　　② 毫无疑问，链际衔接，包括链内的衔接，还可以通过语义手段实现，韩礼德与哈桑（1976、1985）对
此做过深入讨论，本书对此不再多加论述。

上的语言学研究,无疑应把对语言形式的分析放在首位,应从形式出发并最终归结为形式,以保证研究程序的可重复性与研究结论的可验证性。因为,相对于语言的内容和功能来说,语言的形式具有客观、独立的价值。正如徐烈炯所特别强调的那样,形式不仅与内容相对,而且还与功能相对。为了使语言学研究朝更加科学的方向发展,必须要充分重视语言的形式,必须要在形式方面多下功夫,必须多开展深入细致的形式向度的研究。① 本章将以这种学术思想为指引,努力发掘和描写话题链的语言形式特征。在此,先要说明的是,本书所分析的基本都是书面介质的语料,对于话题链在语音层面的丰富表现,除特别需要之外,我们暂不作讨论。

前面已经说明自然话语可以离析为两个层面,即元话语层和基本话语层。元话语层,主要关涉言说者对于话语生成过程的组织、监控、评价和调节,在语言层面,表现为不涉及基本命题信息的词语、短语或句子等形式手段,也即本书所讨论的元话语和元话语标记语。元话语标记语相对独立于基本话语,它们是切分话语的重要参照,通过对元话语标记语的分析,我们可以准确高效地将话题链切分开来。元话语标记语主要体现为话题链的链际衔接延展手段,在话题链的内部,也有其特定的语言形式手段在发挥作用。此外,在话题链链际和链内发挥衔接功能的语言形式手段,并不是截然两分的,一个重要的理据是,同样的语言手段,很多时候既可以在链际又可以在链内发挥作用。

2.2.1 元话语标记语作为链际衔接的手段

前文我们已经说明,元话语标记语所映现的是社会性交际活动过程中业已"言语化"并形成相对固定的语言形式的元认知活动;也可以说,元话语标记语是元认知活动轨迹的"固化",更明确地说,则可谓"言语化了"的元话语。因此,我们可以从语言形式的角度,对元话语标记语进行分类。其实,在 2.1.2 这一节中,我们已经从语言形式的层面对元话语标记语作了初步的分析。在本小节中,我们将更为细致地分类描写话题链的链际元话语标记语,然后,在此基础上,对自然话语展开形式分析,以期更好地理解话题链的链际衔接转换的特点。

经过语料分析,我们发现元话语标记语可以分为以下三个层面(见图 2 - 2):

---

① 徐烈炯.形式与功能[J].现代外语,1985,4:9-17.

图 2 - 2　元话语标记语的句法分类

1. 词语形式的元话语标记语

具有信息组配功能的、词语形式的元话语标记语,仍处在不断演化的过程中;这类元话语标记语之中有些成员的形成,或许可以视为话语建构与理解过程中句法成分的组块①处理的结果。经过高频的组块操作,逐渐获得相对独立的功能地位。相较于词汇系统而言,具有较为独立的元话语标记功能的词语,数量相对比较少。从其分布位置来看,词语形式的元话语标记语主要出现于链首和两链之间,这或许和其来源有关。就其来源看,词语形式的元话语标记语可以分为两类。一类是从小句句首成分演变来的:比如句首的具有发语功能的语气词,如"夫"②等;表示假设语气或关系的词,如"如果说""要是说/要讲"等等;表示另提一事或另启话题的词语,如"若夫"③"至若"④"至于";句首出现的主谓结构,如"我看""你看""谁知道""(你)别说"等等。另外一类则是由最初处于小句句尾的成分演变而来的,是从小句末尾位置漂移出来的结果,如"好了、行了、算

① "组块"是认知心理学领域的术语,组块理论认为,受制于人类短时记忆能力(7±2 个语块/信息块)的限制,在理解话语的过程中,为了减轻短时记忆的负担,话语接收者需要一边听/看,一边及时进行信息归并处理,以压缩语块/信息块的数量,这种认知处理方式就是认知心理学中所谓的"组块"处理。具体可参阅:陆丙甫.语句理解的同步组块过程及其数量描述,汉语的认知心理研究[M].北京:商务印书馆,2010:81 - 92.

② "夫"字作为句首语气词是从指示代词"夫"虚化而来的。它经常放在句首表示要发议论,起引出下文的作用。古代称之为"发语词",现代有的语法书称之为"提顿语气词"。例如,夫将者,国之辅也。《孙子·谋攻》云,夫寒之于衣,不待轻暖;饿之于食,不待甘旨。晁错《论贵粟疏》显示"夫"还可以和"且""故""若""今"相结合,成为"且夫""故夫""若夫""今夫",用于句首。"且夫""故夫"大致等于"且""故",增加了"夫"字,就加强了要发议论的语气。例如:且夫水之积也不厚,则其负大舟也无力。(《庄子·逍遥游》)故夫作法术之人,立取舍之行,别辞争之论,而莫为之正。(《韩非子·问辩》)参见网页:http://course.xznu.edu.cn/gdhy/neir/neir49.htm.

③ 吕叔湘(1990)指出:跟假设意义相关的"要讲""若夫""至如""至于"这几个词的假设之意甚轻,它们的主要作用在于另提一事。(可参阅《吕叔湘文集(第一卷)》[M].北京:商务印书馆.)而针对"若夫",《汉语大词典》的看法是:用于句首或段落的开始,表示另提一事;该词标记话语的用例出现得非常早,在《易·系辞下》之中,即有:"若夫杂物撰德,辨是与非,则非其中爻不备。"《史记·范睢蔡泽列传》:"若夫穷辱之事,死亡之患,臣不敢畏也。"

④ 至若,在古汉语中就有标记话语的功能,"表示另提一事"。据《汉语大词典》的例证可以看出,早在南北朝时期就出现了这样的用法:(南朝梁)钟荣《诗品·总论》云:"昔九品论人,《七略》裁士,校以宾实,诚多未值。至若诗之为技,较而可知,以类推之,殆均博弈。"

了、完了"等包含动词和语气助词"了"的结构。这类结构,由于高频地单独出现于话语中,就有了虚化为话语标记的可能(可参阅李晋霞,2005;陈振宇、朴珉秀,2006;董秀芳,2007;李宗江,2004;高增霞,2004)。

针对口语的元话语标记语研究出现一些富有开拓性的成果,如方梅(2000)通过细致的统计分析,深入讨论了口语中语义弱化的连词所具有的元话语标记功能。她说:"传统上,连词一般被视为表达小句或句子之间的时间关系或逻辑语义关系等真值关系的手段。这种基于书面语研究所得出的认识只反映了连词的部分功能。当我们把眼界扩大到实际口语的时候就会发现,有些现象是难以用这种真值语义表达的视角概括的。通过对实际会话的分析,本文将连词的功能分为两类,真值语义①表达和非真值语义表达,并着重讨论非真值语义表达的话语功能以及认知基础。"②她认为,在日常口语中,仅用作言谈单位的连贯与衔接手段,不表达逻辑语义关系、事件关系和时间顺序关系等真值语义,是连词非真值语义表达功能的体现。

此前,廖秋忠也做过诸多富有开创意义的研究,他在《现代汉语篇章中的连接成分》一文中指出,表示时间的词语具有突出的篇章功能,也是话题链链际衔接的常用手段,并对此展开深入细致的讨论③。在此不再赘述,仅拟稍微强调一下共时性时间词在话题链链际衔接中的作用,我们之所以将之放在元话语标记中来讨论,主要是考虑到共时性时间词所具有的可删略性,不像其他类型的时间词,如果删略掉就会导致话语信息不足,以至于对话语会形成误解甚或是完全无法理解,因此可以认为,在篇章功能上,共时间词和元话语标记语之间具有明显的相似之处。请看下例:

(4) 一位年轻的母亲正带着小女儿过马路时,突然被一辆出租车撞倒了。出租车又开了二十多米才停住。φ这时 φ¹跑过来很多人,一下子把母女俩围住了。我也挤了进去。看见她坐在那儿一动也不动,很疼的样子,好像腿被撞伤了。我发现,看热闹的人虽然不少,但是没有人来帮助她。我就过去把她扶了起来。φ这时 φ²,有几个人走过来

---

① 真值条件语义学认为,意义可以定义为现实世界中一个句子意义成真的一系列条件。这种理论和那些将意义定义为句子在信息传递中的使用条件的理论(如言语行为理论)不同。传递时间关系或逻辑关系信息的表达即是真值语义表达,而仅标示语篇衔接连贯而不传递时间关系或逻辑关系的表达为非真值表达。

② 方梅.自然口语中弱化连词的话语标记功能[J].中国语文,2000,5:459-470.

③ 廖秋忠.现代汉语篇章中的连接成分[C]//廖秋忠文集.北京:北京语言学院出版社,1992:62-91.

和我一起把她们母女俩扶起来。那辆出租车的司机也走过来了。我对司机说："你应该马上把她们送到医院去。"他点点头。我们把母女俩扶上车,送到了医院。还好,母女俩的伤都不重。(杨寄洲主编《汉语教程》第二册下 第98页)

在上面的例子中,"φ……φ"所标记的"这时"是典型的共时时间成分,与此相类似的还有"(与此)同时""这时候""那时""说时迟,那时快"等,它们都表示某个事件与另一个事件发生的时间重叠或者紧密相连,但受语言符号能指的音响特征的影响,只能线性一维地展开而不能双线同时演进,所以只好利用诸如此类共时时间成分,将不同话题引领的话题链并列联缀起来,构成相对复杂的事件组,以便更全面、生动地描摹某种具体的场景。

可喜的是,近年来,基于构式理论、互动语言学思想的个案研究逐渐发展成为新的热点,如潘先军(2022)从互动语言学的立场出发,深入考察处于回应位置的互动话语标记"瞧你说的",认为其基本功能是表示否定,而且出现从否定言说内容到否定情感演化的倾向,在此过程中,其主观性得以加强并体现出鲜明的社会互动性,而且在表达怨责等主观性情感时呈现出明显的女性特征[①];詹芳琼(2023)基于构式理论探究汉语认知情态副词"本来"的构式化过程,认为情态副词"本来"发展成为立场话语标记之后,具有连接语篇以及反映说话者主观评价的功能;她还认为主观化和类推则是"本来"发展成为立场话语标记的主要机制[②];再如宗守云(2022)对断言标记"不用说"的意义与功能展开深入分析,认为:"不用说"表达的是言说者对于背景事件和断言之间所存在的显而易见的关系予以肯定,并标记后续的小句为断言成分;与其他断言标记的显著不同在于所显示的立场的不同,使用该标记,隐含言说者试图与听话人合作共建、共同断言以达到认知协作的目的。[③] 此类研究更加侧重从动态的视角认识元话语标记语,有助于我们对此类语言现象形成更加科学而深入的认知。

2. 小句形式的元话语标记语

邢福义(1995)认为,小句是最小的具有表述性和独立性的语法单位,一个小

① 潘先军.互动话语标记"瞧你说的":从否定内容到否定情感[J].语言教学与研究,2022,3:68-78.
② 詹芳琼.从构式角度看立场话语标记"本来"的形成[J].清华语言学(辑刊),2023:113-132.
③ 宗守云."不用说"为什么还要说?——断言标记"不用说"及其立场特征[J].语言科学,2022,1:51-60.

句能够表明说话的一个意旨,而"意旨"不一定都表现为判断,但都跟判断存在着某种关联。他还认为,小句除了包容短语所具备的种种结构,还带有"句子特有的因素",如语气、复句关系词、语用成分等,范围较广;然而本书所讨论的小句形式的元话语成分则要窄得多,只是其所说的"语用成分"范畴之内的一个部分。邢福义认为小句语用成分包括两类:一类是独立成分,包括呼语、感叹语和各种各样的插说成分。[①] 例如:

  (5) a. 那个家伙,<u>哥们儿</u>,他说话没谱。

    b. 那个吹牛大王,<u>唉</u>,你怎么上了他的当呢?

    c. 那个孩子,<u>我看</u>,是个十足的懒虫!

    d. 那个小伙子,<u>总的来说</u>,人挺好的。

还有一类是外位成分,如:

    e. <u>这些书</u>,你们赶快把它搬到教室去!(前外位成分)

    f. 我再也不会借钱给他了,<u>那个不讲信用的家伙</u>!(后外位成分)

例 e.和 f.中所谓的外位成分,现在多数功能语言学背景的研究者都将之视为话题或主位,我们也赞同这种看法。话题或主位,都是陈说或评论的对象,属于基本话语层,当然不能算是小句形式的元话语标记语。对于此类语言现象,本书不做讨论。而上例 b.中的叹词"唉",严格来说,主要是发挥记录语音的功能,尽管能够"求真存活"地传达出言说者的情感态度,但是并不能明确地表达命题内容信息,宽泛来说,可以将之划为语音层面的元话语标记语。因为我们主要考察书面介质的叙事性话语,所以对于这类现象暂且也不作讨论。

  本研究所讨论的小句形式的元话语标记语,主要指与例 c.和 d.中画线部分类似的成分。在自然话语中,如"你看、我看、你想;总的来说、总而言之、顺便说一句"等等,在长期的话语交际活动中,这类成分的意义逐渐虚化,逐渐语法化为元话语标记成分,主要发挥组织联缀话语的篇章功能,而并无明确的真值语义信息。

  赵元任先生在其经典论著《汉语口语语法》中也讨论过这类现象,赵先生称之为"弱化的主句"。他认为:"'我想'这个类型的主要小句,用在原来作宾语的

---

  ① 邢福义.小句中枢说[J].中国语文,1995,6:420-428.

小句的头上或末了,语音上弱化成为前附(proclitic)连词,或者后附(enclitic)助词。我们在讲复杂句的时候已经讲过,下面是更多的例子(全都是可轻声):

> 总而言之　这就是说　换言之　换句话说　再不就　再不(你就)　恐怕　可能　我想　管保　难道……不成?据说　谁知道　敢情　敢则　结果　回头"①

在上述例子中,有些如"恐怕、可能、敢情、敢则、结果"等,虽然也具有一定的元话语功能意味,传达言说者对于基本命题信息的情感、态度等,有助于受话者解释信息、理解话语意图,但是它们一般夹杂在小句中而不是以小句的形式出现,情况较为复杂,本研究对此也不作讨论。

由于前文已经说明元话语标记语是一个开放的动态变化系统,李明洁(2008)对于元认知的开放性也有较为深入的论析②;再加上"汉语总体而言是语法化水平较低的语言,所以很多规律都是倾向性的,不是刚性的"③,因而我们不打算对元话语标记语展开严格的分类统计。这固然有违语言学研究的科学精神,但考虑到研究对象本身的特点及其所寄身的话语的无限丰富性,我们无法对元话语标记语进行严格意义上的全面、严谨的统计分析,只好退而求其次,采取折中的办法,并尽量严格遵循"求实求是"的原则,确定相对妥当的标准,进行分类例示④。

目标决定策略、方案与行动。因为本研究的核心目标是探究叙事性语篇话题链的延展机制与内在规律,所以我们打算从这个目标出发,以元话语标记语在话题链的启动、推进、延展⑤、修正、结束等不同环节所发挥的作用为划分的依据,将小句形式的元话语标记语划分为不同的类别。具体情况如下。

---

① 赵元任.汉语口语语法[M].吕叔湘,译.北京:商务印书馆,2001:352-353.

② 李明洁.元认知和话语的链接结构[M].上海:华东师范大学出版社,2008:23-29.

③ 陈振宇.汉语的指称与命题——语法中的语义学原理[M].上海:上海人民出版社,2017:711.

④ 必须说明的是,本节的分类是偏于例示性的,而且由于所考察的语料的偏狭(主要是叙事性语篇),因此这里所做的归纳和分类,都需要在以后的探讨中进一步修正和细化,以求科学研究的严谨性。另,本节的分类参考了廖秋忠(1986)关于篇章连接成分的分类与刘大为(2008)关于话语标记语的分类。

⑤ 对于"推进"和"延展",这里要稍加说明:依据刘大为(2008)对"语义主线"和"语义支线"的划分与解释,可以认为,所谓"推进"是指能够推动话题链表达的语义主线的发展,而所谓"延展"这里指不能推进主线的发展,而只是对主线上的某个环节进行信息的精制,抑或可以说是在语义主线上延展、蔓生出语义支线,这种延展可以丰富主线的语义内涵。另需说明的是,在本书的论述中,有些语境中,因为论析的特别需要,也会将"延展"视为内涵更丰富的术语,用以表征"推进"所指的情况。

1）标示话题链的启动

常见的标记语有"我想、我认为、你看、看起来、看样子、如果说、说到、要说、要讲、要（是)论"等。

2）标示话题链的推进

常见的标记语有"由此看来、进而言之、与此相应、顺便说起、同样是、(由此)可见、显而易见、除此之外、更有甚者"等。

3）标示话题链的延展

这个类别比较复杂，可以分成几个次类：

● 列举性标记语，如：比如说、就拿……来说、你比如、就像、举个例子来说、以……为例等。

● 换言性标记语，如：换句话说、换言之、也就是说、也即是、具体地说、形象点儿说、这么说吧、用现在的话说、退一步说、反过来说、与此相反、总而言之、总的来说、一句话等。

● 比况性标记语，如：打个比方说、比方说、就像……一样等。

● 信源性标记语，如：据……(记)载、有人说、据……说、听……说等。

● 阐释性标记语，如：道理很明显、问题在于、原因恐怕是等。

4）标示话题链的修正

常见的标记语有：说实话、老实说、确切地说、实际上、事实上、那就改说明白的、扯远了、还是转说……等。

5）标示话题链的结束

常见的标记语有：该结束了、就此打住、就此住笔、还应该说两句结尾的话等。

3. 句子形式的元话语（标记语）

在话语生成、建构的过程中，言说者既要积极主动地预设受话者对于相关话题的知识储备情况与认知状态，又要依据受话人可能会作出的反应，监控、反思、评判自己的言说策略与具体的言说方式，并且适当地对话语作出相应的调整，以便更加妥当、更加高效地传达自己的言说意图（亦可称为"修辞意图"）[1]。从这个角度来看，则可以认为话语生成或建构行为本身天然地具有对话性或对话关系，而且这种属性或关系普遍地存在于人类的一切语言交际活动之中。正如著

---

[1]　在本研究中，我们将"言说意图"和"修辞意图"视作等义、等价的概念，指的都是"言说者意欲传达给受话者并以促使受话者产生情感共鸣与价值认同为根本目标的核心主旨情意"；后文的论述过程中，我们将视表达的实际需要而变换应用这两个概念。特此说明。

名思想家、美学家、文学理论家巴赫金所言,语言只能存在于使用者之间的对话交际之中,对话交际才是语言的生命真正所在之处,语言的整个生命,不论是在哪一个运用领域(日常生活、公事交往、科学、文艺等等)里,无不渗透着对话关系。①

一个综合水平相对更高的言说者,往往也具有相对更加强烈而自觉的自省意识,总是会在生成话语的过程中,不断地观照、反思、评价、调整自己的话语表达形式,以便受话者可以更准确、高效地接收信息、理解自己的言说意图或修辞意图。在具体的话语中,这种监控调节机制,会留下句子形式的元话语印记。在自然话语中,相较于小句形式的元话语标记语,句子形式的元话语(标记语),更具开放性和多样性,相应地,其形式化的程度也偏低(不像典型的元话语标记语那样具有固定的形式,严格说来,并非是高度形式化的标记语,而应算是元话语),因而,我们不拟进行分类归纳分析。仅拟依据其主要的功能,结合实例加以讨论。

基于大量语料分析,我们发现,句子形式的元话语(标记语),一般体现出三种功能。

1) 体现基本命题信息的组配策略,凸显话题结构的起承转合状况,提高结构化程度

主客体世界的信息是多维复杂的,是网络状的,而语言符号受其作为音响形象的本质属性的制约,却只能按时间维度进行线性排列,在建构话语的过程中,我们必须采用适当的信息表征与组配策略,对主客体世界的无限丰富复杂的信息进行线性化处理。在线性化处理的过程中,按照语言结构深层所蕴含的最基本的时间象似性原则,我们可以依循命题信息的自然或常规顺序,如时间顺序、因果顺序、整体部分顺序等,进行线性化处理②。许多认知心理学家和语言哲学家都认为,人类最基本的语法结构、话语顺序源自人类基本认知能力对物理现实世界的象似性表达。正是这种底层的象似性使得命题信息的基本组织顺序与自然常规顺序相符,所以人类大脑就能够依据内化的认知心理图式对信息进行象似性组配或者进行知识推理;这种组配、处理信息的方式具有认知基础和实验证据,心理语言学研究表明,在儿童开始会表述连续事件的阶段就已经鲜明地显示出此种倾向,即他们近乎本能地倾向于按照现实中的实际顺序建构话语,即先说先发生的事件,后说后发生的事件。因此,在最基本、典型的叙事语篇中,即便不

---

① 巴赫金.诗学与访谈[M].石家庄:河北教育出版社,1998:242.
② 戴浩一、叶蜚声.以认知为基础的汉语功能语法刍议[C]//功能主义与汉语语法.戴浩一、薛凤生,主编.北京:北京语言学院出版社,1994:187-212.

使用特别的连接标记成分,也可以实现语篇的连贯。

但是,在实际的言语交际活动中,为了实现特定的修辞意图,或者为了传达相对更加丰富的话语信息,言说者常常会主动打破客体世界的自然常规,并积极调用一定的形式标记,编插信息、组织话语,实现信息的线性化重组。话题结构标记语就是常用的手段之一。话题结构标记语的主要功能就是明确地标示话题的选择、排序、转换、返回及结束等方面的状况,恰当使用话题结构标记语,从而让话语结构更加清晰,以便让语意表达更加连贯,有助于受话者便捷而全面地接收信息、理解言说者的修辞意图。下面举例说明:

> (6) 书_{top}有『歧义』[1],⊥书籍之书,多用,书法之书,少用⊥[1],这里从多,指书籍之书。书所指定,¶从哪个『角度』[2]谈它,还要先说清楚¶[1]。⊥可以用目录学家的眼光看,那就单说分类,写成文本,也会汗牛充栋。可以用学究的眼看,限定一门,钻进去,也会不知如何再钻出来。还可以顺时风,从所谓效益的角度看,问题就更加复杂,比如内容正经,色不发黄,有些人就不欢迎,反之,也有人,纵使数量不大,会不欢迎,一笔糊涂账,算清就不容易。人生多是恭逢所谓盛世而多难,语云,自求多福,可以躲开的麻烦,当然以躲开为是⊥[2]。那么文题白纸黑字一定,¶如何写呢¶[2]?¶决定损之又损,或说由街头退入内室,只说它与自己的私交¶[3]。(张中行《桑榆自语·书》)

上例这段话语是哲学家张中行一篇谈论"书"的散文的起首段,这段话清晰地记叙了作者选择、确立话题并逐步聚焦到具体的言说对象的思维过程。其中,下加波浪线的部分,是主话题链;而"『……』、⊥……⊥"等符号所标示的部分,显示出言说者对主话题链不同环节或节点所作的程度不同的信息"精制"(elaboration,又可译作"精加工";这是认知学习心理学中的术语,指的是大脑对信息的重新加工处理)。具体来说,"⊥……⊥[1]"是对"歧义"的解释,而"⊥……⊥[2]"主要是对切入"角度"的分析与反思。这些精制的信息,极大地丰富了主话题链的信息内容;文中三处运用"¶……¶"标示的部分,则显示出元认知的监控和调节情况,据此,我们可以快速理出作者是如何筛选、确定"话题"的。

毋庸讳言,上面的分析,还是相当粗疏的,重要原因之一是言说者的思绪相当复杂,难以作明确精细的梳理,比如"人生多是……躲开为是"一句,从表现手法来看,这个片段属于典型的议论,但在上述话语中,其具体的评论对象究竟是什么,并不特别明确。总的来说,张中行先生文章中元话语活动的印记非常鲜明,读其文,颇若临对一位蔼然长者,听其悠悠然娓娓道来,这种叙述方式是构成其独特的语言风格的重要因素之一。

下面再看一例:

(7)……

¶先说¶[1]自欺,有哲理的和闲情的两方面的意义。¶先说¶[2]哲理的。……

¶自欺还有闲情的¶[3]。这是指清朝词人项莲生所说"不为无益之事,何以遣有涯之生"的无益之事。……

¶以下说题目的后一半¶[4],不欺人。……

¶以上解释完,还应该说两句结尾的话¶[5]。……

(张中行《桑榆自语·自欺而不欺人》)

在上面的例(7)中,先后共有五处"¶……¶"标示的话语,这些都是作者的夫子自道,若抽丝剥茧一般,逐层逐步地交代其对于话题选择与推进的安排,全文的言说思路因此得到明确的体现。在话语建构过程中,如果言说者能够强化元话语监控意识,自觉添加诸如此类的元话语标记信息,无疑可以显著提高文章的结构化程度,从而能够让受话者清晰高效地理清言说者所要传达的基本命题内容的主线,并且更为明确、精准、全面地接收、理解言说者的主要意图。限于篇幅,对于此类情况,不再列举更多例证做进一步的说明。

2. 体现出言说者对自己话语的实时监控与适时调节

言说者在建构话语、开展交际活动的时候,一般来说,总是有一个主要的意图。体现在话语层面,就形成了主话题链(简称"主链")。主话题链沿线性维度逐步推进,每个链条都不可或缺,若缺少任一环节,都会导致话语无法理解或催生误解。主话题链往往具有高度概括性,致使其中所蕴含的信息未必能够被受话者顺利地接收,言说者要想成功地将修辞意图传达给受话者,就必须依据对受话者关于某个话题的知识储备与认知状态所作的预测,对主话题链进行信息精制,也就是在主链上编插、系联相关信息,或者从主链上推衍出深层的信息[1],在

---

① 这些信息所形成的话题链,本书称之为支话题链(简称"支链"),它们具有可删略性。这里所用的两个术语"主链"和"支链",受刘大为(2008)"语义主线"和"语义支线"的启发,之所以没有直接借用刘先生的术语,主要是想强调语言形式特征,"链"是环扣的,约略象似话语(特别是叙事性话语)中"话题"和"述题或说明"两个部分套接组配共同表达信息。

这样的过程中,言说者就必须考虑如何协调好系联或推衍的信息与主话题链之间的关系,如何将主链和支链信息包装到线性延展的语言符号序列中,这就需要元认知的实时监控与适时调节,表现在话语层面就是元话语对于基本话语的动态组织、评价与调节。下面结合实例加以分析:

(8) ……

¶以上是泛论¶[1],对也罢,错也罢,总难免有讲章气,不宜于再纠缠。¶那就改为说自己与酒的关系~~top~~¶[2]。¶可说的像是也不少,却都是不怎么堂皇一面的。先说其一¶[3],0~~top~~是起步晚。……(张中行《桑榆自语·酒》)

在上例中三处用"¶……¶"标识的话语,都可以视作元话语成分,是言说者的元认知对于思维认知过程的实时监控、调整机制在话语层面的体现,同时反映出言说者对前述已经生成的话语的评价和调节,这些信息都不属于基本话语层面。顺带说一句,从上面的分析可以看出,基本话语(如上例中下加波浪线的部分)和元话语之间有时是难以截然分开的,这也体现出思维的级阶性与连续性之间具有难以截然区分的复杂关系。

3. 体现言说者与(直接的或预设的)受话者之间的人际协商,体现语言交际的互动属性或对话本质

言语表达除了传递基本命题信息,还包含着言说者对命题信息的情感态度与认知评价,同时也显示出言说者对受话者的认知水平与心理状态的预设,并传达出言说者对受话者的协商态度等。一个高水平的言说者总会自觉地监控、反思、评价自己的话语,总会自觉地积极预设受话者的知识状态或可能作出的反馈等等,言说者总会有意无意地将受话者作为"在场的"、有明确主体意识的对话者,并积极提请或召唤受话者进入话语过程,以便进行相应的对话。因此,高水平的言说者所生成的话语,近乎天然地具有鲜明的自反性和对话性[1]。例示如下:

(9) 沈从文是个写文章的人。¶也许有人会觉得奇怪,写文章的人不就是作家么?不,这并不一定就是一回事¶[1],我在中学就开始读沈从文的文章了。……¶不知道说得可对¶[2]。

---

① 关于"对话性"的更深入的讨论,请参考:巴赫金.巴赫金文论选[M].佟景韩,译.北京:中国社会科学出版社,1996:1-56.

·············

¶上面这些意思就是想说明沈从文为什么是个写文章的人,可能依旧一点都没有说清楚¶[3]。(黄裳《黄裳自选集·宿诺》)

从上面的例子,我们可以看出,在建构话语的过程中,言说者自觉地与所预设的可能的读者进行互动交流,此即该话语所具有的对话性的直接体现。上例中三处"¶……¶"标示的部分,都可以视作话语生成过程中言说者的对话意识在话语层面留下的印记。这几个部分的话语,都显示言说者在述说的时候始终设想着可能的受话者的存在,并试图通过对自己话语的自反性评价来与受话者交换意见,积极主动地引导受话者加入话语生成的过程,以期若春雨润物一般向读者传达自己的言说意图。"并不一定、不知道说得可对、可能依旧一点都没说清楚"等话语,都充分显示出言说者平等对话、真诚而谦卑地协商交流的言说态度,如此,无疑能有效地拉近作者与读者双方的心理距离,从而相对更充分地实现语用共情、传达修辞意图。

2.2.2 可用作链际衔接手段的逻辑衔接语

除了元话语标记语可以发挥链际衔接[①]转换的作用以外,逻辑衔接语也可以在话题链建构活动中发挥衔接转换话题的作用,在本小节中笔者将对此略作讨论。

在话语生成、延展的过程中,体现话语基本命题内容之间真值语义关系的逻辑衔接语,也具有联缀话语的功能,也是延展、联缀话题链时经常使用的、典型的链际衔接手段。但是,与元话语标记语显著不同的是,逻辑衔接语总是贯穿在其衔接对象的线性延展过程之中,与基本命题内容处在同一个维度、同一个层面。因此,除了链际关系非常明晰的情况(比如话题链的链际顺序完全符合时间顺序原则)之外,话题链中的逻辑衔接语一般都不能省掉,否则会导致逻辑关系的歧义,会造成误解甚至会导致话语完全无法理解。在前文中,笔者已经对逻辑衔接语和元话语标记语作过简要的对比分析。在本小节中,我们主要讨论具有链际衔接作用的逻辑衔接语。

---

① 张德禄认为,区分谋篇意义关系的衔接和题型衔接的形式机制非常必要。他还在讨论衔接的基本功能的基础上,扩大衔接的范围,将之等同于联系小句间及其更高单位的谋篇意义,即衔接体现的是小句之间和高于小句的单位间的意义联系,衔接是语篇的具体意义关系,而通常与之并提的"连贯",则是语篇衔接形成的整体效应。具体可参阅:张德禄.论衔接[J].外国语,2001,2:23-28.

在现代汉语叙事性语篇中,具有联缀功能的逻辑衔接语,主要有两类:连词和部分副词。语法研究,特别是复句研究,对此分析较为细致深入。但是从汉语作为第二语言教学的角度来看,还值得从实用性角度作进一步分析。需要先说明的是,本章将主要依据两本语法书的相关讨论展开分析。这两本书,都是影响广泛的典范之作,一是赵元任的《汉语口语语法》,另一本是刘月华等的《实用现代汉语语法》(以下简称《实用语法》);前者"本来是写了给外国人研究中国话用的"(赵元任序),而后者"是为汉语作为第二语言的教师和已经具有基础的学生写的"(吕叔湘序),其"着眼点是实用。就是说,力求通过语法现象和语法规则的具体描写,来指导学生学会正确地使用汉语"(《实用语法·序》)①。随着语言理论研究的演进,上述两本著作中对相关语言现象的描写与解释需要进一步细化。下面分别简要讨论。

赵元任在其《汉语口语语法》中分析"虚词"时,提到"连词的超句子用法"。他认为:"说话的人可以在结束一句另起一句的时候,或者对别人的话有所评论的时候,在头上用一个连词'但是',这样的一个词是有赖于本句之外的某些词句的,有点像代词有赖于所代的词一样。这种依赖关系,不在句子之内而在句子之外,我们不称这样的连词为超句子的连词,而说它是连词的超句子的用法,因为这种连词也可以用在同一个句子之内。

有些连词,在超句子的用法上必须搁在主语的前头,所以的确是连词。除'但是'之外,还有:

　　不过　并且　而且　况且　否则　例如　比方。"②

赵先生的上述讨论,已经敏锐地发现连词在句际衔接方面所具有的独特功能,但这里还主要是例示性的说明,而且,对于所列举的连词,没能做进一步分类,不利于更加深入地认识此种语言现象。从联缀信息的功能来看,赵先生所列举的几个连词可以分为两类,即笔者在上文已经讨论过的"逻辑衔接词"和"元话语标记语"。这两类成分在话语建构中的功能是不同的,应该将之分为两类处理,而不宜混而为一。如"例如、比方"这两个词,应该判断为元话语标记语。它们本身可以被删略,而且它们后面所联缀的话语,也可以删略而基本不会引起误解或出现无法理解话语基本命题信息的情况。但是,若把另外几个词语(比如"不过"等)删除的话,则会导致基本命题信息表达不完足,因而影响受话者全面

　　①　刘月华,潘文娱,故韡,等.实用现代汉语语法(增订本)[M].北京:商务印书馆,2001:1.
　　②　赵元任.汉语口语语法[M].吕叔湘,译.北京:商务印书馆,2001:351.

准确地理解话语的基本内容。例示如下：

> （10）两年前，达吉亚娜召集乌力楞的人，让大家对下山做出表决。她发给每人一块白色的裁成方形的桦树皮，同意的就把它放到妮浩遗留下来的神鼓上。神鼓很快就被桦树皮覆盖了，¶好像¶老天对着它下了场鹅毛大雪。我是最后一个起身的，**不过**逻辑衔接语我不像其他人一样走向神鼓，而是火塘，我把桦树皮投到那里了。它很快就在金色的燃烧中化为灰烬。（迟子建《额尔古纳河右岸》）

在上例中，"不过"是典型的逻辑衔接语，表达真值语义层面的信息，凸显出"我"对于是否下山的选择与"大家"不同，如果删略"不过"及其后的话语，很明显就会导致话题链主线的残缺，使得叙事不完整。相较而言，上例中的"好像"则是可删略的、传递比况性信息的元话语标记语，"好像"的功能主要在于提醒读者，它所引领的话语片段乃是为了使表达更加具体形象而采用的比喻手法。而从是否会影响基本命题信息传递的角度评判的话，则可以认为，"好像……大雪"这个话语片段完全可以被删略掉，因为它是话题链支线层面的信息，是对前面话题链主线层面的"神鼓很快就被桦树皮覆盖了"这条信息的精制加工，若将之删略，丝毫不会影响话题链主线信息的完整性。

下面，再看刘月华等《实用现代汉语语法》（以下简称《实用语法》）中针对逻辑关系词的相关讨论。在"复句的关联词"一节的讨论中，刘月华等学者认为，复句的关联词语，主要是指把复句内部各个分句连接起来的连词以及部分副词，其中连词既可用于偏句，又可用于正句，然而具有关联功能的副词，一般只能出现在正句（即第二个分句），而且只能出现于主语之后的句法位置之上。他们还就关联词语的单用和合用，列出图表加以说明①。吕叔湘先生认为，这种做法是该书"值得称道的特点"之一。的确如此，《实用语法》这个部分所作的形式描写与功能分析，的确具有显著的实用价值，便于从事汉语作为第二语言教学工作的教师参考，而且对于非母语汉语学习者而言，无疑也有所裨益。然而，如果以动态的眼光考察该做法是否能够更加切实、高效地指导非母语学习者循序渐进地提高话语建构能力的话，恐怕不能不说《实用语法》一书中针对关联词语的讨论，基本都是偏重于静态的结构分析，对于如何借助关联词语动态地建构话语的思考

---

① 刘月华,潘文娱,故韡,等.实用现代汉语语法[M].北京：商务印书馆,2001：888 - 890.

与分析,还存在明显的不足之处,有待进一步讨论。具体而言,从话题链的延展与推进的视角看,《实用语法》描写关联词语分布的图表中,有些关联词语只能应用于同一个话题链之内,而有些既可以用于同一话题链之内,又可以在不同话题链的链际发挥联缀作用。如果不加细化辨析而想让非母语汉语学习者仅凭借《实用语法》相关论述的指导就能生成合格的话语片段或篇章,恐怕是很难获得保证的。

在初、中级水平来华留学生所生成的中介语作文语料之中,我们很容易发现诸如此类的偏误性语例:

> (11) *她因为不爱聊天儿,所以你要是不问她,就她不理你。
>
> (12) *这个词语我不但不会造句,他而且不会造句。
>
> (13) *上体育课的时①,一边他们打排球,一边我们打乒乓球。

以静态的眼光来看,可以说上述三例都是关联词语使用不当导致的句法偏误现象。具体来说,上述三例之中都存在错序偏误问题,如:例(11)中的"就"应放于"她"之后;而例(12)中的主语"我"和"他"应该分别对应地放置于关联词语"不但"和"而且"之后;例(13)中的"他们"和"我们"则都应分别放置于两个"一边"之后。我们认为,初、中级水平的非母语学习者之所以会较为普遍地生成诸如此类典型性偏误话语,一个重要的原因或许在于,面向初、中级水平学习者的汉语教学,往往偏重于静态的句法关系说明,而忽视从话语生成的动态角度指导学习者建构话语,因而,相当数量的初、中级水平非母语学习者,对于话题链中话题的选择、延展、联缀与转换等方面的倾向性规律,未能形成明确稳定的认识,因而不免出现上述通常所说的错序偏误问题。

如果在教学过程中,教师能够帮助学习者确立明确的话题意识,能够让学习者充分明白"话题"是语段或语篇概念,在叙事性话语建构活动中,为保证话语的连贯性,话题通常要保持一致性,一个话题可以将其统摄力拓展到数个小句或句子甚至是数个自然语段。然则,在表述例(11)到(13)这种情形或场景时,非母语学习者应会按照话题的接续与延展规律来组配信息。现就例(12)略作讨论。对于这个话语片段多表达的信息,如果认为其中只有一个话题,即"这个词语",那么,后续话语都是对该话题进行评述,如此,"我"对于"这个词语"的理解与掌握

---

① 显而易见,例(13)中"上体育课的时"也是典型的偏误现象,但是这种偏误与我们所要讨论的主要问题关系不大,因而对此偏误暂且略而不论。

情况,和"他"对于"这个词语"的理解与掌握情况,就要分别表述,"我"和"他"就应处理为次级话题,"不会造句"是对次级话题的评述。两个"话题—述题"结构,共同对大话题"这个词语"进行表述。在这种情况下,表示并列关系的关联词语"不但,而且"就只能分别放在"我"和"他"之前,而不可以放在其他位置。然则,该话题链可以抽象表征如下:

（Ⅰ）$\text{TOP}_{大}$＋[不但 $\text{top}_{次级1}$＋(……com_i……),而且 $\text{top}_{次级2}$＋(也)(……com_i……)]$\text{comment}_{大}$

注:① 前后两个"……com_i……"表示两个不同的次级话题的述题相同;

② "(也)"表示该成分可隐可现而非必须出现。

对应话语:

<u>这个词语</u>,[<u>**不但**我</u>(不会造句),<u>**而且**他</u>(也)(不会造句)]。

然而,如果认为"这个词语"和"我"都是话题,而且前者是大话题,后者是小话题,那么,在这种情况下,后续述题就需要从两个不同的侧面对小话题进行评述,组成一个"话题—述题"结构,然后该结构整体上再作为一个述题,对前面的大话题进行评述。然则,该话题链只能抽象表征如下:

（Ⅱ）$\text{TOP}_{大}$＋$\text{TOP}_{小i}$＋$\{[(\emptyset_i)$**不但**(……comment……)^1,**而且** $\text{TOP}_{小(\text{NA/PA})}/\emptyset_i$(也／还)＋(……$\text{comment}$……)$^2]\}\text{comment}_{大}$

对应话语:

<u>这个词语</u>＋<u>王小明</u>$_i$$\{[\emptyset_i$**不但**不会造句,**而且**王小明／他／ $\emptyset_i$(也／还)不明白意思]\}。

注:① 在上面的话题链的抽象表征结构中,"$(\emptyset_i)$"表示"不但"之前存在空语迹,可以认为此处存在着零形式的小话题。

② "$\text{TOP}_{小(\text{NA/PA})}/\emptyset_i$"表示"而且"之后,小话题可能会以名词回指、代词回指或者零形回指的形式存在,拟定"王小明"这个名称,是为了展示前述三种形式的回指。

③ "(……comment……)^1"与"(……comment……)^2"表征两个述题基本命题信息不同。

④ "(也／还)"意味着该成分可选而且可隐可现。

基于上述（Ⅰ）（Ⅱ）两种话题链抽象表征结构，我们可以发现，话题的类型、数量以及话题选择与配置情况，往往会严格地影响乃至决定关联词语（或逻辑衔接语）和话题的相对句法位置，从而确定整个话语的句法结构形式；推而论之，则可以认为，话语底层的"话题＋述题"信息结构会深刻地影响甚至决定表层的句法结构。

下面，笔者拟按照上述分析理念与分析思路，着眼于话题链的动态建构与分解，重新梳理《实用现代汉语语法》第888—890页的图表中所列举的常用关联词语，并在此基础上予以详细的修正、补充，以便说明这些关联词语在话题链中的具体表现①。

说明：① 原表中完全不使用逻辑衔接语的情况，我们不作重新分析，所列举的都是常用的关联词语。

② 为了提升分析结果的完整性，我们将只用于话题链链内的逻辑衔接语也一并列举在此。

③ 上标数字的使用是为了区分不同话题，而圆括号则表示其中的句法成分可以隐而不现。

④ "(Top)$_{ZA/PA}$"表示在该句法位置上，话题通常倾向于省略为零形式，有时也可以表现为代词回指形式；而在有些逻辑关系语框架中，代词回指形式相对更常见，表中描写为"(Top)$_{PA/ZA}$"；另外，有些时候，前项小句中话题表现为零形式而不能是代词形式，表中则描写为"Top$_{ZA}$"。

⑤ 为了凸显话题与逻辑衔接语的共现情况，为了减少不必要的干扰以突出逻辑衔接语的隐现倾向，也为了方便非母语汉语学习者参考，我们对话题与述题都做了简约化处理。

⑥ 为保证分析结果与表格的简净，暂且仅讨论两个小句组配成话题链的情况。

⑦ 为了帮助非母语汉语学习者更加明确地把握话题与逻辑关系语的倾向性组配规律，我们在表格（见表2－1）中通常对比列举正误两种组配形式，"＊"表示该句法组配形式不符合母语者的语感，"?"表示语感存疑。

⑧ 表格中的例句虽是笔者内省而成，但都是在参考《现代汉语词典（第7版）》②中相应典型用法的基础上调整的结果。

⑨ "(/……)"表示"……"可能出现于该句法位置，而"/"则表示空无。

---

① 对于复句的分析，我们也系统参阅邢福义.汉语复句研究[M].北京：商务印书馆，2001：1-498.

② 中国社会科学院语言研究所词典编辑室.现代汉语词典（第7版）[Z].北京：商务印书馆，2016.

表 2-1　逻辑衔接语(关联词语)在话题链链内/链际的隐现情况及其与话题的共现关系

复句关系	逻辑衔接语的隐现情况及其与话题的共现关系	
	链内衔接表现	链际衔接表现
联合关系（并列关系）	$\text{Top}^1\cdots\cdots,(\text{Top}^1)_{\text{ZA/PA}}$也$\cdots\cdots$。 小明喜欢打球,(小明)$_{\varnothing/他}$也喜欢游泳。 *他喜欢打球,小明也喜欢游泳。 *喜欢打球,小明也喜欢游泳。	$\text{Top}^1\cdots\cdots,\text{Top}^2$也$\cdots\cdots$。 老王喜欢打球,小明也喜欢打球。 *老王喜欢打球,也小明喜欢打球。
	$\text{Top}^1\cdots\cdots,(\text{Top}^1)_{\text{ZA/PA}}$还$\cdots\cdots$。 小明喜欢打球,(小明)$_{\varnothing/他}$还喜欢游泳。 *他喜欢打球,小明还喜欢游泳。 *喜欢打球,小明还喜欢游泳。	
	Top^1既/又$\cdots\cdots,\text{Top}^1_{\text{ZA}}$又$\cdots\cdots$。 小明既/又喜欢打球,又喜欢游泳。 *小明既/又喜欢打球,他又喜欢游泳。	
	Top^1一边$\cdots\cdots,\text{Top}^1_{\text{ZA}}$一边$\cdots\cdots$。 小明一边听音乐,一边练书法。 *小明一边听音乐,他一边练书法。 *他一边听音乐,小明一边练书法。	
	Top^1一面$\cdots\cdots,\text{Top}^1_{\text{ZA}}$一面$\cdots\cdots$。 小明一面听音乐,一面练书法。 *小明一面听音乐,他一面练书法。 *他一面听音乐,小明一面练书法。	
承接关系	$(\text{Top}^1)\cdots\cdots,$于是$(\text{Top}^1)_{\text{ZA/PA/NA}}\cdots\cdots$。 小明生病了,于是(他)/小明没去上课。 生病了,于是小明没去上课。 *他生病了,于是小明没去上课。	$\text{Top}^1\cdots\cdots,$于是$\text{Top}^2$(/于是)$\cdots\cdots$。 老王说下课了,于是小明回家了。 ? 老王说下课了, 小明于是回家了。
	Top^1(先)$\cdots\cdots,$然后$(\text{Top}^1)_{\text{ZA/PA}}\cdots\cdots$。 小明(先)打了半个小时球, 然后(他)又游了一个小时泳。 (先)打了半个小时球, 然后小明又游了一个小时泳。 *他(先)打了半个小时球, 然后小明又游了一个小时泳。	Top^1先$\cdots\cdots,$然后$\text{Top}^2\cdots\cdots$。 老王先回家了,然后小明也回家了。 ? 老王先回家了, 小明然后也回家了。

复句关系		逻辑衔接语的隐现情况及其与话题的共现关系	
		链内衔接表现	链际衔接表现
联合关系	承接关系	Top$^1_{ZA}$(一)……,Top^{1}就/便……。 (一)吹冷风,小明就/便会感冒。 ?(小明)(一)吹冷风, 小明就/便会感冒。 *他(一)吹冷风,小明就/便会感冒。	Top^1(一)……,Top^{2}就/便……。 老王(一)说下课了, 小明就/便回家了。 *老王(一)说下课了, 就/便小王回家了。
	递进关系	Top^{1}不但……,而且(Top^1)$_{ZA/PA}$……。 小明不但喜欢打球, 而且(他)喜欢游泳。 ?不但喜欢打球,而且小明喜欢游泳。 *他不但喜欢打球,而且小明喜欢游泳。	不但 Top^1……,而且 Top^2……。 不但老王回家了, 而且小明也回家了。 *不但老王回家了, 小明而且也回家了。
		Top^1……,(Top^1)$_{ZA/PA}$更……。 小明喜欢打球,(他)更喜欢游泳。 *喜欢打球,小明更喜欢游泳。 *他喜欢打球,小明更喜欢游泳。	Top^1……,Top^{2}更……。 老王喜欢打球,小明更喜欢打球。 *老王喜欢打球,更小明喜欢打球。
		Top^1……,(Top^1)$_{PA/ZA}$甚至……。 小明很能喝酒,他甚至能喝二斤白酒。 ?小明很能喝酒,甚至能喝二斤白酒。 *(他)很能喝酒, 小明甚至能喝二斤白酒。	Top^1……,甚至 Top^2……。 大家都不会,甚至老师也不会。 ?大家都不会,老师甚至也不会。
	选择关系	Top^1(或者)……,(Top^1)$_{ZA}$或者……。 小明(或者)打球,或者游泳。 *小明(或者)打球,他或者游泳。 *他(或者)打球,小明或者游泳。	(或者)Top^1……,或者 Top^2……。 (或者)老王去,或者小明去。 *(或者)老王去,小明或者去。
		Top^1(是)……,(Top^1)$_{ZA/PA}$还是……? 小明(是)打球,还是游泳? *小明(是)打球,他还是游泳? *他(是)打球,小明还是游泳?	(是)Top^1……,还是 Top^2……? (是)老王去,还是小明去? *(是)老王去,小明还是去?
		Top^{1}不是……,(Top^1)$_{ZA/PA}$就是……。 小明不是去打球,就是去游泳。 *小明不是去打球,他就是去游泳。 *他不是去打球,小明就是去游泳。	不是 Top^1……,就是 Top^2……。 不是老王去,就是小明去。 *不是老王去,小明就是去。

复句关系		逻辑衔接语的隐现情况及其与话题的共现关系	
		链内衔接表现	链际衔接表现
偏正关系	因果关系	（/因为）Top^1（因为）……， 所以（Top^1）$_{ZA/PA}$……。 （/因为）小明（因为）生病了， 所以（他）不去游泳。 ＊小明（因为）生病了，他所以不去游泳。 ＊他（因为）生病了，所以小明不去游泳。	（因为）Top^1……，所以 Top^2……。 （因为）老王生病了， 所以小明去照顾他。 ？（因为）老王生病了， 小明所以去照顾他。
		Top^1……，因此（Top^1）$_{ZA/PA}$……。 小明生病了，因此（小明/他）没去上课。 ＊他生病了，因此小明没去上课。	Top^1……，因此 Top^2……。 老王生病了，因此小明去照顾他。 ？老王生病了，小明因此去照顾他。
		Top^1（既然）……， （那么）（Top^1）$_{PA/ZA}$就……。 小明既然答应了， （那么）他（∅）就会做的。 ＊他既然答应了， （那么）小明就会做的。	既然 Top^1……，（那么）Top^2就……。 既然老王同意了， （那么）小明就会做的。 ？老王既然同意了， （那么）小明就会做的。 ＊既然老王同意了， （那么）就小王会做的。
	转折关系	Top^1（虽然）……，但是（Top^1）$_{PA/ZA}$……。 小明（虽然）喜欢打球， 但是（他/∅）不喜欢游泳。 ＊他（虽然）喜欢打球， 但是小明不喜欢游泳。 ＊小明（虽然）喜欢打球， （小明/他）但是不喜欢游泳。 ＊小明虽然喜欢打球， （∅/他）不喜欢游泳。	（虽然）Top^1……，但是 Top^2……。 （虽然）老王喜欢游泳， 但是小明不喜欢游泳。 ＊虽然老王喜欢游泳， 小明但是不喜欢游泳。 ？/＊老王虽然喜欢游泳， 但是小明不喜欢游泳。 ＊虽然老王喜欢游泳， 小明不喜欢游泳。
		Top^1（虽然）……，（Top^1）$_{PA/ZA}$却……。 小明（虽然）喜欢打球， （他/∅）却不喜欢游泳。 ＊小明（虽然）喜欢打球， 却他不喜欢游泳。 ＊他（虽然）喜欢打球， 小明却不喜欢游泳。	（虽然）Top^1……，Top^2却……。 （虽然）老王同意了， 小明却不同意。 ＊（虽然）老王同意了， 却小明不同意。 ＊虽然老王同意了，小明不同意。

复句关系		逻辑衔接语的隐现情况及其与话题的共现关系	
		链内衔接表现	链际衔接表现
偏正关系	转折关系	Top^1……,否则$(Top^1)_{PA/ZA}$(就)……。 小明生病了,否则他(就)一定会来。 ? 生病了,否则小明(就)一定会来。 * 他生病了,否则小明(就)一定回来。	Top^1……,否则 Top^2(就)……。 老王同意了, 否则小明(就)不同意了。 * 老王同意了, 小明否则(就)不同意了。
	条件关系	$(Top^1)_{NA}$ / Top^1_{ZA} 只要……, $(Top^1)_{PA/ZA}$/Top^1就……。 小明只要生病了,(他)就不去上课。 只要生病了,小明就不去上课。 * 他只要生病了,小明就不去上课。	只要 Top^1……,Top^2就……。 只要老王同意了,小明就会同意。 * 只要老王同意了,就小明会同意。
		$(Top^1)_{NA}$ / Top^1_{ZA} 只有……, $(Top^1)_{PA/ZA}$/Top^1才……。 小明只有生病了,(他)才不去上课。 只有生病了,小明才不去上课。 * 他只有生病了,小明才不去上课。	只有 Top^1……,Top^2才……。 只有老王同意了,小明才会同意。 * 只有老王同意了,才小明会同意。
		$(Top^1)_{NA}$ / Top^1_{ZA} 除非……, $(Top^1)_{PA/ZA}$/Top^1才……。 小明除非生病了,(他)才不去上课。 除非生病了,小明才不去上课。 * 他除非生病了,小明才不去上课。	除非 Top^1……,Top^2才……。 除非老王同意了,小明才会同意。 * 除非老王同意了,才小明会同意。
		$(Top^1)_{NA}$ / Top^1_{ZA} 无论……, $(Top^1)_{PA/ZA}$/Top^1都……。 小明无论生不生病,(他)都会去上课。 无论生不生病,小明都会去上课。 * 他无论生不生病,小明都会去上课。	无论 Top^1……,Top^2都/也……。 无论老王同不同意, 小明都/也会同意。 * 无论老王同不同意, 都/也小明会同意。
	假设关系	$(Top^1)_{NA}$ / Top^1_{ZA} 如果……, $(Top^1)_{PA/ZA}$/Top^1就……。 小明如果生病了,(他)就不去上课。 如果生病了,小明就不去上课。 * 他如果生病了,小明就不去上课。	(Top^1)如果 Top^1……, Top^2就……。 如果老王同意了,小明就会同意。 老王如果同意了,小明就会同意。 * 如果老王同意了,就小明会同意。

复句关系	逻辑衔接语的隐现情况及其与话题的共现关系	
	链内衔接表现	链际衔接表现
偏正关系 — 假设关系	$(Top^1)_{NA}/ Top^1_{ZA}$(要是)$(/ Top_{NA})$······的话,$(Top^1)_{PA/ZA}/Top^1$就······。 小明(要是)生病了的话, (他)就不会去上课。 (要是)小明生病了的话, (他)就不会去上课。 (要是)生病了的话, 小明就不会去上课。 ＊他(要是)生病了的话, 小明就不会去上课。	Top^1(要是)$(/ Top^1)$······的话,Top^2就······。 老王(要是)同意了的话, 小明就会同意。 ?(要是)老王同意了的话, 小明就会同意。 ＊老王同意了的话, 就小明会同意。
	假如$(Top^1)_{NA}/ Top_{ZA}$······, $(Top^1)_{PA/ZA}/Top^1$就······。 假如小明生病了,(他)就不会去上课。 假如生病了,小明就不会去上课。 ＊假如他生病了,小明就不会去上课。	$(/ Top^1)$假如 Top^1······, Top^2就······。 假如老王同意了,小明就会同意。 ? 老王假如同意了,小明就会同意。 ＊假如老王同意了,就小明会同意。
偏正关系 — 让步关系	$(Top^1)_{NA}/ Top_{ZA}$就算······, $(Top^1)_{PA/ZA}/Top^1$也······。 小明就算生病了,(他)也要去上课。 就算生病了,小明也要去上课。 ＊他就算生病了,小明也要去上课。	就算 Top^1······,Top^2也······。 就算老王同意了,小明也不会同意。 ＊就算老王同意了,也小明不同意。
	$(Top^1)_{NA}/ Top_{ZA}$即使······, $(Top^1)_{PA/ZA}/Top^1$也······。 小明即使生病了,(他)也要去上课。 即使生病了,小明也要去上课。 ＊他即使生病了,小明也要去上课。	即使 Top^1······,Top^2也······。 即使老王同意了,小明也不会同意。 ＊即使老王同意了, 也小明不会同意。
	$(Top^1)_{NA}/ Top_{ZA}$固然······, 但是$(Top^1)_{PA/ZA}$······。 小明固然有责任, 但是(他)也不该被辞职。 ? 固然有责任,但是小明也不该被辞职。 ＊他固然有责任, 但是小明也不该被辞职。	Top^1固然······,但是 Top^2······。 老王固然要负全责, 但是小明也要承担一些道义责任。 ? 固然老王要负全责, 但是小明也要承担一些道义责任。 ＊老王固然要负全责, 小明但是也要承担一些道义责任。

复句关系		逻辑衔接语的隐现情况及其与话题的共现关系	
		链内衔接表现	链际衔接表现
偏正关系	目的关系	$(Top^1)_{NA}/Top^1_{ZA}$ 为了……， $(Top^1)_{PA/ZA}/Top^1$……。 小明为了取得成功， （他）每天努力学习。 为了取得成功，小明每天努力学习。 ＊他为了取得成功，小明每天努力学习。	/
		Top^{1NA}……，以便 $Top^1\emptyset$……。 小明每天努力学习， 以便能顺利考上大学。 ＊（他）每天努力学习， 以便小明能顺利考上大学。	Top^1……，以便 Top^2……。 老王大声地说话， 以便小明能听清楚。 ＊老王大声地说话， 小明以便能听清楚。
		$(Top^1)_{NA}/Top^1_{ZA}$……， 免得 $Top^1\emptyset$……。 小明每天努力学习，免得考不上大学。 ＊（他）每天努力学习， 免得小明考不上大学。	Top^1……，免得 Top^2……。 老王大声地说话， 免得小明听不清楚。 ＊老王大声地说话， 小明免得听不清楚。
	选择关系	$(Top^1)_{NA}/Top^1_{ZA}$ 与其……， $(Top^1)_{PA/ZA}/Top^1$ 不如……。 小明与其在这里干等， （他）不如主动去找。 与其在这里干等，小明不如主动去找。 ＊他与其在这里干等， 小明不如主动去找。	与其 Top^1……，不如 Top^2……。 与其老王去，不如小明去。 ＊与其老王去，小明不如去。
		$(Top^1)_{NA}/Top^1_{ZA}$ 宁可……， $(Top^1)_{PA/ZA}/Top^1$ 也不……。 小明宁可在这里干等， （他）也不主动去找。 宁可在这里干等，小明也不主动去找。 ＊他宁可在这里干等， 小明也不主动去找。	/

复句关系	逻辑衔接语的隐现情况及其与话题的共现关系	
	链内衔接表现	链际衔接表现
偏正关系　其他关系	$(Top^1)_{NA}$／Top_{ZA}越……， $(Top^1)_{PA/ZA}$／Top^1越……。 小明越等不来朋友，(他)越着急。 ? 越等不来朋友，小明越着急。 ＊他越等不来朋友，小明越着急。	Top^1越……，Top^2越……。 老王越等，小明越着急。 ＊老王越等，越小明着急。
	$(Top^1)_{NA}$／Top_{ZA}越…… $(Top^1)_{PA/ZA}$越…… 小明越等越着急。 ＊越等小明越着急。 ＊他越等小明越着急。	

2.3　两种重要的链内衔接手段

话题链的链内衔接与连贯的手段，丰富多样[1]：① 既有语义层面的手段，如词汇衔接（主要指同义、近义、反义等具体而复杂的情况，本文对此不作讨论）；② 又有句法层面的，如指代、替代、省略和连接等。韩礼德（Halliday）和哈桑（Hasan）夫妇（1976）的 *Cohesion in English*，对此前述衔接手段做过系统的讨论。在第 1 章中我们已做简要介绍，此处不再赘述。

在上面谈到的语义、句法等诸多手段之中，受关注程度相对更高、讨论得相对也更为深入的，或应是作为话题链链内衔接重要手段的"指代"[2]现象，在汉语界，如陈平（1987）、曹逢甫（2005）等，均是非常有代表性的成果。这主要是出于两种原因：① 汉语语篇的回指现象出现频率相对较高，形式丰富，既包括零形回指，又包括代词回指和名词回指，而且回指的组配十分灵活，比如所指相同的零

---

① 本书分析的主要是书面语语料，故而对语音层面的衔接手段，暂且不做讨论。

② 对此，学者们多称之为"回指"，本书也采用"回指"这一通行的术语。

形回指引导的小句数量弹性较大；而更为复杂、更为棘手的情况是，所指对象完全不同的零形回指引导的小句，有时会被言说者交错联缀于同一个话题链之内，这种现象，是组配语言要素建构话语的过程中，所涉语言要素在词汇、语义、句法、语用与认知等不同层面的相关因素综合制导的结果。因此，从话语连贯的策略与机制层面探究回指现象，虽然困难重重，但是这方面的研究，往往也会有柳暗花明、豁然开朗的效果。② 回指的篇章组织功能非常强大，可以将表述同一对象或多个对象的不同话语片段组织成连贯简明的有机整体，不同类型的回指涉及的句法结构条件十分丰富，然而语境往往又不会给回指（特别是零形回指）提供足够的形态标记，因此在理解回指（特别是零形回指）的过程中，我们往往需要充分调动大脑中各种各样的语言信息和非语言信息进行综合推断处理，这使得回指研究成为语篇研究领域的一大硬骨头。具体比如：

    （14）那个小伙子$_i$，$\emptyset_i$脾气很好。

    （15）小王$_i$啊，$\emptyset_i$能力强，$\emptyset_i$性子爆。

    （16）紫灰色的芦穗$_i$，$\emptyset_i$发着银光，$\emptyset_i$软软的，$\emptyset_i$滑溜溜的，$\emptyset_i$像一串线。

                            （汪曾祺《受戒》）

    （17）a. 那狗$_i$黄毛，b. $\emptyset_i$黑眼圈，c. $\emptyset_i$长身材，d. $\emptyset_i$细高腿，e. $\emptyset_i$特别地凶猛，f. $\emptyset_i$要咬住人，g. $\emptyset_i$不见血腥味儿，h. $\emptyset_i$决不撒嘴。（转自陈平，1987/1991：184）

    （18）a. 武松$_i$手硬，b. $\emptyset_i$那里挣扎得？c. $\emptyset_i$被武松一手接住腰胯，d. $\emptyset_i$一手把冠儿捏做粉碎，e. $\emptyset_i$揪住云髻，f. $\emptyset_i$隔柜身子提将出来，g. $\emptyset_i$望浑酒缸里只一丢。（施耐庵《水浒传》）

从上面的例（14）到（17）可以看出，在话题链中，零形回指所引领的小句数量，具有很大的弹性，如例（14）仅有一个，例（15）有两个，例（16）有四个，而例（17）则多达七个，且并不完全同指。在叙事语篇中，这种同指的零形回指小句数量的阈值是多少、决定这种阈值的根本因素又是什么，都值得探究。更值得深入探究的是，在多个零形回指小句组成的话题链中，起始小句中作为先行词的句法表征形式，除了可以出现于第一个小句之外，还可以出现在哪个（/些）小句之中。比如，例（17）中的"那狗"，除了出现在 a.小句之外，出现在 e.、f.或者 h.等三个小句，都无不可。然而，若是放到 b.、c.、d.或 g.这四个小句，都明显有违母语者的语感，道理何在？ 这背后的关键性制约因素或者语用条件又是什么，都值得总结。

再来看例(18)，从形式上乍一看，该例与例(17)相似，名词形式的先行词都处于起始小句，且小句数量也基本相当，但是从语义上看，小句 b.、c.中零形式所指对象虽然相同，但与先行词所指并不一致，而隔在其后的 d.、e.、f.、g.四个小句中零形式的所指对象，却又跨越 b.、c.两个小句而与 a.小句中的先行词所指相同。为何可以进行这种跨小句的零形回指组配？深层次的认知基础是什么？此类问题，不能单纯或主要依靠词汇意义层面的相容或者相克进行解释①。因此，我们都需要也值得依托大规模语料展开深入的探究。

因为本章的主要目标是基于元认知理论探究叙事性话语中话题链的"显性"标记，所以，对于上面提出的这些关乎话题链中零形回指这种"潜隐"形式的问题，不拟再展开多讨论。这里仅拟就汉语语篇的回指研究领域三项富有开创性的研究略加简述：① 陈平(1987)基于话语语义结构与体式(schema)等重要理念，侧重探讨话语结构特征对于零形回指的制约作用，认为所指对象在话语中具有强连续性是应用零形回指的必要条件，而宏观与微观层面的连续性的强弱，与话语的句法组织形式密切相关；体式相当于高阶谓词(higher-order predicate)，在句法上，既可带各种小句也可带其他语式作为论元，彼此之间可以递归组配，构成形态各异的语义结合体。该研究对语式的形式化描写对于高效把握话语的内部结构、精准地理解零形回指等均具有纲举目张、振本末从的指导价值。② 徐起起(2003)以现代汉语中的叙述文为语料，对回指展开系统的研究，细致分析影响回指的不同制约因素，并将第三人称"他"作为研究重点，进行深入的个案分析，对于认识汉语中的回指现象颇有助益，尤其是对于叙事语体语篇的研究，具有鲜明的借鉴意义。③ 许余龙(2004)关于回指的研究，也是该领域的精彩之作。在对回指研究进行简要而全面的综述的基础上，该研究以叙事性文本为语料建立语料库，进行严谨的量化分析，继而深入讨论回指在自然语篇理解中的价值；更值得注意的是，该研究在论证过程中，经过逐步的、严谨的修正，提出回指确认的一系列原则，对于系统精深地研究叙事性话语，极具启发意义。综而言之，一则因为学界关于回指的研究成果已相当丰富，并且不少研究已较为深

---

① 在诸如"a. 老王$_i$有个闺女$_j$、$\emptyset_j$眼见着出嫁的希望越来越小了、b. 老王$_i$有个闺女$_j$、$\emptyset_j/\emptyset_i$眼见着再婚的希望越来越小了。"这样的话语，其中的零形回指的所指对象，可以依据词汇层面的因素获得解释，具体来说：a.句中，因为"出嫁"和"老王"在语义特征上存在冲突，所以零形回指只能与"老王的闺女"同指；而b.句中，"再婚"无论是与"老王"还是与"老王的闺女"，语义特征或词汇意义兼容。因此，该句中，零形回指既可与"老王"同指，也可与"老王的闺女"同指。所以说，该句就存在歧义，尽管如此，该句的零形回指，依然可以在词汇层面获得解释。但是，很多情况下，对于零形回指的理解来说，词汇意义层面的因素并不起决定性作用。

入；二则回指还常常涉及不同小句内部词语之间的语义关联、句法组配方式背后的认知等隐性的因素，与话语建构中话题链的延展、联缀所关涉的显性标记相对隔开一层，所以对回指现象，不拟再多作讨论。

下文拟重点讨论作为叙事性话题链链内重要显性标记的两类动词，即"意向动词"与"言说动词"（在第 1 章的 1.3.3 中，笔者已简要说明这两个概念的内涵，下文将再根据研究所需作进一步的阐述）。经过大量的语料分析可以发现，在叙事性语篇中，这两类动词都是非常重要的延展、联缀话语的手段。下面笔者将在系统分类的基础上，分别结合具体实例，力求系统而深入地探讨它们在话题链的建构组配方面所具有的功能和特点。

2.3.1　作为话题链链内标记的意向动词

1. 意向动词的内涵及其句法特点

意向性是语言哲学、心理学以及人工智能等诸多领域的研究所关注的重要论题。而所谓意向性，"简单地说，就是心理状态借以指向或涉及在他们本身以外的对象和事态的那种特征"，"具有了意向性，我们的心理状态就指向、涉及、关联到或针对外在世界的种种客体和事态，而不是针对心理状态自身"①。意向性是有意识的生命体的重要本质特性之一，对于有意识的生命体来说，只要意识处于活动状态，它就必然会指向某个对象（包括事物、情境或行为等），并通过不同的意向方式积极地观照对象的存在（及其变化），并将之纳入自身的意识域中，使该被观照对象在意识主体的心理认知中"内在"地呈现出来。被主体观照并纳入意识域的对象（及其变化）可以很简单，也可以很复杂，可以表现为一个孤立的事物或景象，也可以表现为单一的事件或者是一系列复杂的事件组。无论复杂与否，它们都只能在特定的意向方式的统摄下形成一个意向域，而绝不可能脱离特定的意向方式而存在；否则，对于意识主体来说，它们就是没有实在意义的。对于意识来说，一个事物或景象，一件事或者一系列事件组成的事件组，可以通过不同的意向方式为人脑所感知：或者是被观察到的，或者是被听说的，或是被估计到的，或是被意向主体沮丧着、希望着、忧虑着、欢喜着、悲哀着、想象着、惆怅着……

---

① 约翰·塞尔.心灵、语言和社会[M].李步楼，译.上海：上海译文出版社，2001：94.

在语言层面,不同的意向方式通常都体现为一个动词①或动词性结构②,"如'看见''猜想''断定''发现'等,每一个意向动词在语义上都能支配一个意向域,在句法上,则是将这个意向域的语言表现作为它的宾语。意向域中如果只有单个的事物,指称这个事物的名词就成了意向动词的宾语","而组成意向域的如果是一个事件或一组事件,那么表述它们的句子或句群就将成为意向动词的支配对象"。③ 据此可以认为,意向动词的宾语,或者是单个的词语,抑或是一个事件组;然而,一般意义上的动词只能直接统摄一个词语或短语形态的体词性宾语④。两种动词在句法表现上存在着显著的不同。请看下面的实例:

> (19) a. 今天中午他吃了<u>两碗米饭</u>,喝了<u>一碗汤</u>。
>   b. 在沿河的小径上,我<u>发现(了)</u>那一顶插了红带子的帽子。
>   (《黄裳自选集 森林·雨季·山头人》)

---

① 值得注意的是,有些表示筹划等心理运作行为或者表示承诺等言语行为的动词,无疑应该视作表征意向活动行为或意向方式的词语(如"影响、准备、计划、研究、分析、调查、保证"等),但是它们并非严格意义上的动词,由于它们具有一定的指称性、离散性,因而具有命名功能,在句法上,可以充当谓语宾动词(如"有")的宾语,又无须加"的"而受名词直接修饰,因此显著地具有名词的功能;朱德熙先生称之为"名动词"(具体请参阅:朱德熙.语法讲义[M].北京:商务印书馆,1998:60-61)。"准备"等名动词也可以带一些小句或命题作为其意向域,如在"儿童从幼儿园进入小学,需要做好心理准备,既要加强时间观念,又要注意养成良好的行为习惯,还要强化独立自理意识"这个话语片段中,"既要加强时间观念,又要注意养成良好的行为习惯,还要强化独立自理意识"都处于"心理准备"的意向域之内。

② 在实际的话语层面,表征特定意向方式的词语未必会显性地出现;至于表示意向活动方式的动词性结构,实例如《额尔古纳河右岸》第1页中的"雨雪看老了我,我也把它们给看老了",其中的动结式短语"看老"即为这种情况,"看老"这个动词性结构所表征的信息,实际上是意向活动"看"与该意向活动的结果这两方面信息压缩的结果。

③ 刘大为.意向动词、言说动词与篇章的视法[J].修辞学习,2004,6:2-3.

④ 这里有必要作一下说明。或许会有人对此提出疑义:① 汉语中有很多双宾句也可以带两个宾语,而且有的双宾句的两个宾语,前一个是名词性成分,后一个则是小句或者谓词性成分,如"快点儿回答我是李的伤势怎么样了","告诉他下雨了"(转引自孟琮等编《汉语动词用法词典》);② 汉语中存在相当数量的可带动词宾语的动词。对于前一点,我们将在下一小节讨论,在此先就第二点疑义作出说明。笔者认为,处于动词宾语位置上的所谓"动宾动词",不能算是真正意义上的动词,理由主要有三点:最明显的一个证据是,这些结构位置上的动词不能加上体标记,如对于"不文明的行为包括随地吐痰",如果在动词"吐"后添加体标记"了""着"或者"过",则整个结构不合法;另外,有的动词必须在其前添加限定性修饰语取消或弱化其动词属性,才能再放置到动词宾语的位置上,如"反对他的要求(*反对要求)""反映群众的建议(*反映建议)"等;还有一个证据就是,有些放置在动词宾语位置的所谓动宾动词,其后不能再添加宾语,如"发动进攻(*发动进攻敌人)""断了联系(*断了联系小王)"。基于这三点理由,我们认为所谓"动词宾语"的动作意味大幅弱化,更多地显示出指称特性,应将之视为一种事相。

c. 在一个十字路口，我~~看见~~├一对老夫妻，看样子是从农村来的。他们要过马路，但是在路口等了半天，也没敢过来。这时，民警发现了，就立即跑了过去，他让来往的车辆都先停下来，然后扶着这两位老人，就像扶着自己的父母一样，一步一步地走过来┤。~~看到~~├这种情景┤，我很感动。

（《汉语教程·第二册下》第85页）

很明显，在例19a.中，表征具体动作行为的动词"吃"与"喝"所支配或统摄的，都是"数量名"式的体词性宾语（即下画线标示出的"两碗米饭、一碗汤"，它们都只具有指称性），而不是一个述谓性的事件或者事件组。在例19b.中，意向动词"发现"的宾语核心"帽子"，虽然也是指称单独事物的一个体词性成分，但是从句法上看，该事物（"帽子"）的前面存在一个动宾式的述谓结构①作为修饰语，这实际上意味着该偏正结构"插了红带子的帽子"之中蕴含着一个表征事件的命题；而在例19c.中，意向动词"看见"所支配的则是一个相当复杂的事件组，该事件组是由表共时时间信息的"这时"将"一对老夫妻"和"民警"两个话题分别引领的话题链组合而成的，这两个话题链又共同由意向动词"看见"纳入"我"所引领的更高一个层级的话题链之中。如果将例19c.中的两个意向动词"看见、看到"及其意向主体（话题"我"）都删略掉，并将最后一个句子稍加改动，则上例中的话语，就可以由原来的第一人称叙述变成第三人称叙述。具体如下：

19c′. 在一个十字路口，一对老夫妻，**看样子**是从农村来的。他们要过马路，但是在路口等了半天，也没敢**过来**。这时，民警发现了，就立即跑了**过去**，他让来往的车辆都先停下来，然后扶着这两位老人，就像扶着自己的父母一样，一步一步地走**过来**。这种情景，让人很感动。

尽管改写后的话语中没有了第一人称"我"作为叙述主体，也没有了意向动词，但是在理论上，我们仍然可以认为，改造后所剩下的事件组，仍然是被意向主体以

---

① 述谓结构的语义核心是一个"述谓概念"，这种述谓概念最突出的特点是具有"关联性"。在人类认识、理解、表达客观世界的过程中，它们一般都被用来摹写、叙述所指事物的运动状态、属性特征和相互关系等方面的信息。具体请参阅：鲁川.汉语语法的意合网络[M].北京：商务印书馆，2001：25.

某种方式观照纳入自己的意识领域的①,只不过意向动词是以零形态存在而已。对比19c.与19c′.即可发现,意向动词是建构或者标记话题链的一种重要的形式手段,妥当使用意向动词,能够让话语结构显得更加简明、清晰。值得特别强调的是,意向动词的意向域具有相当大的弹性。如上面例19c.中涉及的意向动词"发现",其意向域所统摄的范围,就具有十分灵活的弹性,既可以是单独的人或事物,也可以是简单的事件,还可以是复杂的事件组。现简示如下:

19c″. (我)发现 ╟他了╢。②

(我)发现 ╟他来了╢ 。

(我)发现 ╟他进来了╢ 。

(我)发现 ╟他走进来了╢ 。

(我)发现 ╟他慢悠悠地走进来了╢ 。

(我)发现 ╟他打开门,慢悠悠地走进来了╢ 。

(我)发现 ╟一对老夫妻,(看样子是从农村来的)。他们要过马路,但是在路口等了半天,也没敢过来。这时,民警发现了,就立即跑了过去,他让来往的车辆都先停下来,然后扶着这两位老人,就像扶着自己的父母一样,一步一步地走过来╢ 。

意向动词的意向域之所以具有如此灵活的弹性,关键恐怕在于,所有指向某人或某物体甚至是某个场景的意向性,在实质上都可以看作指向事件的意向性的某种"压缩形式",或者是言说者所依据特定的交际意图所进行的选择性聚焦的结果。因为世界上不存在完全孤立的事物,任何事物都既处于纷繁复杂的普遍联系之中,又处于流动不居的动态变化之中,总是时时刻刻与其他各种各样的事物发生种种关联。任何事物的价值都取决于它所处的动态关系网络。因而,当不同感觉器官经验或意识中仅呈现出单个事物(或者是貌似跳脱排列的多个具有

---

① 在该段话语中,元话语标记语"看样子"、两个复合趋向动词"过来"所激发或暗示的认知图式("在水平向度上或者心理同级状态下,从另一地点朝向言说者或叙述对象所在地发生的空间位移"),以及反向的复合趋向动词"过去",都能证明潜隐着的言说主体或意向主体的存在。

② 通常而言,若仅有指称而不述说谓性表达,则构不成叙述;但是在某些非常紧急的特定情形之下,仅用指称某事物或现象的指称性词语或词组,也可以实现叙述,特别是在选用指称性词语的状态下,更易于实现叙述。比如,在突然发现火灾的状况下,人们通常会大声疾呼:"火! ……火!"

鲜明离散性的事物），意向性在本质上仍然指向或关涉事物所参与的某个事件或者事件组。正如塞尔所言："视觉经验的内容和信念的内容一样，总是等价于一个完整的命题。视觉经验从来就不是简单涉及一个对象，而是说，它必定总是这样，即如此这般是事实。例如，只要我的视觉经验是关于一辆旅行车的，它就必定也是这样一种经验，这种经验的部分内容是，比如在我面前有一辆旅行车。……从意向性的观点看，所有的看见都是看到这一点：只要说出 X 看到 Y 是真的，那么，X 看到如此这般是事实，就一定是真的。"①塞尔的这番论述，虽然是针对视觉经验展开的，但是其中的论析却具有普遍价值，可以适应其他感官所形成的意向域。

也正因意向动词具有这样的特点，在汉语国际教育领域的语篇教学中，我们可以借助意向动词开展语篇分析，无疑能够获得"纲举目张"的效果，可以帮助非母语学习者便捷高效地把握篇章的话语结构。因此，在指导非母语者进行叙述视角转换之类重构话语的写作或口头表达训练时，不妨借助此类具有话语结构标记功能的意向动词，以提高训练的效率与效果。对于母语学习者而言，这种训练应当也会有所裨益。

综上所述，我们可以进一步明确意向动词（结构）的内涵，并简要概括其句法表现特点：

> **意向动词（结构）就是以特定的意向方式为其所指的动词（结构），它总是统摄着一定的意向域（可以表现为单独的事物，也可以表现为一个事件或者一系列事件组成的复杂事件组），意向动词和意向域之间存在相互蕴涵的关系。在句法表现上，意向动词不可能脱离意向域而独立存在，但是可以零形态的形式统摄着特定的意向域；另外，有些具有意向属性的名词也能够涵摄一定的意向域。**

此外，需要明确的是，意向动词不仅能将真实世界的事物或事件纳入意识活动之中，还可以把非真实世界中的事物或事件纳入当下的意识活动中来。这是因为意向状态"可能指向一个对象，也可能是无指，或者由于没有对象而根本没有指向"②。这可以

---

① 具体可参阅：约翰·塞尔.意向性——论心灵哲学[M].刘叶秋，译.上海：上海人民出版社，2007：41-42.

② 约翰·塞尔.心灵、语言和社会[M].李步楼，译.上海：上海译文出版社，2001：95.

说是虚构的故事或者科幻小说等文本得以存在的认知基础。

2. 现代汉语中常用意向动词的分类

在具体讨论意向动词的类别之前,笔者打算先对廖秋忠关于现代汉语篇章连接成分的开创性研究做简要介绍并略加评析。在讨论篇章话语结构的论文中,廖秋忠提出一个富有创新性的、影响深广的重要概念——"管界"[①]。所谓"管界",指的是某个管领词语如动词、各种修饰语等所支配、修饰或统领的话语片段的范围。当管领词语的管界跨越句子的边界进入语段或篇章层面时,就会形成篇章管界现象。廖文基于现代汉语书面语料,重点讨论了确定篇章管界的手段,以便更加明晰高效地把握篇章的话语结构。

廖秋忠认为不少谓语动词都具有篇章管界功能。根据动词所表征的语义概念,他将具有篇章管界功能的谓语动词分为以下六个类别:① 表述动词,② 感知动词,③ 行动动词,④ 等同动词,⑤ 包含动词,⑥ 存在动词。在分出类别的同时,他还对这六类动词分别作出简要的解释与例示性的说明。所谓表述动词,指的是那些与"说"和"写"的概念直接相关的动词以及表达人类心智活动的抽象动词,前者如"说""表示""按"等,后者如"想""认为""希望"等;感知动词,则是指跟"听"和"看"的概念相关的动词,如"倾听"和"凝视"等。其余四类动词,内部成员数量相对都较少,如行动动词主要是"做到"这个结构;等同动词则只有"是"和"为"这两个;而包含动词主要有"有"和"包括"等;存在动词则主要是"在(于)"[②]。

从话题链的延展组配的角度看,"行动动词""等同动词""包含动词""存在动词"等四类,都具有鲜明的篇章管界标记功能,即能够明确地提示听/读者某个管领词语的篇章管界的起讫之处;也都具有很强的管领、统摄能力,即可以将一个复杂的话语片段整体嵌套进更高层次的话语结构之中,如下例:

(20)……如果仔细地了解一下我们的政法教学在整个法制建设
系统中的现状,我们就会觉得有许多不足之处,主要表现**在**:
　　　　一、培养方向不明……二、单科学院不利于现代化教学……三、政法
学院招生面窄……四、课程设置方面的问题……(转引自廖秋忠 1992:96)

---

① 廖秋忠在其《篇章中的管界问题》一文中开创性地讨论了篇章管界现象,并归纳提炼出一系列形式判定标记,为分析篇章的话语结构提供了非常有效的参照系统。具体请参阅:廖秋忠.篇章中的管界问题[C]//廖秋忠文集.北京:北京语言学院出版社,1992:92-115.

② 廖秋忠.篇章中的管界问题[C]//廖秋忠文集.北京:北京语言学院出版社,1992:93.

在上面的语例中,"培养方向不明"等四个子话题链,都受存在动词"在"管领,并被整体嵌套进更高层次的话题链中,即由"我们的政法教学"所引领的话题链"我们的政法教学在整个法制建设系统中的现状(……)有许多不足之处"。顺便说明一下,上例中的"如果仔细地了解一下""我们就会觉得"这两个片段,都不直接表达命题信息,且都具有人际协商功能,显示出言说/写作者同听读者进行对话交流的主观态度,因而应该视作元话语成分。

从上面这个例子可以看出,存在动词"在"具有突出的篇章管界功能,是充实和丰富高一层次的话题链内涵的有效手段,在建构话语传递信息的过程中,我们可以利用它将一系列子话题链嵌套进更高层次的话语片段之中。尽管其功能如此突出,但是据上面援引的廖秋忠的解释和例示,我们可以看出,存在动词、行动动词、等同动词、包含动词等四类具有篇章管领功能的谓语动词都比较简明,所涉及的具体动词数量也都非常少。因而,对于存在动词等四个类别,笔者不再多加讨论。

下面,笔者想着重讨论一下廖秋忠所提出的"表述动词"与"感知动词"。根据他对于两类动词的说明以及相应列举的具体动词,我们认为,廖秋忠所划分的这两个类别彼此之间存在交叉重叠的不足之处,有违逻辑分类的"既互斥又互补"的根本原则。具体而言,就是将表达心智活动的动词如"想、认为、希望"等归入"表述动词"这个类别,有欠妥当,这与广大母语者的基本认知相抵触。在通常意义上来说,所谓"表述"就是"叙述、说明"。[①] 按此释义,应该认为"表述动词"所表征的都是人类的言说行为。而言说行为都是将内在的意识过程和情思状态等转化为语言的过程,也是一种由内向外的信息转化与传递过程。然而,"想、认为、希望"等动词所表征的,都是大脑心智范畴的意向活动,它们都是内在的,如果没有经过言说的外向转化,这些内在的意向行为的过程及其结果,都是无法为他人感知并理解的。不言而喻,廖秋忠所说的"听、看"等感知动词所表征的也都是大脑的意向活动的外显状态,它们也同"想、认为、希望"一样,体现的是大脑的意向性机能对于外在的种种客体或事态的指向、涉及与关联,因此这些动词具有本质的一致性,即"意向性"。

基于以上的分析,笔者认为,应该将廖秋忠所划定的"表述动词"拆分为两个

---

① 据《汉语大词典》可知,"表述"即"叙述,说明"之意。具体用例如:"可惜我不象心心,不能过目成诵,只能用我的压缩饼干式的干巴巴来表述个大意。"(引自《花城》1981年第6期)另外,据《现代汉语词典(第7版)》可知,"表述"意思是"说明、述说",如"表述己见"。

类别,然后与"感知动词"综合起来重新分类,具体就是将"跟说或写的概念有关的动词"拆分出来独立作为一类,再将"表述动词"中余下的"表达心智活动的"那些动词与廖文中的"感知动词"合并为一类。对于这两个类别,也宜重新命名。前一个类别所包括的动词,拟称之为"言说动词",而后一类,拟称之为"意向动词"①。下面先讨论意向动词的类别问题,并结合实例分析它在话题链建构方面的功能;下一小节再讨论言说动词。

在此,首先要说明的是,笔者所考察的动词的范围,是孟琮等编著的《汉语动词用法词典》②所列的 1 223 个动词。该词典在审辨语义的同时,依据语法功能进行删并归约处理,然后"用义项出条"③,共列出 2 117 条。鉴于前文中讨论过的意向动词所具有的句法特点,我们决定先从这 2 117 个条目中统计出可带小句宾语的动词,经人工仔细筛选,共检索出 561 条可带小句宾语的用例。在此基础上,笔者再依据前文有关意向动词与言说动词的内涵与特点的阐述,从中析取出意向动词和言说动词,然后再分类进行加以讨论。需要坦陈的是,这种统计分析恐怕不可避免会存在偏颇不当之处,因为词典受其编写理念与编纂原则的制约,其中选配、展示的动词的具体用例,大多属于普通话日常口语,部分来源于书面语,例句往往偏于简明,所提供的语境可能因此不够充分,从而导致上述分析思路与统计结果不易全面反映出意向动词和言说动词在自然语篇中的真实应用面貌。为了更加真切地考察这两类动词在自然语篇中的应用情况,或许应该先从演绎的角度构建出意向活动与言说活动方式的系统,然后再依托规模尽可能大的语料库,进行人工手动检索、归纳,但是这样做的话,也有其不足:一则会有循环论证之嫌,二则是要想从浩如烟海的语料中将意向动词和言说动词全面地筛选出来,也容易出现事倍功半的结果。鉴于《汉语动词用法词典》选择动词、确定释义,依照的都是中国社会科学院语言研究所词典编辑室所编撰的《现代汉语

---

① "言说动词"与"意向动词"这两个概念援引自刘大为(2004),他认为"以意向活动为所指的动词就是意向动词",因为受其研究目的的制约(即试图将视域的分析扩展为一种篇章分析的方法、试图为这种分析探索一种从语言形式入手的手段),刘先生在文章中主要进行了方法论层面的建构,而没有对意向活动做细致的分类,只是依据意向方式的不同列举了部分意向动词:有的意向方式是感知性的,如看见、听见、闻见,或是较为笼统的觉得、感到等;有的则是理智性的,如认为、相信、知道、希望等;也有的带有一定的情感性,如害怕、喜欢等。具体请参阅:刘大为.意向动词、言说动词与篇章的视域[J].修辞学习,2004,6:1-7.

② 孟琮,郑怀德,孟庆海,等.汉语动词用法词典[Z].北京:商务印书馆,1999.

③ 吕叔湘先生认为,按照义项确立条目是一种"很有见地的做法",因为同一个动词的不同义项在语法功能上存在差异,所以根据义项考察动词,能够更好地反映出动词用法与功能的实际情况。具体参见孟琮,郑怀德,孟庆海,等编写的《汉语动词用法词典·序》。

词典》，该词典无疑具有高度的权威性、可靠性。因此，笔者决定将《汉语动词用法词典》所选动词作为厘定与筛选意向动词与言说动词的具体范围，并在此基础上开展统计工作。

对于那些可以带小句宾语（有的学者称之为"补语小句"）的意向动词，该如何进一步细致分类？

语义学家利奇认为，为了厘清某些命题足以充当其他命题的前提或蕴含内容的条件，必须将叙实性述谓结构与其他类型的述谓结构区别开来，依据谓词对从属述谓结构（subordinate predication）所规定的性质，即叙实性、非叙实性与反叙实性，他将谓词划分为叙实性（factive）谓词、非叙实性（non-factive）谓词与反叙实性（counterfactive）谓词，实例分别如"realize（意识到）、suspect（怀疑）、pretend（假装）"。他还认为，不同的句法结构对于判断是否存在叙实性特征具有突出的作用，如"He forced me to attend the meeting"（他强迫我参加了那个会议）中蕴含着"I attended the meeting"（我参加了那个会议），但是"He wanted me to attend the meeting"（他要/希望我参加那个会议）中则并不蕴含"I attended the meeting"（我参加了那个会议）。因此，前者具有叙实性，而后者则不具叙实性。① 戴维·克里斯特尔也指明一种富有参考价值的分类标准②，即依据言说者对动词后的补语小句（本书采用"宾语小句"这个更通用的术语）所示命题的真值的预设情况，划分动词的次类。本书主要参考上述研究理念与分析标准，将现代汉语常用的意向动词划分为"叙实动词"类、"非叙实动词"类与"反叙实动词"类等三个次类。

顺此，值得稍加说明的是，语言的叙实性（factuality）会呈现出不同的面貌，这主要是句子中选用的某些句法结构或者词语这两个方面所存在的差异导致的，会使得句子中所包含的从属述谓结构在可否成为事实或者是否已然是事实等方面出现区别；叙实性是语义学的重要研究论题之一，值得开展深入研究。王彤福（1985）就认为语言的叙实性对语言的理解和翻译均具有重要影响，是外语学习者不可忽视的内容，在语言教学领域应予以重视。③ 近年来，语言的叙实

---

① 杰弗里·N.利奇.语义学［M］.上海：上海外语教育出版社,1987：427－452.

② 具体可参阅戴维·克里斯特尔（2002：138）所提及的划分标准。值得特别说明的是，不仅有些动词具有叙实性（factivity），而且有不少名词和形容词所组成的构式，也具有叙实性。例如，"这真是个耻辱，他主动认输了""很奇怪，他又回来了"。在这两个句子中，名词"耻辱"和形容词"奇怪"都具有叙实性，这两个词语所评判的命题表征的都是已然事件，都具有真值语义。方清明（2018），袁毓林、寇鑫（2018）对名词的叙实性都有很深入的讨论。

③ 王彤福.谈谈语言的叙实性［J］.外语界,1985，2：9－12.

性、动词叙实性的相关研究,在汉语研究领域已经成为一个新的热点,涌现出一系列重要研究成果,其中陈振宇、甄成(2017),陈振宇、姜毅宁(2018),方清明(2013、2015),李新良(2015、2016、2018),李新良、袁毓林(2017),袁毓林(2014、2020),张新华(2017、2018)等学者的研究启我良深,尤其是陈振宇、甄成的《叙实性的本质——词汇语义还是修辞语用》,李新良的《立足于汉语事实的动词叙实性研究》,袁毓林的《"记得"的叙实性漂移及其概念结构基础》《叙实性和事实性:语言推理的两种导航机制》《"忘记"类动词的叙实性漂移及其概念结构基础》等研究成果,对于笔者判断汉语常用意向动词在叙实性方面存在差异以及划分意向动词的类别等项工作,均具有重要的启发意义。

在呈现分析结果的过程中,笔者拟先分别简述上述三类动词的语义、句法特征与判断方法,然后把依据《汉语动词用法词典》统计分析出的具体成员及其用例,分别对应地附缀于后。具体情况如下。

1)叙实动词(factive verb)类意向动词

叙实动词都具有一个重要的句法语义特征,那就是其后联缀的小句宾语所表达的命题,言说者都预设其为真,比如,当说出句子"他知道田芳已经回家了"的时候,言说者一般都会预设"田芳已经回家了"。戴维·克里斯特尔(2002)认为"意识到"(realize)、"知道"(know)、"同意"(agree)等都应该判定为叙实动词。在综合参考克里斯特尔所述判断标准与分类示例的基础上,我们从《汉语动词用法词典》中检索、甄别、统计出的常用叙实动词类意向动词,共有 76 个。现将这些意向动词及其具体用例悉数呈现如下[①]:

2 操心	操心小孩放在哪
3 尝	尝尝味道如何
4 愁	我愁事情太多
7 当心	当心路滑
10 惦	他老惦着孩子怎么还不回来
11 惦记	他总惦记老大还没结婚
12 盯	我一直盯着他进了大门

---

① 有几点情况需要先作说明:a. 每个项目前面的编号,是其在所统计出的整个意向动词类别中的编号,这里不再重新编排;b. 动词后面的阿拉伯数字,大都表示词典中所标的同一动词的不同义项序号,有些则表示不同词条,因为这种区别对于判断意向动词而言影响不大,所以没有再分别标出,特此说明。c. 为保证用例的规范性与可靠性,每个词条之后所附的实例,都直接引用孟琮等的《汉语动词用法词典》,特此致谢。d. 后文中言说动词的编号标记与用例,情况同此,不再另作说明。

13 发愁	她发愁孩子上不了大学
14 发现	发现储量很大
15 分析	你们分析一下他们为什么没有打赢这场球
17 感到	感到自己不能胜任
19 观察	观察热带鱼甩了
21 恨	恨他不懂事
22 后悔	他后悔自己来晚了
23 怀疑1	我怀疑他是否有能力搞好这次实验
25 回忆	你回忆回忆谁参加那次会议了
26 计较	小田从不计较自己是否得到好处
27 计算2	计算下一步棋怎么走
28 记1	不但要记人类是怎样起源的,而且也要记人类是怎样发展的
29 记得	你还记得咱们在颐和园划船吗
30 忌妒	忌妒人家比自己强
32 监督	监督他干活儿
33 监视	监视他们到底做些什么
34 见1	我见他给你一盆紫罗兰
35 警惕	警惕房屋倒塌
36 觉得1	我觉得身体不如从前了
38 看(第一声)2	看着犯人干活
39 看(第四声)1	看人家写字
40 看(第四声)2	看环境怎样改变
42 看7	别跑,看车来了
43 看见、看到	看见他在写信
44 考虑	我考虑这项工作应由你负责
45 懒得	懒得一个人去
46 理解	我理解他为什么不参加
47 了解	我了解他是怎样到厦门去的
48 留神	留神狗咬人
49 留心	留心刹车不灵
51 明白	谁都明白他是什么人
52 怕1	他怕你批评他

55 判断	你判断一下他们走哪条路
58 佩服	佩服他勇挑重担
59 碰见	我碰见他正买梨呢
64 忍心	我不忍心自己先走
65 认得	(认识)他认得我是谁
66 认识	我不认识这是哪位医生
64 认为	大家一致认为他是合适的人选
68 生气	我生气他不来
69 思考	我也正在思考事态会如何发展
70 算3	我算着他明天就动身了
71 算计2	算计谁当监场员最合适
72 算计3	我算计今年的收成准错不了
73 贪图	贪图这里的风景好
74 讨厌	张老师讨厌没有事的人找他闲聊
75 体谅	我们要体谅人家有难处
77 听见	我听见河水在哗哗地响
80 忘	我忘了你叫什么了
81 忘记	我忘记你是谁了
82 闻	你闻闻肉馅新鲜吗
79 推测	你推测这件事情的结局会怎样呢
84 喜欢	我喜欢大家一起到海滨游泳
85 嫌	嫌他个子高
86 羡慕	羡慕他功课好
88 想1	你想想这个规划该怎么做
91 想6	你要随时想着自己是一个解放军战士
92 小心	小心他碰上你
93 晓得	我晓得你去上海了
93 心疼	心疼孩子吃不上,喝不上
96 预料	我预料他明天能把消息送来
97 遇到	我们去的时候整遇到队员们在耍龙灯
98 遇见	我在香港遇见中国女子排球队和日本队比赛
100 怨	都怨我不争气

101 愿意	妈妈不愿意我学医
102 着急	就着急孩子走了这么多天没个回信
103 知道	老陈知道小王闯了祸
105 注意	注意他是怎么起跳的
106 装	他说他不知道,我也装我不知道
107 琢磨 1	我正在琢磨他当车间主任合适不合适

2）非叙实动词(non-factive verb)类意向动词

与叙实动词不同,非叙实动词不要求言说者在建构话语时就预设宾语小句所表达的命题必然为真,即言说者既可以预设宾语小句所述命题为真,也可以预设该命题为假。例如,当说出"他认为田芳已经回家了"这个句子的时候,言说者可以预设"田芳已经回家了",也可以预设"田芳还没有回家"。对于非叙实动词这个类别,克里斯特尔(2002)列举出诸如"认为/觉得"(think)、"相信"(believe)之类的具体成员。经过甄选、辨别,我们发现从《汉语动词用法词典》检索出的可带小句宾语的动词之中,共有 19 个条目符合非叙实动词的特征,这类意向动词的具体条目与用例,悉数呈现如下:

5 打算	我打算自己去联系工作
8 当 1	就当他已经毕业了
16 敢	他不敢一个人呆在屋里
18 估计	估计他能来
24 怀疑 2	我怀疑他今天去医院了
37 觉得 2	我觉得你应该去学航海
41 看 4	你看他还会来吗?
53 怕 2	我怕他今天出不了门了
54 盘算	盘算这个暑假怎么过
56 盼	盼你们早点儿回来
57 盼望	盼望你们胜利归来
60 期待	期待孩子早日学成归国
61 期望	期望着你们胜利归来
76 听 1	我听人家告诉我你办工厂了
78 听说	听说白塔寺重新开放了
87 相信	同志们相信你能变好
89 想 2	你想想这个人有多大年纪

90 想3　　你想他接到这封信后会怎么样

108 琢磨2　我琢磨着他不会在大会上发言

3）反叙实动词（contra-factive verb）类意向动词

克里斯特尔认为，所谓反叙实动词都具有以下重要特点，即由这类动词所组成的话语结构中的小句宾语所表示的命题，言说者一般都预设其为假。比如，当言说者说出"他希望田芳已经回家了"的时候，言说者实际的预设是"田芳很可能（或者确实）没有回家"。克里斯特尔将"希望"（wish）、"假装"（pretend）等等都视作常见的反叙实动词。经过审慎的甄别，我们认为《汉语动词用法词典》中，共有 12 个项目可以判定为反叙实动词类意向动词。具体项目及其用例具体如下：

1 猜　　　你猜他现在在哪儿

6 担心　　担心学习成绩不好

9 当2　　 我当他是学生呢，原来他是老师

20 害怕　　害怕这件事办不成

31 假装　　假装他是一个很有名气的人

50 迷信　　迷信他能解决问题

62 情愿　　情愿我一个人受苦，也不愿连累大家

63 求2　　 不能只求生活安逸

67 舍得　　他舍得自己的孩子去外国吗

83 希望　　我希望你参加设计

95 以为　　我以为这座挂钟已经让人买走了

104 指望　 指望他能想出好主意来

在分析、理解话语的过程中，依据上述三类意向动词，我们可以非常高效地把握话语的结构。现举一例，以作证明并简略展现意向动词在联缀话题链方面所具有的突出功能与特点。

（21）我以为西班会把桦树皮吃掉，他从小就喜欢啃树皮吃，离不开森林的，可他最终还是像其他人一样，把它放在神鼓上了。我觉得西班放在神鼓上的，是他的粮食。他就带着这么一点粮食走，迟早要饿死的。我想西班一定是为了可怜的拉吉米才同意下山的。（迟子建《额尔古纳河右岸》）

为了使话语结构显得更加明晰，在采用本书所拟定的形式标记予以分析的同时，我们还对上例的话语形式稍加变形处理。语例编号一仍其旧，为示区别，记作（21′）：

(21′)

我以为①	⊢西班会把桦树皮吃掉,(他从小就喜欢啃树皮吃),离不开森林的,(可他最终还是像其他人一样,把它放在神鼓上了)。⊣¹
我觉得	⊢西班放在神鼓上的,是他的粮食。他就带着这么一点粮食走,迟早要饿死的。⊣²
我想	⊢西班一定是为了可怜的拉吉米才同意下山的。⊣³

　　根据上文关于意向动词的分类结果,笔者发现,在例(21)中,"以为"是反叙实动词类意向动词,而"觉得"和"想"都是非叙实动词类意向动词。它们具有标记话题链起讫的"界标"功能,因此,依据这三个意向动词,可以纲举目张,一目了然地把整段话语分解开来。三个意向动词各自管一个子话题链,而这三个子话题链又通过三个意向动词,构成高一阶的大话题链,协同表现作为故事人物的"我"的意向活动状况。它们整体上又涵摄于作为故事叙述者的"我"的言说域之中。后文笔者将再具体讨论意向动词与言说动词之间的涵摄关系,此处暂不展开。

　　需要作出说明的是,严格说来,在(21′)中,只有"西班会把桦树皮吃掉、离不开森林"才是第一个意向动词"以为"的意向域之内的意向活动的表征,它们蕴含的命题信息所表达的是故事人物"我"对西班的行为的预测②,作为故事人物的"我"具有"西班从小就喜欢啃树皮"的认知经验,所以自然倾向于预测"西班会把桦树皮吃掉"。当西班最终像其他人一样选择把桦树皮放在神鼓上时,作为故事人物的"我"颇以为然的心理预期被打破了,因此感到意外,这种意外之感体现于句法层面的表示逆转的逻辑衔接词"可"之上。然而,作为故事叙述者③的"我"则预设"西班会把桦树皮吃掉、离不开森林"为假,这符合反叙实动词的句法语义特征,所以在叙述时,选用了通常表示与事实不符的论断的反叙实意

---

　　① 说明:此为本书语料分析工作的一种标记形式。

　　② 若要更明确地分析、理解例(21)这段话语,我们需要首先辨明"预测"和"预设"的内涵。"预测"是一个实义抽象动作动词,表达"预先推测或测定"之意,具体用法如"经济学家纷纷预测下一年度的经济状况";而"预设"则是逻辑范畴的重要概念,指的是保证使一个句子/命题具有意义的先决性条件,例如对于"张三最近刚戒酒"和"张三是否最近刚戒酒"来说,其预设都是"有个人叫张三,他以前饮酒",只有在这个预设为真的条件下,前面两个句子/命题才有意义;否则,它们都无意义。

　　③ 因为作为这段话语来源的小说《额尔古纳河右岸》,采用的是第一人称叙事,所以,作为故事人物的"我"与作为故事叙述者的"我"存在重叠现象,在进行话语分析的过程中,我们需要注意区分这两个"我"。

向动词"以为"①。在此话语片段中，作为故事人物的"我"的"预测"与作为故事叙述者的"我"的预设，通过"以为"形成交叠，这无疑会给话语的理解带来一些障碍，但其益处是有助于让叙述变得更加紧凑而灵活。

在上例中，"他从小就喜欢啃树皮"与"他最终还是像其他人一样，把它放在神鼓上了"这两个话语片段，实际上并不处于"以为"的意向域之内；在分析的时候，之所以将它们和前述两个意向活动都划归到一起，主要是因为：① "他从小就喜欢啃树皮吃"是故事人物"我""以为""西班会把桦树皮吃掉"的重要认知基础，二者之间具有密切的关系；若是借鉴配价语法的论元思想来解释的话，不妨将"他从小就喜欢啃树皮吃"视作"'我'以为西班会把桦树皮吃掉"这个意向活动的一个"意向元"；② "他最终还是像其他人一样，把他放在神鼓上了"，则是以"西班"实际做出的动作行为，反向证明作为故事人物的"我"对"西班"所做的预测存在谬误，二者之间具有鲜明的对立关系；同时，这个表征"西班"实际行为的话语片段，又能正向证明作为故事叙述者的"我"对"西川会把桦树皮吃掉"的预设为假有其合理性；③ 在句法上，逻辑衔接词"可"也能凸显出其间的对立统一关系，据此也宜对前后的话语进行归并处理。此外，为提升分析结果的结构化程度，笔者将之统一划归到一个子话题链之中。

2.3.2 作为话题链链内标记的言说动词

正如著名语言哲学家约翰·塞尔所言："意识不可能脱离大脑而到处存在，正如水的液体性不能脱离水而存在，或者桌子的固体性不能脱离桌子而存在一样。"②因此可以说，意识的活动状态及其发生过程都是内在的，只能也必须在大脑这个"黑箱"之中进行，没有经过言语转化的意向活动，总是幽暗地存在着，无法被他人直接感受到，只能为意向主体独自在大脑中体验，而完全无法与他人交流分享。大脑内部的意向性活动，只有通过妥当地组配语言符号进行言说，建立起自身的镜像，才能够被他人所观照、感知与理解。意向活动只有通过某种言说方式，才能在言语的层面抽象实在地展开，因此在这种言语化展开的过程中，必然会伴随或蕴含着某种言说动词。

---

① "以为"表示"对人或事物作出某种论断；认为"，"多用于与事实不符的论断"，而"认为"一般则只用于表示正面的论断。具体请参阅：吕叔湘.现代汉语八百词（增订本）[M].北京：商务印书馆,1999：619。

② 约翰·塞尔.心灵、语言和社会[M].李步楼，译.上海：上海译文出版社,2001：41.

所谓言说动词，就是以某种言说行为方式为其"所指"的动词。因为思维和语言二者具有一体两面性，人们认知理解世界所形成的种种概念、判断，总要落实为不同的语言形式，幽微潜隐地存在着的情思意念，只能通过其抽象实在的表征（即语言符号）进行理解、研究。大脑意向性活动的过程及其结果，只有经过特定言说方式的转化，变成表征种种复杂丰富的意念情思信息的语言符号链条，他人方能按照语音、句法、语义、语用等层面的具体规则进行解码，理解语言符号链条背后的意义，并基于自己的认知经验，进行"共情、同理"处理，并转化为自身的意向性活动，从而才能真正实现信息的传递或交流。例如：

> （22）这里我将**叙说**一件很可珍贵的经验。那是在保山，一天晚上，我在城里搭一部美国军车回营房去，那时我们所穿的是驻印军的制服，与小兵无异，一部卡车中，只有我们两个中国人，其余全是美国小兵，他们是到保山城里去过周末的。时间是晚上十点，当他们爬上车来的时候，一个个酒气喷人，脚步蹒跚，已经失去清醒的头脑。因此我有机会听他们彼此述说彼此认为十分满足的夜生活。（《黄裳自选集》）

在上例中，"叙说"就是一个典型的言说动词，如果没有这个言说动词，作者黄裳个人化的意向活动所获得的认知经验与情感体验等，就无法映现于话语层面，就不可能为我们读者所感知、体验并理解。因为这些认知经验与情感体验都发生在一个相对久远的战乱年代的黑夜，别人绝无重复经历、亲身体验的可能。但是，时至今日，通过这段文字，我们广大读者之所以仍然能够想象、构拟、体悟当时的种种情形，乃是言说行为（即"叙说"）将作者一己的独特经验转化为抽象实在的语言符号的结果。这就使得作者当时所经历所体验到的种种稍纵即逝的具体情形得以"固化"，为我们读者重新感知、理解言说者的意向经验提供具体媒介。因此，在人际信息传递与交流的过程中，"言说"是必不可少的，表征各种具体言说方式的言说动词，值得深入研究。

下面，笔者将讨论言说动词的分类问题。本书的分类，拟重点参考当代著名语言哲学家约翰·塞尔的言语行为理论中对于言说行为的分类格局与相关划分标准。顺此需加说明的是，顾曰国（1989[①]，1994[②]）对奥斯汀和塞尔的言语行为

---

① 顾曰国.奥斯汀的言语行为理论：诠释与批判[J].外语教学与研究,1989,1：30-39.
② 顾曰国.John Searle 的言语行为理论：评判和借鉴[J].国外语言学,1994,3：10-16.

理论做过系统的评介,认为言语行为理论主张将语言视作行为现象,这与结构主义和功能主义理论思潮显著不同,提出语言研究的新视角,以言语行为作核心,将语言、社会与心理三者融为一体,系统探究语言的"动态特征";这些译介与评价研究,对于我们深入理解言语行为理论,助力显著。

早期的言语行为理论认为言语行为的数目非常繁多,多得甚至完全无法分类,比如维特根斯坦就认为,语言是游戏,使用语言的方式是无限的。塞尔对此提出质疑,认为看似数量无限的言语行为实则可以确定为有限的范畴,前提是要区分话语的命题行为和言外之力间的差别,他认为任何言说行为都包含命题内容和言外之力(交际意图)两个部分①,并以此为基础,从成功地实施言语行为必须满足的诸多条件中抽象出四条构成性规则(constitutive rules),作为评判、划分言语行为的重要标准:① 基本条件规则,即规定言语行为按照一定的规约充当某个话语的交际目的的条件;② 先决条件规则,即规定实施某种言语行为的必要前提或先决性条件;③ 真诚条件规则,即规定言说者确保某种言语行为必将被真诚地实施的条件;④ 命题内容规则,也即命题条件,规定话语形式底层的命题内容的基本意义。根据上述四条构成性规则,塞尔将言语行为划分为五个类别,即断言行为、指令行为、承诺行为、表情行为和宣告行为。② 下文拟依据塞尔的这种分类格局与分类标准,把从《汉语动词用法词典》中检索出的 118 个言说动词项目分别归到上述五个类别之中,以期为修辞学研究、汉语叙事语篇研究、汉语国际教育领域的语篇教学等工作提供学理支持。近些年来,言语行为理论已被学者们应用于修辞研究领域。胡范铸(2003)认为,关于言语行为规律的讨论可以实现修辞学研究的范式变革,并倡导推动中国现代修辞学研究的语用学转向③;胡范铸(2009)提出,任何言语行为都具有一定的意图,合意性是其基本特征,言说者努力贯彻合意原则以求意图顺利实现,在这个过程中,语法结构与词汇选择会呈现"合意化"④。语言研究需聚焦语言要素本身,从这个意义上来说,深化言说动词研究,可以促进言语行为理论向度的修辞研究的发展。

---

① 这两个部分,又称命题显示项(proposition-indicating device)和功能显示项(function-indicating device)。在言语交际活动中,命题显示项通常可以表现为不同的话语形式,并产生不同的言外之力,而言外之力是任何话语都具有的重要特征。

② John R. Searle. Expression and Meaning:Studies in the Theory of Speech Acts[M]. Beijing:Foreign Language Teaching and Research Press,2001:2 - 12.

③ 胡范铸.从"修辞技巧"到"言语行为":试论中国修辞学研究的语用学转向[J].修辞学习,2003,1:2 - 5.

④ 胡范铸.言语行为的合意性、合意原则与合意化[J].外语学刊,2009,4:65 - 68.

现将五类言说动词的分类依据与具体分类结果分别呈示如下①：

1）表征断言行为（assertives）的言说动词

塞尔认为，断言行为要符合以下几个标准：① 基本条件，言说者要保证命题的真实性；② 真诚条件，言说者要相信其所陈述的命题为真；③ 先决条件，言说者要尽力使言语和世界相符。此外，断言行为不需要命题条件。塞尔所列举的常见的表断言的动词有 state，affirm，claim，deny，conclude 等。据上述评判标准，我们依托《汉语动词用法词典》统计发现，现代汉语中常用的表示断言的言说动词有以下 22 个项目：

21 否认/认为②　　否认他自己有不法行为

24 攻击　　他攻击我说话不算话

36 讲 1　　他跟我讲老张不去了

37 讲 2　　讲老冯是怎样管理企业的

38 讲 3　　你同大家讲讲这个方案行不行

45 揭发　　我来揭发他是如何腐蚀青年的

46 揭露　　揭露他贪污公款

47 解释　　他正向领导解释他们组为什么这样做

48 介绍　　介绍小李怎样克服了困难取得了好成绩

51 控诉　　控诉他们欺压百姓

59 批判　　批判他搞投机倒把

60 批评　　批评他假公济私

61 评论　　评论谁演得好

62 强调　　队长反复强调大家在操作时要注意安全

72 说 4　　这篇文章的主题是说妇女能发挥更大的作用

79 提 6　　他总提我欠他一本书

98 叙述　　我来叙述这次试验是怎样搞成功的

103 议论　　大家在议论花钱盖礼堂值得不值得

104 酝酿　　大家都在酝酿谁当主任最合适

---

① 需要先说明的是，因为在塞尔的分类中，意义事实上成了一个重要的参考标准，由于我们对塞尔的理论阐述的理解可能会存在偏差，加上意义范畴所具有的"剪不断、理还乱"的复杂关系，这个部分的分类，恐怕难免会存在一些谬误之处，恳请读者费心指正。具体可参阅：John R. Searle. Expression and Meaning：Studies in the Theory of Speech Acts[M]. Beijing：Foreign Language Teaching and Research Press，2001：13 - 20.

② 在孟琮等编著的《现代汉语动词用法》中，"否认"与"认为"被分为两个条目；因二者一从正面一从反面表征看法、判断，本书中将它们合并为一。

111 争吵　　他们在争吵这口井应该打在哪儿

112 争论　　我们在争论动物有无语言

116 主张　　主张男女平等

2）表征指令行为(directives)的言说动词

塞尔认为,若想实现指令行为,需要满足以下四个条件:① 基本条件,言说者试图在使受话者做某事;② 真诚条件,受话者要听从言说者并乐于采取相应的行动;③ 在合适方向或先决条件方面,则要求言说者要尽力使世界与言语相符;④ 命题条件则是受话者在言语行为之后的某个将来的时间节点上会采取行动。塞尔认为,常见的表指令行为的动词有 order,request,demand,ask,insist 等等。经统计,我们发现现代汉语中常用的具有指令功能的言说动词,共有以下 36 个项目:

12 促使　　促使他们早日完成任务

13 催　　　催他睡觉

15 打听　　打听他参加不参加比赛

16 动员　　动员群众积极参加建设

25 鼓动　　他鼓动我明天去承德

26 鼓励　　鼓励社员养猪

29 规定　　教练规定这个时间小黄练长跑

30 号召　　号召干部都要参加植树活动

33 检查 2　检查一下你为什么和顾客吵架

34 检讨　　检讨一下你为什么打人

35 建议　　我建议局领导亲自过问此事

40 交代 2　政委一再交代我们要照顾群众的利益

49 禁止　　禁止车辆通行

56 命令　　连长命令一排任尖刀排

57 磨 4　　磨领导批假

58 盘问　　公安人员正在盘问他李明跑到哪儿去了

63 乞求　　乞求总经理给予帮助

64 请求　　请求大家原谅我

65 求　　　求你帮帮忙

66 劝　　　劝他回家吧

69 使唤 1　使唤我给他干活

73 说明 1　进一步说明你们准备怎么施工

77 讨论　　咱们讨论一下这几个人怎么安排

78 套 4　　套他说实话

81 提醒　　提醒他注意以下事实

83 挑 4　　他总挑我们俩打架

84 挑拨　　挑拨他俩闹矛盾

88 托 2　　托他给我改改文章

89 推荐　　推荐他当联络员

92 委托　　委托你为我辩护

101 要求　　要求他提前完成任务

102 邀请　　邀请同事们来参加他的婚礼

109 招呼　　你去招呼孩子们回家吃饭

110 召集　　队长召集全体人员开会

114 制止　　制止他继续发言

115 嘱咐　　嘱咐孩子们要好好学习

3）表征承诺行为（commisive）的言说动词

若要实现承诺行为,需要满足以下几个条件:① 基本条件,言说者对将来的某种行动先行作出保证;② 真诚条件则是言说者确实愿意采取某种行动;③ 先决条件,言说者要努力使世界与话语相符;④ 命题条件则是言说者在将来定会采取兑现承诺的行动。塞尔认为,常用的承诺行为动词有 promise, guarantee, pledge 和 offer 等。笔者根据《汉语动词用法词典》统计出的、可以表征承诺行为的言说动词共有以下 7 个项目:

4 表示 1　　表示他们一定按时完成任务

14 答应 2　　答应他只能玩一会儿

74 谈　　他跟组织上谈他明年要去进修

86 同意　　同意你到上海去学习

105 允许　　应该允许人家讲话

117 准许　　准许他申辩

（勘误：＋118① 保证 保证他们参加）

---

① 这个项目是笔者在复查时才发现之前不慎疏漏掉的,现补上,故用"＋"标记,因为没有原则性影响,再加上受时间、精力所限,故未编插到原先统计的序列,进而将其后所有项目重新修改编号。目前将此有欠严谨的差错置留于此,意在警醒自己在今后的工作中应尽量将严谨贯彻到每个环节、每个细节。

4）表征表情行为(expressive)的言说动词

塞尔认为,实现表情言语行为,需要满足这样四个条件：① 基本条件,言说者表述某种具体的内在心理状态；② 真诚条件,言说者由衷地传达出对于受话者或表达对象的立场或态度；③ 在其先决条件上,则是要先假定话语和现实世界相符；④ 命题条件则是言说者对某种具体事态进行客观的描写。在塞尔看来,常用以实现表情行为的动词有 thank,apologize,congratulate 和 welcome 等。根据《汉语动词用法词典》统计发现,能够发挥表情功能的言说动词有以下 23 个项目：

2 抱怨　　抱怨速度太慢了

6 表扬　　表扬小虎有进步

8 称赞　　大家称赞这种车质量好

17 反对　　反对大国欺负小国

19 讽刺　　讽刺一些人不遵守公共道德

20 奉承　　奉承他有眼光

22 感谢　　感谢你救了她

27 怪　　　怪我没说清楚

43 教训　　教训我不该管闲事

44 教育　　教育孩子不要随地吐痰

50 警告　　我再次警告你不要闯红灯

52 夸　　　夸他工作积极

53 夸奖　　夸奖他说话老实

54 骂　　　骂他不长进

55 埋怨　　埋怨我不会说话

71 说 2　　老师说我不听话

91 挖苦　　他挖苦我太笨

95 笑话　　笑话我不会游泳

97 谢谢　　谢谢同志们帮了我的忙

106 赞成　　同志们一致赞成你代表大家向上级反映情况

107 赞美　　我赞美你们勇敢地闯过了激流险滩

108 责备　　他责备我开会迟到了

113 指责　　指责我把事情办糟了

5）表征宣告行为(declarations)的言说动词

塞尔认为,实现宣告行为,需要满足以下三个条件：① 基本条件,言说者想改变某一对象或情形的外部条件或状况;② 真诚条件,言说者不直接表达任何心理状态;③ 而从先决条件上看,言说者既有可能是努力使话语与世界相符,也有可能是使世界与话语相符。常见的动词有 name,define,declare,nominate等。笔者经统计发现,现代汉语中具有宣告功能的言说动词,共有以下 29 个项目:

1 报告　　事故的详情要报告领导知道

3 辩论　　辩论学习班是否继续办

5 表现　　他一味表现自己都做了什么好事

7 称　　　我们称他为英雄

9 承认　　我们承认他的管理办法很有成效

10 传 3　　(大家都在)传他已经上北京了,是吗?

11 吹 3　　老吹他自己能干

18 反映 2　同学反映他最近有很大进步

23 告诉　　告诉我你们怎么到这里的

28 广播　　收音机里广播人造卫星发射成功了

31 回答　　快点儿回答我老李的伤势怎么样

32 汇报　　汇报自己出差时都干了些什么

39 交代 1　出国前他交代调查报告还没写完

41 交代 3　他交代赃物藏在桥下了

42 交涉　　跟对方交涉一下这批物质如何处理

68 声明　　他声明自己与此事无关

67 商量　　商量商量此事让谁处理

70 说 1　　小李说他们和好了

75 谈论　　她的父母正在谈论她干哪一行好

76 坦白　　他坦白他们几个打过群架

80 提倡　　提倡人人植树

82 提议　　我提议大家都来关心青少年的成长

85 通知　　你去通知老张县委书记明天去他家

87 透露　　有人向我透露,你的考试成绩超过了录取分数线

93 问　　　李科长问你参加不参加座谈会

94 问　　　问你你妈妈好

96 协商　　大家共同协商这笔资金怎样使用

99 宣布　　宣布中华人民共和国成立了

正如意向动词可以充当话题链链内显性标记一样,言说动词也具有这种功能,借助言说动词,我们也可以快捷、高效地切分话语,把握其内在结构。请看下例:

> (23)(⋯⋯*姐姐受了风寒,只活了两天就走了⋯⋯姐姐被装在一条白布口袋里,扔在向阳的山坡上了。这让我母亲很难过。所以生我的时候,母亲把希楞柱的兽皮围子弄得严严实实的,生怕再有一缕寒风伸出吃人的舌头,带走她的孩子。*)当然,这些话都是我长大后母亲告诉我的。她说我出生的那天晚上,全乌力楞的人在雪地上点起篝火,吃着熊肉跳舞。尼都萨满跳到火里去了,他的鹿皮靴子和狍皮大衣沾了火星,竟然一点儿都没伤着。(迟子建《额尔古纳河右岸》)

基于常识,我们知道,一个人不可能亲自经历他/她出生前所发生的种种情形,在其出生之初,也绝对无法直接经历、感受其不在场的种种情形。因此,这些情况下所发生的种种情形,只会留存于其他亲历者的意向域,也只能经由其他亲历者对自己的意向经验进行言语转化,才能被一个未经历者想象、构拟并间接地感知、理解。这种意向经验的传递,必然会伴随着言说行为的发生。由此可以认为,在这种情境中,言说动词可以充当意向经验的显性标记,不同的意向经验,往往也需要经由不同的言说行为向未经历者确立其存在。据此,我们有理由将言说动词视作话语结构的显性标记,以判断话题链的起讫。为了获得更为直观的效果,我们对上例进行标记分析,序号一仍其旧,为示区别,标序为(23′):

> (23′)┠(⋯⋯*姐姐受了风寒,只活了两天就走了⋯⋯姐姐被装在一条白布口袋里,扔在向阳的山坡上了。这让我母亲很难过。所以生我的时候,母亲把希楞柱的兽皮围子弄得严严实实的,生怕再有一缕寒风伸出吃人的舌头,带走她的孩子。*)┨[1-1]当然,┠这些话┨[1-2]都是我长大后母亲**告诉**[1]我的。她**说**[2]我出生的那天晚上,全乌力楞的人在雪地上点起篝火,吃着熊肉跳舞。尼都萨满跳到火里去了,他的鹿皮靴子和狍皮大衣沾了火星,竟然一点儿都没伤着。┨[2](注:① 上标数字是为了更明确地表示言说动词的数量及其涵摄的意向经验;②"这些话"复指或者说回指前面的具体的意向经验,它们属于同一个意向域,所以其上标如此标识。)

很明显,在上面的语例中,有两个言说动词,各自分别涵摄一个意向域,前者是故事人物"我"出生前的相关意向信息,而后者则关涉着故事人物"我"出生之初的相关意向信息。由此可见,凭借言说动词,考察其篇章管界的范围,读者便可以高效地分析、把握叙事话语的宏观结构。

只要意向性认知经验与情感体验进入言语层面,就必然意味着言说行为的实际发生,即使业已成形的话语链条之中并没有出现具体的言说动词,我们仍然可以认为该话语成品被某个(或某些)"零形态"的言说动词所统摄、控制,而且我们还可以依据语言分析处理的经验,为零形态的言说动词构拟一个具体的句法表现形式。请看下例:

(24) 静谧的月光洗尽了白天的蒸郁,蔚蓝的颜色原是最能显示和平的颜色,那一片险恶的林子也给它增添了神秘,减去了恐怖。在那一片黑色的幕上,闪烁着零碎的萤火的星点,好像一袭贵妇人的镶嵌了宝石的黑绒睡衣。(黄裳《黄裳自选集》)

上面这段文字引自黄裳的一篇回忆性杂记,这是 20 世纪的抗日战争期间作者作为驻印军的一员在雷多的一片森林里观察、体验到的夜景,若干年后经过回忆的言说转化形诸文字,广大读者才得以感知、理解言说者当年的个体体验。上面这段文字中,既无意向动词,也无言说动词,但是,基于前文的论述,我们可以推断出有一个意向动词统摄着这些视觉感知与心理体验,即上面这些视觉感知与心理体验都处于某个意向域之中,为意向行为所统摄,而这些内在的感知与体验若要能够被他人感受、理解,则必须经过言说的转化。因此,我们只能认为,该意向域及相应的意向动词又一起被某个言说动词所统摄。经过构拟,我们可以将上面这段话语中言说动词和意向动词的统摄关系抽象概括出来并简要展示如下:

我告诉(你){我记得[那时,我感觉到(静谧的月光……黑绒睡衣)¹]²}³

为显示结构的明晰性,我们还可以将上面所述的言说动词与意象动词的统摄关系加以形式化处理,如图 2-2 所示。

言说动词与意向动词之间存在着灵活复杂的递归嵌套关系,只要言说动词和意向动词可以不断地嵌套使用,意向域的嵌套就可以继续,从而导致文本形态

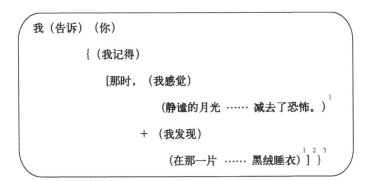

图 2-2 例(24)中言说动词与意象动词统摄关系示意图

日渐丰富多样,既可以像上例那般直线性展开,又可以在直线延展的过程中出现分叉,分叉之上又可以出现复杂的套叠。但是,如果语言形式或零形式的意向动词内在统摄的动词为一般的动作动词(如"吃、喝、读、写、跑、跳……"),那么意向域的内向嵌套便终止了[①]。刘大为(2004)举出一个高度浓缩的语例,鲜明地凸显出言说动词与意向动词的递归嵌套关系。现稍加修改并重新编号排序,援引如下:

(25) 他在努力地向我们**表明**[1],(他**知道**[2](她并未**意识到**[3](他已经**知道**[4](她**想要**[5](请他跳舞。)[5])[4])[3])[2])[1]

这里,五层括号代表五层意向域的嵌套,在第五层之内,只有一般动作动词"请、跳",递归嵌套因而终止。[②]

————————

① 刘大为(2004)逻辑谨严地论证了言说动词和意向动词之间存在互蕴关系("篇章中一个言说动词的使用必然蕴含着一个语言形态的或者零形态的意向动词的使用,反之亦然。"),并推衍了言说动词和意向动词之间的联动共现关系,并认为这两类动词可以相互联结,充当意向域的语言标记。这种理论思辨给我们以深刻的启发,本书关于意向动词与言说动词的讨论,很大程度上是受此影响的结果。对于刘先生的论点,我们认为有一点值得商榷,那就是他立足视域明确指出了意向域向内嵌套延展的终止点及其形式标记,但是并未特别明确地面向视域之外指出视域结构的外围疆界。尽管在理论上,意向动词与言说动词篇章结构中具有互蕴关系,两者都可以作为分析、确定话语结构的界标,但是在实际的自然话语切分中,还是应该将话语言说者的显性或潜在的言说动词视为篇章(或话语)最高层次的或最外层的界标(这通常也是划分自然段落的认知依据),而不宜认为意向动词与言说动词这二者始终存在互蕴关系,可以自由地递归套叠;这是由话语的对话性的本质决定的。

② 陈振宇援引并讨论过上例,他将上例改造如右:(S说/认为)[他在努力向我们表明,他知道[她并未意识到[他已经知道[她想要[请他跳舞]]]]],并认为此处的五层方括号内的话语分别表征一个"可能世界"中的意向内容。具体请参阅:陈振宇.汉语的指称与命题——语法中的语义学原理[M].上海:上海人民出版社,2017:10-11。

依据上面的分析与讨论,可以将篇章结构分析的规则及相应界标概括描述如下:

> 在分析篇章结构的过程中,可以借助意向动词与言说动词的互蕴关系,梳理、把握话语的内在脉络,从而把握其基本结构;所摄意向域之中仅包含一般动作动词的意向动词,可作为确定话语结构的内在界标;而表征言说主体对话性行为的言说动词,则应视作话语最高层次或最外层的结构界标,如果这种界标没有显性地出现于话语层面,我们可以通过构拟,确定其可能的形态与位置。表征同一或不同言说主体的不同言说行为的言说动词,是确定话语片段边界的显著标记。

比如上面的例(25),内里第五层的意向动词结构"想要"的意向域之中,仅包含表征一般动作行为的动词"请"与"跳舞",所以话语不能继续向内递归套叠[①]。因此,对于该例所示的这段话语而言,"想要"应被视作话语结构内向边界的标记。

下面,我们再来看"言说动词"作为话语片段边界显著标记的情况。例示如下:

> (26)考古及文献资料表明,木炭在先秦时期广泛用于取暖、冶金、防潮等领域,所用数量非常巨大,但以往从未在田野考古工作中发现夏商时期生产木炭的场所。西吴壁考古发掘项目执行领队田伟认为,西吴壁遗址二里头文化时期的木炭窑是国内迄今为止发现的最早木炭窑遗迹,该遗迹的发现为研究早期生产、利用木炭及早期木炭质量等问题提供了重要材料,同时为复原冶铜生产工作链、厘清冶铜作坊布局增加了新材料,具有较为重要的学术意义。(引自中国新闻网 2021-08-24《山西发现迄今为止中国最早木炭窑》,稍做改动。)

---

① 值得注意的是,此处的"请",在表征恭敬地希望别人做某事的时候,既可以是一个表征具体行为("躬身摆手示意")的一般动作动词,也可以一个表征指令言说行为的言说动词。若理解为前者,则可以认为上例中的话语结构不能继续向内递归套叠;若理解为后者,则可以认为,话语结构能够通过编插新的话题链而继续向内递归套叠,前者如"他微微一笑,上身前倾,并伸出左手,斜向下画出一道弧线,请她走进舞池"中的"请",明显应视作动作动词;后者如"我告诉你,昨天他请老师给他开了一份考研书单"中的"请",无疑应该判断为言说动词。

上述这段话语,近两百字,篇幅不算太短,且句法结构相对明显偏长;对于非母语学习者或者阅读能力偏弱的母语者而言,这种结体方式无疑会造成显著的阅读负担。化整为零、拆大为小,无疑可以降低阅读理解的难度。若要快速、高效地拆解话语,可以充分倚重言说动词的管界标记功能。为显示言说动词在这方面的突出价值,我们拟应用本研究拟定的标记符号对上例进行形式处理,并编序为(26′)具体如下:

(26′)考古及文献资料**表明**[1],╟木炭在先秦时期广泛用于取暖、冶金、防潮等领域,所用数量非常巨大,但以往从未在田野考古工作中发现夏商时期生产木炭的场所。╢[1]西吴壁考古发掘项目执行领队田伟**认为**[2],╟西吴壁遗址二里头文化时期的木炭窑是国内迄今为止发现的最早木炭窑遗迹,该遗迹的发现为研究早期生产、利用木炭及早期木炭质量等问题提供了重要材料,同时为复原冶铜生产工作链、厘清冶铜作坊布局增加了新材料,具有较为重要的学术意义。╢[2]

经过上述标记处理,我们可以发现,上面这段话语,借助表征断言行为的言说动词"表明"[①]与"认为"的话语边界标记功能,可以明晰地拆分为两个相对容易理解、把握的小片段。在新闻叙事语体语篇中,言说动词充当话语或篇章的结构标记、统摄小句或者成段话语的现象极为常见,尤其是在重大会议报道类新闻叙事语体语篇中,"指出、强调、要求、说"等言说动词,出现频率极高,它们通常各自引领成段话语而自成段落,显示出鲜明的篇章管界功能。为节约篇幅计,直接对语例进行标记处理并呈现如下:

---

① 孟琮的《汉语动词用法词典》并未收录"表明"这个条目,或许是因其凭据的《现代汉语词典》虽然列出词条"表明",并解释为"表示清楚"(具体用例为"表明态度、表明决心"),但并未收录"表明"统摄小句宾语的情况。事实上,在自然语言中,"表明"的这种用法极为常见。经检索北京大学 CCL 语料库(截至2021 年 9 月 12 日 15 点 50 分),我们获得共有 47 399 条包含"表明"的语料,其中,统摄小句/句子宾语的情况极为常见,前 50 条语料中,即多达 46 条语料中的"表明"统摄着小句宾语或成段话语,例如:"初中生注意的范围比小学生增大。实验表明,小学生在速视器上平均能注意 2~3 个客体,而初中生则在速视器上平均能注意 4~8 个客体。初中生注意的分配能力也比小学生强得多。例如,初中生能逐步做到边听课边记笔记,小学生就很难以做到"。这种情况也"表明":依据词典考察现代汉语动词的用法,难免会与实际的语言应用状况存在出入。这种情况也提醒我们,语言符号总是在具体使用中体现其特定的价值,在以后的研究中,还是应尽量依据自然、真实的语境,判断具体语言要素的功能与价值。

（27）丁薛祥**指出**[1]┠党的十九大以来，全国党史和文献部门认真贯彻落实党中央决策部署，深化机构改革，聚焦主责主业，主动担当作为，为推动用党的创新理论武装全党、教育人民发挥了重要作用。┨[1]

丁薛祥**强调**[2]┠今年是中国共产党成立100周年。百年大党继往开来再出发，党史和文献工作任重道远、大有可为。要深入学习贯彻习近平新时代中国特色社会主义思想，准确把握党史和文献工作的政治属性、重要作用、主要任务、正确方向、科学方法，更好发挥以史鉴今、资政育人作用，更好为党和国家工作大局服务，不断开创党史和文献工作新局面。要把完成建党100周年庆祝活动筹办任务作为今年工作的重中之重，积极发挥职能作用，推动党史学习教育扎实深入开展，引导广大党员干部不断增强"四个意识"、坚定"四个自信"、做到"两个维护"。要进一步深化对习近平新时代中国特色社会主义思想的研究阐释，加强党的历史和理论研究，统筹做好宣传教育、资料征集、信息化建设等工作，不断提升党史和文献工作科学化水平。┨[2]（引自新华网2021年2月7日《丁薛祥在全国党史和文献部门主要负责人会议上强调 深入学习贯彻习近平新时代中国特色社会主义思想 不断开创党史和文献工作新局面》）

在上述语例中，两个言说动词"指出、强调"分别引领整段话语，从而使得话语结构非常明晰。如上例所示，在重大活动报道的新闻叙事语体语篇中，不同的言说动词通常都统摄整段话语并各自形成独立的自然段落。如此处理，可以使新闻叙事语体语篇的结构简净明晰，更加便于读者快速、高效地把握信息。

值得我们注意的是，从理论上来说，上述两个言说动词"指出"与"强调"所引领的间接引语，又都可以纳入记者的"报道"言说域之中。因此，我们又可以将上述这种新闻叙事话语的结构做如下抽象：

（某某）记者**报道**[0]┠（某某）**指出**[1]┠……。┨[1]（某某）**强调**[2]┠……┨[2]……$V_{言说动词}$[n]┠……┨[n][0]

在上述抽象结构中，第一个言说动词是从理论上进行还原性构拟的结果，在实际的新闻叙事语体语篇中，往往并不出现，而是潜隐地存在着，所以我们在上标处用"0"标示。在这类语篇之中，（准）显性最高层级的言说主体都应判定为进行该新闻报道的记者，而这种信息通常都会在文本开头以诸如"新华社北京（某）月

（某）日电（*记者某某某*）[①]”之类的形式先行呈现出来，而在正文中，为了保证文本的简净，一般则不会再次显示出来[②]。在理论上，新闻叙事语体语篇的正文部分，很可能会包含多个这类言说动词，构成多个自然段落，所以在上述抽象结构中，我们采用"V$_{言说动词}$^{n}├……┤^{n}"表征这种情况。

但是，如果再以"对话理论"的眼光来看的话，我们又可以认为，上述抽象结构中的"记者（某某某）"是"准第三人称"，然则，可以从第一人称的言说视角对上述话语结构做进一步构拟，具体表征如下：

$$我\mathbf{告诉}^{元}\ 你/我对你\mathbf{说}^{元}，├（某某）记者\mathbf{报道}^{0}├（某某）\mathbf{指出}^{1}$$
$$├……。┤^{1}（某某）\mathbf{强调}^{2}├……┤^{2}……\ V_{言说动词}^{n}├……┤^{n}┤^{0元}$$

至此，或许才可以认为，话语结构已经被抽象到人际对话的"始元"层级，不能再作进一步抽象。因此，在上述抽象结构中，我们在话语结构的最外层或最高层的上标处添加"元"字作为标记。

2.4　意向动词与言说动词的递归套叠及相应分析

在现代语言学领域，或许主要是受乔姆斯基（Chomsky）语言学思想[③]的影响，一个重要的观点（语言系统的一大本质特征在于：有限多数的句法结构规则，可以被无限地套叠应用）广受认同。语言的这种特点，势必会造成相同规则

---

① 在通稿类语篇中，撰稿者的姓名信息往往不会显示出来，所以此处我们采用斜体形式，以示该信息可以隐去。

② 值得注意的是，在有些新闻语篇的正文部分，也可能会出现与撰稿记者同赴采访现场的其他负责采访工作人员的信息。如刘大为（2004）的《意向动词、言说动词与篇章的视域》中举过一条语例："同往现场采访的新华社驻雅加达分社当地雇员穆里扬达说，他看到一辆被炸毁的摩托车和一些死伤者的残碎肢体。有朋友告诉他在澳大利亚使馆里还发现了一颗人头。"在该例中，"新华社驻雅加达分社当地雇员穆里扬达"出现于正文之中，则可作为证明；这种处理方式，无疑可以凸显新闻报道的现场性。

③ Chomsky 认为，在理论上，语言是一种可以无限递归的装置，主要表现是，在一个句法结构中，同一条转写规则可以被无限次地反复应用；然而，无限递归并非完全无条件的，首先受到人类短时记忆能力的限制；但是有的规则的应用却可以超越短时记忆限制的制约，如"This is the cat that chased the rat that ate the malt that lay in the house that was built by Jack……"。参见：陆丙甫.无限递归的条件和有限切分［J］.世界科学，1983，9：21。

的反复运用,借用数学理论术语,则可以认为语言结构具有递归性。而所谓递归,就是规则的反复自我套叠使用。对于语言现象,具体来说就是,如果想生成一个复杂的语言结构,就反复套用某种结构规则,使某一简单的句法结构通过连续多次的内包式套叠,从而实现结构的复杂化。请看下例:

> (28) a. A 对 B 说:我对递归感到不理解!
>
> b. B 对 A 说:我对你对递归感到不理解感到不理解!
>
> c. A 又对 B 说:我对你对我对递归感到不理解感到不理解感到不理解!
>
> d. B 又对 A 说:我对你对我对你对递归感到不理解感到不理解感到不理解感到不理解!
>
> e. A 又对 B 说:我对你对我对你对我对递归感到不理解感到不理解感到不理解感到不理解感到不理解!
>
> f. B 又对 A 说:…… ①

稍加分析之后,我们便可以看出,上述话语的不断复杂化是通过反复使用同一条简单的结构规则实现的,该结构规则即是"S+对……感到不理解"。这条规则不断地在结构内部重复套叠,仅套叠四次便生成上文 e.中这种让人难以切分识解的复杂结构。但是在正常的自然言语交际中,除非是在进行语言游戏,否则,一般的交际主体都不会如此这般地使用语言,因为这种用法会严重影响言语建构或理解时信息的正常组块②。心理学认为,大脑在处理结构化程度高的材料时,效率相对较高。而在上述例子中,"S……对+……感到不理解"这个结构的多次套叠,使得话语接受者在处理信息的过程中,不能及时进行有效的切分组块处理,致使大脑要记住的信息块的数量不断增加,这无疑会给大脑短时记忆造

---

① 该例及相关分析内容,已发表于《华文文学》2018 年第 4 期,论文题目为《极致客观深处的强烈主观——〈目送〉修辞策略分析》,讨论部分,略有修订。

② 陆丙甫认为,日常交际是一种"边想边讲、边听便理解"的"同步"(immediate 或 ongoing)处理过程,特别是理解言语的过程,是一个不断"组块"(chunking)的过程。在自然语言交际过程中,言说者在说完一句话之前,需要暂时记住自己所说过的词语,甚至还要激活并记住某些将要说出的词语,而听话者在听完一个句子之前,也需要暂时记住已听到的词语。可见,无论是建构话语还是解析话语,都会对短时记忆能力有明显的要求。而心理学研究表明,人类短时记忆的重要特点是:对于彼此之间缺乏明确关系的、相对独立的单位,所能容纳的最大数目是 7 ± 2 个信息板块(block or chunk)。具体请参阅:陆丙甫.人脑短时记忆机制同人类语言结构的关系[J].世界科学,1983,9:21-30。

成越来越大的负担,影响短时记忆处理信息的工作效率①。因此,在正常的人际话语交流过程中,实际上往往并不会如此建构话语。

上例中 d.和 e.的结构初看起来似乎难以处理,但是只要耐心分析,就可以看出话语其实只是靠单向度地反复套用同一条结构规则实现的,因此相对而言,其结构仍是简单的。然而,在实际的自然语篇中,一般不会只是单向反复套用同一条规则,而是会综合运用诸多因素,从而建构出复杂多变的篇章格局。下面先来看一个套叠使用意向动词与言说动词建构而成的语篇,现仍以第 1 章例(14)所示语料为例,此处重新编序:

(29)他(指"王子")听一位老人说,荆棘盖住了城堡,一个叫睡美人的漂亮公主已经睡了一百年,国王、王后和王宫里所有的人也都睡了一百年。老人还说,他的爷爷告诉他,不少王子想穿过荆棘篱笆,但都被困在里面,悲惨地死去了。(《睡美人》)

依据前文关于意向动词与言说动词的讨论,以及第 1 章中关于这段语料的分析,我们可以知道,在宏观结构上,上面这个语段中,可以概括为由意向动词"听"统摄的复杂话题链,在该意向动词的意向域之内,内嵌着一个相当复杂的话题链结构,该话题链是言说者套叠应用三个言说动词"说、说、告诉"以及一个逻辑衔接词"还"建构而成的。综上可见,这段话语结构的复杂度明显高于本小节开头提到的话语结构。

对于这种复杂的话题链,在分析其内在结构时,我们可以从不同的视角、应用不同的方法切入,但不管采取何种方式展开分析,必须坚持的基本准则应是保持分析程序的可重复性与分析手段的易操作性,这样才有助于更好地认识话语结构某个方面的特点,尤其是对于非母语者而言,如果能够明确而系统地梳理出文本结构的分析程序、不同类型的管界标记,自然能够为二语学习者提供可资借鉴的语篇分析范本,进而能够帮助他们提高理解话语和建构话语的能力。依据第 1 章中关于例(14′)的具体分析,我们知道,这段由 87 个汉字组配而成的话语,所表征的事件结构可以分成三个级阶,如图 2-4 所示。

---

① 陆丙甫使用"瞬时难度"和"平均难度"两个术语来计算不同话语结构的感知难度。具体请参阅:陆丙甫.核心推导语法[M].上海:上海教育出版社,1993:187-190。

```
级阶一：/他听{……}¹级阶二/
    级阶二：/老人说[……]²⁻¹、老人（还）说[……]²⁻²级阶三/
                            级阶三：/他的爷爷告诉他（……）³/
```

图 2 - 4　事件级阶结构示意图

在上述事件结构中,级阶二的两个事件,都包含于级阶一的意向动词"听"的意向域之内,而级阶三所涉事件,又包含于级阶二的第二个事件结构之中,在句法上体现为言说动词"说"的宾语。在话语层面,这些事件结构体现为不同层级的话题链。

通过上面的分析可以看出,在自然语篇中,叙事性话语结构通常具有鲜明的级阶性,而意向动词和言说动词是快速高效地确定话语级阶、梳理话语结构的可靠标记,不同的话题链结构则是话语级阶的言语体现;看似无比复杂的话语结构,实则均是借助于有限的语言组构手段与组配规则进行递归套叠的结果。

在理论上,上述这种叙事话语级阶结构,还可以通过妥当地套叠应用意向动词与言说动词,使话语不断向更高层级或更低层级拓展生长,从而创造出形态无限丰富的叙事话语结构。具体如下:

若向更高层级推衍的话,上面例(29)所示的整段话语,我们可以将之处理为一个意向主体的意向域的言语呈现的结果。换言之,在句法形式上,我们可以在上述话语之前添加诸如"王子回忆起/想起"之类的成分,这样就等于使用意向动词"回忆(起)/想(起)"将上述话语整体纳入王子的回忆性意念域之中。当然,我们还可以继续向更高层级推衍,比如,可以在上述基础上,再把"她对孩子说"这样的成分添加到"王子回忆起/想起(……)"之前,这就等于将王子的回忆性意向活动整体纳入"她"的言说域中。按照这种逻辑,不难理解,我们还可以在"她对孩子说(……)"之前进一步添加"我想起"这样的成分,进而又可以在"我想起(……)"之前继续添加上"我告诉你"这样的语言成分,这又等于把话语先置放到"我"的意向域内,然后再进一步置放到"我"的言说域。至此,我们可以把整个推衍过程抽象概括如下:

I.　我告诉你(我想起(她对孩子说(王子ᵢ回忆起(他ᵢ听(一位老人说(……))))))))

从理论上,我们可以通过反复套叠应用意向动词与言说动词,将上面的话语结构继续向上层或外层推衍,进行无限递归套叠;但是正常的自然话语建构过程,单次话语表述,一般都不会完备地包含这么多层级,因为"无限递归不是无条件的"。① 因此，在具体操作上，我们建议将"第一人称叙述者＋言说动词"视为话语结构最高层级的界标。②

向低层级推衍的话，我们也可以利用意向动词和言说动词的套叠使用，将话语结构不断向里层嵌套推进。就以"他的爷爷告诉他（……）"为例，我们可以在其"告诉"的言说域中添加诸如"记得小时候听爸爸讲他爷爷的爷爷说过（……）"之类的结构，这样"他的爷爷告诉他（……）"就可以内向扩展为：

Ⅱ. 他^{1}的爷爷^2**告诉**他^1（0^2**记得**（小时候**听**（爸爸^3**讲**（爷爷的爷爷^4**说过**（……V$_{-般}$）)))))

在理论上，通过意向动词和言说动词的反复递归嵌套，就可以不断实现话语的内向发展：一个意向域可以将一个言说域嵌套到自身之中来，而这个整体又可以被嵌套到另一个言说域中，经过这样的反复递归嵌套，话语结构可以不断向低层或内层推衍，从而生成极为复杂的话题链结构。因此，从理论上来说，上述的Ⅱ式，可以作为一个整体纳入Ⅰ式最内层的言说域之中，两式嵌套所形成的结构，可谓叙事语篇的"完形"③结构框架。

但是由于大脑短时记忆能力的制约，在自然话语中，也几乎不会出现上面所呈现的这种理论性的"完形"结构。经过大量的语料分析，我们发现，在一个自然段落中，言说动词与意向动词的直接嵌套，一般不会超过三层。若从整个篇章的格局来看，通常则远不止嵌套三层。而且，在自然话语中，嵌套的终止，也有其语言形式表现。一般来说，上述结构式的内层，如果仅出现一般动词而不再出现言说动词或意向动词，就可以认为递归不再继续，这是因为言说动词、意向动词能够将一个句子或一个句群作为宾语，而一般的实义动词，在句法组配上，则只能

---

① 陆丙甫在其《无限递归的条件和有限切分》一文中逻辑谨严地推论出无限递归的条件："只有核心转移而非内包的扩展，才是可以无限递归的。"具体请参阅：陆丙甫.汉语的认知心理研究[M].北京：商务印书馆,2010：33-37。

② 如此界定，还有一个来源于语言哲学的理据，即"意识状态具有我们可以称之为'第一人称本体论'的性质。那就是说，只有从某个行为主体、或有机体、或动物、或具有这些意识的自我的观点来看，意识状态才是存在的。意识状态具有第一人称的存在方式"；言说主体意识到自己的言说行为，同样具有第一人称本体论属性，因而我们作出上述界定。具体可参阅：约翰·塞尔.心灵、语言和社会[M].李步楼，译.上海：上海译文出版社,2001：43。

③ "完形"是格式塔（Gestalt）心理学的重要概念，强调经验与行为的完整性、整体性，心理完形会深刻地影响人们对于外在事物、现象与事件的认知与判断。具体请参阅：库尔特·考夫卡.格式塔心理学原理[M].黎炜，译.杭州：浙江教育出版社,1997：230-345。

影响到一个词语或短语形式的指称性宾语(或两个及以上指称性成分构成的并列结构),所以上述套叠现象"在一般的动词上是不可能发生的"①。

话语内部之所以具有如此复杂的关系,或许是因为"我们与人的关系,通常十分不同于我们与其他客体的关系。我们与我们的社会认知对象十分相似(实际上,我们自己正是关于自我的社会认知对象)。我们常利用我们自己作为一个参照点;我们假定其他人与我们以相同的方式感受事物,或者注意我们各种各样的愿望和信念。这种相似性使独特的社会认知过程的使用成为可能。相反,玩具则与我们不同。我们与社会对象也存在动态的关系,这种关系包含我们对社会对象的所有特殊反应方式,及他们对我们的所有特殊反应方式。我们与其他人的互动,常常是错综复杂地相互协调、相互作用的。这些互动关系十分不同于我们与非社会客体的关系。在与另一个人的相互作用中,我们关于活动者的社会角色、关系和行为的认知表征,往往极大地支配着我们对这个人的思考和行为。我们的思考和行为也可能受我们关于其他人的涉及我们的表征(如信念、愿望、思考、意图等)的影响,我们这种表征的内容甚至包括其他人可能对我们这些表征所进行的表征(例如'我想他知道我赞同她的观点')。因此,两个人的社会认知可能以复杂的并随着他们之间的社会互动过程而变化的方式,相互重叠和相互包含"②。

综上所述,我们可以认为,在叙事性语料中,意向动词与言说动词之间存在极为复杂、灵活的涵摄、套叠关系,可以进行形态多样的句法组配,从而生成形式丰富的叙事语篇。而任何科学研究的核心意旨,都是要从无限丰富复杂的现象中抽象出有限多数的规则与要素,以指导人们更加便捷、高效、精深地认识现象、改善实践活动。对于叙事性语篇,既然可以抽象出明确的最外或最高层级的管界标记,也能确定内向嵌套拓展的界限,又能确定意向活动与言说行为相互嵌套、涵摄的关系及相应标记,那么在探究叙事话语结构时,就可以依据上述这些形式向度的标记,展开纲举目张的分析。借助上文所讨论的分析程序、分析方法与切分标记,我们应可以比较高效、明晰地梳理、把握话语的结构,从而相对便捷地理解话语、把握言说者的修辞意图。在面向母语或非母语汉语学习者开展语篇教学的过程中,如果引入这样的方法分析话语,那么理应可以获得良好的效果。

---

① 刘大为.意向动词、言说动词与篇章的视域[J].修辞学习,2004,6:5.

② J. H. 弗拉维尔,P. H. 米勒,S. A. 米勒,等.认知发展[M].邓赐平,刘明,等译.上海:华东师范大学出版社,2002:244.

第 3 章　话题链组配形式的认知分析

> 我们能够观察山川、海洋之类的东西，却不能以同样的方式来观察意识，因为唯一可供观察的东西就是观察活动本身。
>
> ——约翰·塞尔
>
> 我们必须对语言的所有功能进行研究。为勾勒出这些功能，我们需要对任何言语行为以及任何言语交际行为的构成因素进行简要的调查。
>
> ——罗曼·雅柯布森

3.1　言语研究的认知转向

　　自然语言是人类最重要的思维工具与信息传递工具，是人类观察、体悟、认识并逐渐全面而精深地理解世界的过程与结果的结晶，是通过心智机能进行信息编码与传输交换而产生的"抽象实在"的符号体系。对于人类认识世界、认识自我而言，语言符号具有无比重要的价值。正如张敏所言："自然语言是人类最主要的交际工具，它在本质上是人类感知、认识世界，通过心智活动将经验到的外在现实加以概念化，并将其编码的结果；换言之，自然语言是人类心智的产物。同时，由于心智活动和语言之间具有密不可分的关系，也由于心智本身难以独立地观察到，因此自然语言又是观察人类心智的一个重要窗口。"①

　　正由于心智过程本身极为微妙复杂，且又潜隐地存在着，无法直接对之进行考察分析，因此索绪尔以及深受其结构主义思想影响的很多研究者就退而求其次，着力考察作为心智过程及其认知结果的重要表征的自然语言，而且在相当长

---

① 张敏.认知语言学与汉语名词短语[M].北京：中国社会科学出版社，1998：3.

的时期内,将研究对象局限于书面文献的范围之内,或者注重理想化的内省的语料,而忽视日常交际所生成的自然语料。他们还追求语言描写的形式化,力图用一系列的公式化、数学化、逻辑化的形式手段描写、解释语言结构,努力探求一切语言结构中的普遍规律。但是,对语用、篇章及语境等难以形式化的方面则很少或者径直不予讨论。

将语言视为一种社会现象、视作信息传递系统的功能主义研究者,则转而重视实际交际生成的自然语料,尽量避免内省的或人造语料,重视研究语义和交际者的语用意图、语用心理等因素的考察,注重语境及功能因素的分析,认为句法不是独立、自足的系统,而是在人们的社会交际与认知发展的过程中逐步发展起来的。因其解释结果往往符合母语者的语言直觉,容易被接受,所以产生了深广的影响。但因多方面因素的影响,语言的功能与形式之间往往并不一一对应,功能主义的研究理念有时因而就显得捉襟见肘,不少功能向度的概念及相关解释也就难以达到精准、严谨的程度,而且功能主义研究并不充分重视形式化的研究理念与分析方法,也常常为形式主义研究者所诟病。

在乔姆斯基发表其成名作《句法结构》之后,语言与言语的研究跨入"认知的时代"。此后,语言学主流研究领域的学者们大多将语言视作一个复杂的认知系统,着力探索蕴藏在人类大脑之中具有普遍性、根本性的机制,以不断趋近乔姆斯基所确立的终极目标,即充分"理解心智活动的性质以及由心智活动构成和影响的结构"[①]。此后,认知主义的语言研究理念备受重视,受认知主义研究思潮[②]的影响,语言学研究广泛吸收心理学、神经科学、哲学等领域关于人类认知活动的研究理念和成果,形成了独特的认知导向的研究思路与操作方法,努力描述并解释人类语言的功能构造、心理认知机制。张敏(1998)认为,认知语言学的基本理念是:"自然语言是概念化的现实的符号表达,句法结构在相当程度上不是任意的、自主的,而是有自然的动因(motivation),即其外在形式常常是由认知、功能、语用等句法之外的因素促动,故表层句法结构直接对应于语义结构;而语义结构并非直接等同于客观的外在世界的结构,而是与人在和客观现实互动过程中形成的身体经验、认知策略乃至文化规约等密切相关的概念结构相对应。"[③]这种认知主义的研究理念,无疑抓住了语言的本质,因为"语言中的一切,包括它

[①] 张敏.认知语言学与汉语名词短语[M].北京:中国社会科学出版社,1998:4.

[②] 陈忠提出:"1989年在德国杜伊斯堡召开了第一届国际认知语言学会议,标志着认知语言学正式创立。"具体参见:陈忠.认知语言学研究[M].济南:山东教育出版社,2006:1。

[③] 张敏.认知语言学与汉语名词短语(前言)[M].北京:中国社会科学出版社,1998:1.

的物质的和机械的表现,比如声音的变化,归根到底都是心理的"①。这个时代的主流语言学研究将语言视作一个认知系统,并逐渐转向结构的功能动因和认知基础的探索,相较于之前结构主义时代将研究的终极目标锁定在语言结构本身的研究路向,诚可谓一个巨大的进步。

受此研究理念影响,本节将借鉴认知科学的有关理论,探究叙事语篇话题链结构的认知动因,借以深化对自然语篇的理解,以期对汉语叙事语篇研究和语篇教学工作有所裨益。

3.2 元认知机制与话题链的典型形式的分类

3.2.1 意识与话语的二重性

1. 意识的二重性

"心灵的首要的和最根本的特征是'意识性'"②,这种特征是生物进化的结果,是大脑和客体世界相互作用的产物,是人认识与理解世界、适应并改造世界的基础和结果。意识以许许多多的形式和状态出现,但是所有的意识状态和过程都是内在的,全都幽微潜隐地存在于我们的大脑之中。意识不可能脱离我们的大脑而到处存在,"正如水的液体性不能脱离水而存在,或者桌子的固体性不能脱离桌子而存在一样"③。这就导致我们不能像意识到或直接观察到山川、草木之类的客体事物那样观察、考量意识本身,"因为唯一可供观察的东西就是观察活动本身"④。观察对象与观察主体有机地混融在一起,这使得直接观察、分析意识似乎成为一项不可能完全实现的任务。

既然无法直接观察研究对象,就只能"象外别求",另寻突破困境的途径。

---

① 索绪尔.普通语言学教程[M].北京:商务印书馆,1980:27.
② 具体可参阅:约翰·塞尔.心灵、语言和社会[M].李步楼,译.上海:上海译文出版社,2001:40 - 44,64.塞尔认为,意识最重要的属性特征是,"意识和我们人类必须想象世界上的物体和事态的能力之间有一种本质的联系",这种特性在哲学上被称为"意向性"。在塞尔看来,意向性是心灵特有的一种属性,通过这种特征,"心理状态指向,或者关于、论及、涉及、针对世界上的情况"。这种特征的独特之处在于,能够被我们的意向状态所表现的对象,并不需要实际存在,如玉皇大帝、耶稣基督、如来佛祖等等现象。
③ 约翰·塞尔.心灵、语言和社会[M].李步楼,译.上海:上海译文出版社,2001:42.
④ 约翰·塞尔.心灵、语言和社会[M].李步楼,译.上海:上海译文出版社,2001:65.

刘大为(2003)对此做了富有启发意义的突破。他主张将意识分为两个层面,即"意识¹"和"意识²"。意识¹经常用来指我们对意识之外的被意识对象的意识,它总是针对意识之外的某些对象,所以通常来说,在很大程度上,意识¹被等同于被意识之物①。马克思也说过:"意识在任何时候都只能是被意识到了的存在。"②而这种意义上的意识,完全可以说是我们与尚未学会说话的婴幼儿、不具备人类所谓的语言能力的动物③甚至还是与树木等植物④所共有的,只不过彼此之间存在具体发展程度的差别而已。刘先生认为,"意识若不能被我们意识,意识的活动势必就不能被意识控制,成了一种仅受生命的原始冲动摆布的自为过程。意识的主体只能顺其自然地从周围获取信息并对之做加工处理,然后作出本能所许可的反应"⑤。而与尚未掌握语言的婴幼儿、不具所谓人类语言能力的动植物相比,真正意义上的、情思能力健全的人的意识,却能够跳出一般的意识活动过程本身,在其之外或之上对之进行观照、反思。这种处于更高心灵层级的反思活动及其结果,可以称为意识²。意识²的出现,使得意识活动"成了一种可受意识主体调控的过程而不再仅仅是本能的冲动。意识主体因为获得了自身活动的反馈信息而能够主动对自身进行评价、调整和控制,能够驾驭意识活动向预期的方向发展,能够在反思的基础上贮存有关意识活动过程和结果的信息,为的是能在下一次意识活动中提取它们,从而使意识活动在一个更高的层次上进行"⑥。意识²之所以能够出现,关键在于人的意识在长期演化发展的过程中逐渐形成并确立了观察其自身的镜像,即"语言"。"在语言对意识的内容所进行的表述中,意识终于站到了意识之外看到了自己"⑦,因此,意识²可以被视作"语言化

---

① 刘大为.作为语言无意识的语感[J].华东师范大学学报,2003,1:105−112.

② 马克思,恩格斯.马克思恩格斯选集(第1卷)[M].北京:人民出版社,1995:30.

③ 菲利普·卡德隆于2006年创作了纪录片《被围困的城堡》,据此可以认为,白蚁王国的无数成员如果没有一套如同人类语言的完整而高效的信息传递与交流的系统,是绝无可能在危机时刻迅速形成合力以对抗族群突然遭遇的灭顶之灾。因而,我们有理由相信蚂蚁等动物也具有明确的意识,以及相应的信息交互传达的系统,但现有的相关科学研究尚未充分认识而已。

④ Suzanne Simard. How trees talk to each other[R].[2016−06]. https://www.ted.com/talks/suzanne_simard_how_trees_talk_to_each_other? referrer＝playlist-plantastic.生态学家苏珊娜·西马德(Suzanne Simard)基于其在加拿大的森林所做的30余年的研究工作,获得了一个惊人的发现(astounding discover:trees talk,often and over vast distances),so"a forest is much more than what you see"(大意:树会谈话而且经常会进行远距离的沟通,所以,"森林远超越我们对它的认识")。根据这项研究成果,我们应该可以认为"树"等植物也有其独特的意识与信息交流的机制。

⑤ 刘大为.作为语言无意识的语感[J].华东师范大学学报,2003,1:106.

⑥ 刘大为.作为语言无意识的语感[J].华东师范大学学报,2003,1:106.

⑦ 刘大为.作为语言无意识的语感[J].华东师范大学学报,2003,1:106.

的意识",即意念与概念均以语言符号表征的方式存在。从元认知的眼光来看，则可以把意识2称为元意识，即对意识的"意识"，前者为名词，后者为动词。

相应地，意识也就可以分化为两个层面："元意识"层和"意识"层。元意识始终观照、监控、反思并调节意识。因而，元意识的运作，可以说是一种"自我意识"的活动过程。董奇也认为："人不仅能意识到周围事物的存在，而且能意识到自己的存在，能意识到自己在感知、思考和体验，也能意识到自己有什么目的、计划和行动，以及为什么要这样做而不那样做，这样做的后果将是怎样，应该如何调节自己的行动等等，这就是人的自我意识。"[①]这种自我意识，在语言层面映射出种种印记，由于这种印记的存在，我们得以观察意识活动过程及其结果。

2. 话语的二重性

由上文的论述可以看出意识具有二重性，正是由于意识所具有的二重性，作为意识镜像的语言，确切而言，实则应是"话语"或"言语"，相应也就可以离析为两个层面：一个层面是基本话语层，它表现为客体世界在意识主体认知域中所形成的概念结构与命题信息；另一个层面是元话语层，它表现为意识主体对于概念结构和命题信息所作的具有主观性色彩的组织、监控、评价与调节。在上一章中，我们已经简要提及话语可以分为上述两个层面，即"基本话语层"和"元话语层"，所谓元话语也就是"关于基本话语的话语"。现在诸多研究者都认为，元话语不仅涉及言说主体对基本命题的组织方式以及对基本命题的情感态度评价，还包括言说主体有意识地与直接的或潜在的受话者所进行的人际沟通或协商。作为言说者组织、监控、评价、调节基本话语的重要依托的元话语，在实际的自然语言中，通常显示为一系列较为明晰的话语标记，形同显示言说主体思维轨迹的界标，依据这些界标，我们可以较为明确地抽取自然话语的结构，在上一章关于话题链的显性语符标记的分析中，我们已做过一些具体描写，此处再结合自然生成的语料，进一步分析自然话语中两个层面所具有的基本面貌。例示如下：

(1) 一位学者在构思一家思想文化杂志的改版计划时说，他想把北京《方法》和香港《二十一世纪》两家的长处结合起来。¶可见¶[1]（在思想文化界和出版界，《方法》已经树立起了自己独特的形象，已经被认为是一家富于特色并具有代表性的期刊。）

《方法》的特色究竟是什么？该怎样认识它在当前学术界、思想文

---

① 董奇.论元认知[J].北京师范大学学报,1989,1:71.

化界和期刊界的位置？它是什么时候、因为什么话题而引人注目的？¶这些问题要追究起来还真是有点好玩¶²。¶我们还是绕着点随便点说吧，免得文章一开篇就显得特正经特累人¶³。

　　¶有人说¶⁴（九十年代初是思想淡出、学术凸显的年代。那时候文化人的创伤感很强，不得不回避一些令人伤怀令人绝望的问题。这样一路猛跑跑了那么几年之后，人们受伤的灵魂渐渐有点苏醒过来，渐渐觉得有一些问题需要面对，有一些问题需要研究，有一些问题需要用灵魂、用血性、用理性去关注。）（摩罗《方法》杂志正在崛起）①

上例中，添加直线型下画线的部分，都属于表达命题内容的基本话语层，但是需要特别说明的是，上例所引话语中圆括号之内的成分，受其前的元话语标记语的管辖，处在元话语的管界之内，由此也可以看出，元话语和基本话语是交织在一起的，很难作一刀切，将二者截然分开。上例中共有四处由"¶……¶"符号标示出来的部分，它们都可谓是元话语层面的成分，有的反映出言说者对话语述说方式或思路的调控，如"我们还是绕着点随便点说吧，免得文章一开篇就显得特正经特累人"；有的则显示出言说主体对于基本命题的情感或态度评价，如"这些问题要追究起来还真是有点好玩"；有的则显示出言说主体试图和受话者进行协商的交际策略，如"可见"能够降低述说的权威性，传达协商的态度；还有的元话语标记语，旨在标明言说者所表达的基本命题信息的来源，譬如"有人说"，就是一个显示信息来源的元话语标记语。据此，我们可以认为，上例所引话语鲜明地反映出话语存在两个层面的基本面貌，也可以依据元话语和元话语标记语，大致梳理出话语的基本格局，并进而归纳话题链的具体表现形式。

3.2.2　元认知调控机制的两种状态与话题链的两类典型形式

　　J. H. 弗拉维尔（J. H. Flavel）等学者在《认知发展》中指出，"元认知"通常被宽泛且比较松散地界定为"以各种认知活动的某一方面作为其对象或对其加以调节的知识或认知活动。……其核心意义是'关于认知的认知'"②。言语生成

---

　　①　摩罗.《方法》杂志正在崛起［M］//不死的火焰.北京：中国工人出版社，2002：322.
　　②　J. H. 弗拉维尔，P. H. 米勒，S. A. 米勒，等.认知发展［M］.邓赐平，刘明，等译.上海：华东师范大学出版社，2002：218.

或表达也是一种认知活动,自然要受大脑元认知机能的监控、调节。一般认为,大脑的元认知机制在实时发挥作用,但是经过大量的语料分析,我们发现,元认知机制并不总是稳定而均质地发挥其监控和调节作用,而是可以大致划分为两种情形:一是元认知监控调节机能大幅衰减乃至缺失的状态;二是元认知监控调节机能有效发挥作用的状态。顺此说明一下,"机制"通常是指一个结构(常指"有机体")内部各组成要素之间所形成的结构关系、所具有的功能及其运行方式;而机能则是指一个结构体或组织的实际作用或者活动能力。

1. 元认知监控机能的衰减或缺失与相应的话题链形态

1)元认知监控机能的衰减或缺失与"乱蝉式"话题链

元认知监控调节机能之所以会出现大幅度衰减甚至缺失的状态,或应是因为人类意识所具有的一个重要特征,即"外溢"(overflow)[①],正是由于这种特征的影响,意识经验不会孤立地存在着,而总是指涉自身之外的其他意识经验。正如塞尔所言:"当我此刻向窗外观望时,我看到房子和行人,我是在与以前的经验的联系脉络中看这些的。于是,我立即产生了关于这些人是谁,这些房子怎样提示我想起以前见过的其他房子等等一连串的思想,又从这一连串的思想引出许多其他的思想。"[②]意识总会如此这般地浮想联翩开去。但是大脑的注意力广度[③](也即注意的范围)却是有限的,具体来说,就是一个人在同一时间里能清楚地把握的对象——尤其是相对孤立的对象——的数量是非常有限的,这是受认知资源有限性制约的结果,特别是"如果刺激信息比较复杂,就需要运用较多的认知资源,当同时呈现出几种不同的复杂刺激信息时,认知资源就会很快消耗殆尽,如果此时再呈现另外的刺激信息,这些新异刺激信息就不能被加工和处理,即不能够被注意"[④]。

注意的广度,还会随着个体认知经验的变化而变化,认知经验越丰富,注意力广度通常越大,反之,则越小;注意力的广度也会受到个体情绪的影响,情绪越紧张,注意的广度也就越小。但是,这些因素对注意力广度的量值的影响相对较小,不会让注意力广度的量幅发生十分显著的变化。一般认为,正常的成年人同时能把握4～6个(有人说3～7个)彼此之间不存在意义关联的对象。这在很大程度上无疑是受人类大脑短时记忆能力影响的结果。1956年,美国心理学家米

---

① 约翰·塞尔.心灵、语言和社会[M].李步楼,译.上海:上海译文出版社,2001:77.

② 约翰·塞尔.心灵、语言和社会[M].李步楼,译.上海:上海译文出版社,2001:78.

③ 具体可以参阅百度百科关于注意力的论述,网址为:http://baike.baidu.com/view/110468.htm。

④ 梁宁建.当代认知心理学[M].上海:上海教育出版社,2003:99.

勒(George A. Miller)发表了一篇著名论文,题目是"神奇的数字7加减2:我们加工信息的能力的某些限制",明确提出大脑短时记忆容量的阈限是7±2,也就是短时记忆容量一般是在5~9个组块①这个区间波动。这种看法被大量实验证明,并因而广受认同。尽管这个论断针对的是相互之间完全没有关联或者关联度较弱的信息片段,但是,对于考量大脑意识的外溢机能所激发的经验或思想片段的记忆能力,无疑也具有重要的参考价值。因为受意识的外溢机能激发的经验或思想片段,虽然会具有如同"A—B—C—D……"这种鱼贯相继的特征,即"A 和 B"或"B 和 C"之间是直接相关的,但是"A 和 C"之间却很可能难以建立起直接的联系。

综上可以说,当大脑意识不断外溢的时候,由于注意力的漫溢、涣散,元认知监控机能往往会大幅度衰减,以至于无法实现有效的监控,在这种状态下生成的话语,无疑也是失控的,很可能无法返回起初的述说对象甚或言说意图,在自由闲聊时,这种情况往往容易发生,而在需要反复锤炼的书面表达中,则很少会出现,不过像有些所谓"……琐话"或者"……自语"之类漫谈式的随笔集中,则能发现枝叶蔓生、渐行渐远的表述,往往让人一时难以跃回。此外,不少汉语言驾驭能力较低、缺乏必要的元话语监控能力的非母语学习者,他们在用汉语进行表达时,往往会随着意识的漫溢而想到什么就说什么,所生成的话语便会让人感觉不知所云,请看下例:

（2）首先年龄是 19 岁。2 个星期以前迎接生日了。头发是茶头发的烫发。眼大,正好玩身体。她的爱好是跳舞。虽然以前给人看了可是能了。周末在购物那样一起说、学习。再她善于做烹调的事。（留学生作文）

上例是一名初级汉语水平的日本留学生所写的、介绍自己女朋友的一段话语,其中所涉的话题较多:年龄、生日、头发、眼睛、身体、爱好、购物、烹调,而该段话语一共只有 84 个字,平均约十个字述说一个话题,有的话题,如"眼",仅仅用一个字述说,而有的话题如"她的爱好",则用了 17 个字述说。此外,在建构话语的时候,言说者似乎是想到哪个方面就提哪个方面,东一榔头西一棒,没有进行必

---

① 所谓"组块",是指将若干个较小的单位(如字母)联合成熟悉的、较大的单位(如字词)的信息加工机制,也指这种机制所组成的单位。具体可参阅:王甦,汪安圣.认知心理学(重排本)[M].北京:北京大学出版社,2006:137-169。

要的筛选、剪裁,话题之间缺乏应有的衔接转换,容易让阅读者整体感觉驳杂凌乱,这种情况也可以反证出言说者在运用汉语生成话语的时候,元认知监控的缺位。

下面再看一例:

(3) 屋子里有很多装饰。有人拍着演说的人。服务员端着两个杯子。有的外国人一边喝酒,一边谈话。有人摄影着这个晚会。有人拍着手。(留学生作文)

上面这段话语是一名初级汉语水平的韩国留学生所写的,该段话语的表达目的是要记述一个公司召开庆祝大会的情景。对于场景的叙写,无疑得遵循一定的空间顺序或者其他特定的认知次序,先将整体的空间解析成符合大脑认知习惯的条块,然后再行叙述,否则,要是忽左忽右或者忽前忽后地乱说一通的话,则会让受话者大脑不易辨明、整合相关的信息。很明显,在上面例(3)所引的话语中,言说者并没有遵循一定的空间顺序或其他特定的认知次序来对场景进行述说,只是在开头使用一个典型的存现句①,"屋子里有很多装饰",可以显示出言说者的空间意识,而其他话语则无法让人看出言说者具有明确的空间意识,东扯西拉、见啥说啥,整个话语给人的感觉就像因干燥而龟裂的地表,彼此间几无关联。

上面这两个偏误性语例,都显得驳杂凌乱,前后的句子或小句彼此间甚至缺乏必要的衔接手段或语义连贯,究其根本,应该说是言说者在运用汉语生成话语的过程中,尚未形成基于汉语思维的元话语意识,在话语生成的过程中,未能充分调用大脑的元认知机能进行必要的监控、评价、调整。上述两段偏误性话语如乱蝉嘶喊,我们不妨称之为"乱蝉式"话题链。这种现象,在二语教学中,需要教师设法妥善解决;事实上,母语操持者,特别是初级阶段的母语操持者也不免会出现上述偏误情况。"下笔千言、离题万里","东一榔头西一棒"等说法,可谓对这种现象的形象概括。因此,在母语教学中,教学者也应该着力考虑如何解决这类问题,以帮助学习者切实、有效地提高建构话语的能力。

2) 对意识"外溢"特征的积极利用与"藤蔓式"话题链

上一节已经说明,在话语建构的过程中,言说者如果不积极调用大脑的元认

---

① 在第1章中,我们已经讨论过,存现句是典型的引入新话题的句法形式,通常,言说者在运用存现句引入一个新话题之后,都会对新话题进行述说,以强化话语的衔接与连贯;但是在上例中,言说者使用存现句引入"装饰"之后,并未进行具有针对性的述说,而是迅速飘开去介绍不同的人的具体表现,导致话语连贯度明显偏弱。

知机能,进行监控而任由意识自由漫溢开去的话,所建构的话语会在意识的不断"外溢"中驳杂蔓延,最终导致话语结构混乱不堪。相反,在建构话题链生成话语的过程中,如果能有意识地对意识的外溢特征积极地加以利用,就可以形成通常所说的"意识流"叙事话语,通过这种手法建构出来的话语(或话题链结构),则具有枝蔓交错、繁茂蓊郁的风貌。笔者建议称之为"藤蔓式"话题链。请看下例:

> (4) 尘土和纸烟的雾气中出现了旱烟叶发出的辣味,像是在给气管和肺做针灸。梅花针大概扎在肺叶上了。汗味就柔和得多了。方言的浓度在旱烟与汗味之间,既刺激,又亲切。还有南瓜的香味哩! 谁在吃南瓜? X城火车站前的广场上,没有见卖熟南瓜的呀。别的小吃和土特产倒是都有。花生、核桃、葵花籽、柿饼、酸枣、绿豆糕、山药、蕨麻……全有卖的。就像变戏法,举起一块红布,向左指上两指,这些东西就全没了,连火柴、电池、肥皂都跟着短缺。现在呢,一下子又都变了出来,也许伸手再抓两抓,还能抓出更多的财富。柿饼和枣朴质无华,却叫人甜到心里。岳之峰咬了一口上火车前买的柿饼,细细地咀嚼着儿时的甜香。辣味总是一下子就能尝到,甜味却埋得很深很深。要有耐心,要有善意,要有经验,要知觉灵敏。透过辛辣的烟草和热烘烘的汗味儿,岳之峰闻到了乡亲们携带的绿豆香。绿豆苗是可爱的,灰兔子也是可爱的,但是灰色的野兔常常要毁坏绿豆。为了追赶野兔,他和小柱子一口气跑了三里,跑得连树木带田垄都摇来摆去。在中秋的月夜,他亲眼见过一只银灰色的狐狸,走路悄无声息,像仙人,像梦。(王蒙《春之声》)

上面例(4)所引的话语,是著名作家王蒙利用意识流手法建构的,其中所欲表征的话题富于变化,从"尘土和纸烟的雾气"到"针灸",到"梅花针",到"南瓜的香味",到"柿饼和枣",到"绿豆苗",到"灰兔子",再到中秋月夜下"一只银灰色的狐狸",思绪的跳跃不可谓不大。但是细细读来,又让人觉得前后的转换与衔接极为自然。这是因为前后接续的话题彼此之间具有鲜明的关联性。这是作者积极调用意识的"外溢"机能所形成的独特的表达效果。但是,我们也可以发现,在言语生成的过程中,作者并没有任由意识自由外溢,而是通过回指、意向动词、相关联想等手段的综合运用,巧妙地将前后话语关联起来、将不同的意识片段串联起来,如名词性话题"岳之峰"的复现和代词"他"的回指,可以串联前后话语;再如意向动词"见"与"闻"的使用,既能笼住相应的视域,又能和意向主体其他的行为建立关联;而"针灸"和"梅花针""南瓜"与"别的小吃和土特产""X城火车站前的广场"与"上火车""绿豆"与"绿豆苗"的心理表征之间,可以通过相关联想互相激活,作者调用这样的表达式,自然可以增强话语的关联性。这种种手段的使用,可以反映出作者在建构话语时并不是真正让意识自由地"外溢",而是巧妙地进行了裁剪缝合,体现了高超的元认知监控调节的能力。

通过上面三个语例可以看出,在话语建构的过程中,是否有效调用元认知机能进行妥当的监控与调节,直接关系到所建构的话语衔接连贯的程度,因此不能不重视发挥元认知的监控调节机制的作用。下面,我们将进一步讨论元认知的不同调控状况与相应的话题链表现。

2. 元认知监控机制的有效调控与话题链的典型形式

元认知的监控机制处于活跃状态时,就能够实时制约、调节话语,使其按基本的认知方式展开,而绝不会任由话语的延展随着意识的流动而逐渐漫溢到杂乱无章的境地。在话语生成的过程中,即便因意识的过度"外溢"而出现一时的偏误性延展,处于监控状态的元认知也总能及时作出调节,修正偏误性溢出的成分,使话语的延展继续接受基本的认知方式的制约。所谓基本的认知方式,从整体上来看,在大脑中往往表现为特定的认知结构框架。这种认知框架,约略等同于皮亚杰的"格局"(schema),而约翰逊(Johnson)和拉考夫(Lakoff)则称之为"意象图式"①(本文拟采用"意象图式"这个术语)。经过语料分析,我们发现,如果能在元认知的监控之下积极而严谨地依循这些意象图式建构话语,所建构出来的话语就容易理解,反之就会大大增加大脑的认知负担,甚或导致难以理解的不良后果。下文先分别讨论几种主要的意象图式的内涵,然后在此基础上结合具体语料探究话题链的不同类型及其形式特征。

1) 意象图式的内涵

皮亚杰认为,认识既不是起源于一个有自我意识的主体,也不是起源于业已形成的、会把自己烙印在主体之上的客体,而是源自主客体之间的相互作用,这种相互作用的结果就是在主体内部形成一系列特定的认知结构,这些认知结构始终处在动态的发展变化之中,处在一种动态的平衡之中,处在一种"结构的不断建构"之中,而这种不断更新、重新建构的认知结构,可以帮助人更好地认知并理解世界。在转述对世界的认知结果的时候,如果能够依据这种特定的结构来

① 张敏.认知语言学与汉语名词短语[M].北京:中国社会科学出版社,1998:103-113.

延展话语、组配话题链，自然就有助于受话者接收、理解信息。①

我们认为，皮亚杰的"格局"说，相对偏于抽象，下文将结合约翰逊（Johnson）和拉考夫（Lakoff）的"意象图式"理论来展开讨论。约翰逊（Johnson）（1987）认为，为了使我们能够形成有意义的、相互关联的经验，理解它们并据而进行推理，我们的行为、感知觉活动之中必然存在着某种确定的模式和常规。这种常规或确定的模式，可以称为"意象图式"②。意象图式正是感知觉活动中反复出现的较为稳定的模式，它是作为有意义地组织起来的认知结构单位，主要源自我们在空间中的身体运动，是我们对物体不断操控、反复感知的结果。为了强调图式形成的身体基础，约翰逊（Johnson）将意象图式又称为"孕于身体的（embodied）图式"。约翰逊（Johnson）还强调意象图式的动态性，其动态性主要体现在两个方面：一、它是一种连续不断的活动（activity）的结构，根据这种结构，我们能够组织并理解我们的认知经验；二、它具有相当大的适应性，可以在完全不同的情境中以多种多样的形式体现出来。

鲁墨哈特（Rumelhart）认为，图式是以等级层次形式储存于长期记忆中的一组"相互作用的知识结构"或"构成认知能力的建筑砌块"（the building block of cognition），它使信息有序地存储于长期记忆之中。图式理论基本上是一种关于知识的理论，所有的知识均组成一定的单元，这种单元就是图式。该理论试图解释知识在大脑中是如何表征，试图解释这些知识表征是如何被激活并调用的。在鲁墨哈特看来，图式具有如下六个方面的特点③：① 图式具有变量；② 一个图式可以包括在另一个图式之中；③ 图式可以在不同的抽象水平上来表征我们的知识；④ 图式表征的是知识而不是定义；⑤ 图式是一种主动的认知过程；⑥ 图式是一种认知的手段，它的目的在于评价它对加工的材料的适合性。

也有的研究者（如熊学亮，1999）把上面所说的这种认知结构称为"知识草案"或者"心理图式"④。所谓知识草案，指的是真实世界的状态、事件或行为在

---

① 具体可以参阅"中译者序""英译者序"和第一章"认识的形成（认识的心理发生）"等部分的相关内容；皮亚杰.发生认识论原理[M].王宪钿，等译.北京：商务印书馆，1985。

② 一般认为，著名心理学家巴利特（Bartlett）在1932年提出的关于图式的概念是和现今所使用的图式这一概念相近。不过从理论的渊源上来看，我们还可以把关于图式问题的研究追溯得更早一些，因为格式塔心理学与图式理论之间存在着非常密切的关系。格式塔这个词的意思就是"完形"，也就是形式或者结构。所以，格式塔心理学研究的就是心理的组织结构问题，而研究心理的结构问题正是图式理论的重要特点。具体可阅：张必隐，郭德俊.图式理论与阅读过程[J].心理科学通讯，1988，1：57。

③ 张必隐，郭德俊.图式理论与阅读过程[J].心理科学通讯，1988，1：58.

④ 熊学亮.认知语用学概论[M].上海：上海外语教育出版社，1999：113-157.

大脑中概念化、抽象化所形成的典型结构。这种结构具有层次性，不同层次的不同节点可以在不同的程度上激活、分解，分解的细密度直接受交际需要的限制。熊学亮认为，生活中像"去餐馆吃饭""乘火车"等事件行为，都以知识草案的方式存储在大脑中，成为比较固定的认知意义单元，而在特定的情景场合中，经过经验式的调控排列，就能够形成规模更大的情景单元或"心理图式"。

综上所述，可以认为图式是一种认知框架，是既往认知经验、情境信息、社会文化知识、语言知识等在大脑中综合内化的结果，它与某个具体的环境无关、完全独立于特定的社会文化知识。但是这种认知框架会因为新的外来刺激而获得局部更新或整体重构。图式是我们认识、理解世界的基础，它具有缺省的价值（default values），可以帮助我们依据图式内部所包含的某个变量激活整个图式，甚或是激活相关的一系列图式，从而推知或理解那些没有直接接收或观察到的信息，这是我们理解表面看来似乎无甚关联的话语的内在心理基础。从话语建构的角度来看，我们也可以妥善地调用相关图式，进行合理的组配，在具体的语言层面，通过话题链的有序建构，有效地反映客体世界，或者创造出符合认知逻辑的或然世界。下文将结合具体的语例，分析言说主体在生成话语时是如何依据认知图式建构话题链的。

2）两类最基本的意象图式与相应的话题链形式

现在先讨论意象图式的基本类型，然后在此基础上分析话题链的组配、建构情况。上文已经说明，意象图式的形成，是主客体之间相互作用的结果，这种相互作用依靠的是生命体的视觉、听觉、嗅觉、味觉、触觉等多种感知器官。这些感知器官是主体与客体世界进行信息交换的界面或接口，它们是意象图式形成的生理基础。源于各种感知器官综合作用、源于我们的生命体在时空场域中基于反复感知和不断操控而形成的、具有稳定属性的意象图式。

由于空间与时间均体现事物存在的最基本的属性，都是绝对的抽象概念，"无界永在"的空间，表征万事万物生灭变化的范围，在外延上体现为一切事物的占比大小与相对位置关系；而"无尽永前"的时间则表征万事万物的生灭次序，在外延上体现为一切事件的存续过程长短与发生次序。空间与时间也是物理学、天文学、哲学等诸多学科的基本概念。鉴于此，我们认为，不同的意象图式，可以抽象切分为"空间框架模式"和"时序象似模式"这两大基本类别。我们对于客体世界的认知和理解，是对这两类基本认知模式及其次类具体图式的综合运用的结果，而在应用语言符号表征、陈述我们的认知与理解结果时，也即在生成话语的过程中，我们也在自觉或不自觉地借助这两类基本认知模式及其涵摄的具体意象图式。

(1)空间框架模式类的意象图式

空间框架模式类的意象图式,可以分为不同的次类,但其中最基本的或许应该属"容器"图式。在认知语言学中,被普遍认同的一个基本看法是,空间域是生命体最先形成的、最基本的认知域,因为万事万物首先要存在于一定的空间之中。因此可以认为,生命体在空间体验中形成的容器图式,是大脑在认知发展过程中最初形成的,是进一步认知、理解客体世界的基础。

①"容器"图式:

我们知道,婴儿一出生就能够呼吸、吮吸、吞咽、排泄,这种反复发生的行为所积累的感知经验,让大脑意识到人体就如同一个"容器",我们不断地将空气、水、食物等纳入身体这个容器之中,同时也经常性地将尿液、粪便与汗液等排泄物甚或血液排出该容器。这种感知经验投射到认知域所形成的意象结构就是"容器"图式。在日常生活中,关于容器的体验也无时无处不在:进出房间、往口袋里放置或从中掏出物品、爬进爬出浴缸、钻进钻出被窝等等。不仅房间、口袋这类具有明确的三维自然边界的事物会被我们视作容器,甚至那些仅能够让我们感觉到存在模糊边界的事物,如树林、花丛、人群等等,都可视作容器。此外,在我们的自然语言中,还存在"超出……边界""进入……方言区"等说法,这表明主观人为划分出的疆界范围,也可以视作容器。除了这种具有明确的(或模糊的)自然边界或者人为划分的边界的物理空间可以看作容器,对于那些更为抽象领域中的事物,我们也可以通过想象,构拟或者设定其边界,如"杀入决赛""家务事之外""突破困境""思想中""情感世界里""热恋中""无边的寂寞"等,不胜枚举。由此可见,容器图式广泛存在,其语言表现也丰富多样,凡是具有边界或者能够构想出边界的物理的或心理的空间范围,在认知上都可以形成一个容器的构型(configuration)。袁毓林认为:"这种构型具有相当的实在性,所以是意象性的;同时,这种构型有时相当抽象的,适用于不同的在空间上具有拓扑可变性的事物(包括具体的、物质的和抽象的、精神的),所以是图式性的。"[①]

在此,首先需要特别强调的是,图式不是具体的形象,而是一种抽象的认知结构框架,是我们认识、理解客体世界的心理参照。袁毓林(2004)将意象图式的特点概括为如下三点:① 抽象性,即它比心理学家所说的心象更加一般和抽象,

---

① 袁毓林.容器隐喻、套件隐喻及相关的语法现象——词语同现限制的认知解释和计算分析[J].中国语文,2004,3:200.

与具体环境无关;② 独立性,它可以超越特定的感知方式独立存在,它主要附属于感觉运动层面,与我们对空间的位置、运动和形状的感受密切相关;③ 完形性,即意象图式尽管是由可辨识的部分和关系组成,却具有完形(gestalt)的特性,是内部一致的、有意义的统一体。① 据此,从更加抽象的角度看,我们还可以将图式进一步切分为数量有限的成分要素和关系要素。比如,容器图式的基本成分要素是"内部空间""边界""外部空间",而其关系要素则是:边界将空间切分为两个部分,并将内外两个空间联系起来,进出内外两个空间必须经过边界。

在此基础上,我们可以做进一步推衍,从而将"方位"图式②、"整体—部分"图式、"路径"图式、"系联"图式等几种最基本的认知图式串联起来,从而形成一个有机的空间框架模式体系。下面逐一简要分析。

② "方位"图式:

对于空间方位的感知能力,是人类最基本的一种认知能力,也是在个体成长发展的过程中较早获得的基本经验,对此,心理学家早已形成共识。③ 方位图式不像容器图式,一般来说,它不是某个单一客体在大脑认知域所映射出来的认知格局,而是两个或两个以上的客体(或某个客体不同部分)之间的相对位置关系在大脑中形成的认知格局。在为某个客体确定方位的时候,需要有一个可资定位的认知参照点,人体自身就是这样一个常用的认知参照点,"体内""体表""身外""身边""头顶""脚下""目前""眼前""眼下""身后(事)"等等,就是大脑以人体自身这个容器图式确定方位的结果。这种定位,不仅在空间范畴内逐渐形成越发丰富的系统,还不断向时间范畴延伸、投射,像前面所列的"目前""眼前""眼下""身后(事)"都已经进入时间范畴,往往更加高频地发挥着表达时间意义的功能,有的甚至主要体现为表示时间意义的语义信息。④ 依据人体这个参照点形

---

① 袁毓林.容器隐喻、套件隐喻及相关的语法现象——词语同现限制的认知解释和计算分析[J].中国语文,2004,3:199.

② 认知语言学中通常所说的"中心—边缘"图式,本文将之处理为"方位"图式的一个重要次类,而不将之与"路径"图式、"整体—部分"图式等置放在同一个层面之上。

③ 可参阅:库尔特·考夫卡.格式塔心理原理[M].李维,译.北京:北京大学出版社,2010:19-252.

④ 《汉语大词典》载,"眼前"具有两个义项:一是"眼睛面前、跟前",南朝梁代的沈约《和左丞庾杲呆之病》云"待漏终不溢,嚣喧满眼前";二是"目下、现时",宋代苏轼《次韵参廖寄少游》诗云"岩栖木石已皤然,交旧何人慰眼前"。而"眼下"则只有一个义项"目前、现时",唐朝白居易《吾庐》诗云:"眼下营求容足地,心中准拟挂冠时。"

成的方位图式,还能够延展至其他外物上去,从而使得以某个依据人体获得确定的外在之物成为进一步定位其他外在之物的认知参照点,进而可以确立"内外、上下、前后、左右、远近、高低、深浅、中心—边缘"等空间方位图式体系。在前边列出的这八个小类的方位图式中,前七类的关系基本都是对称或相对的、可以互逆的,而最后一类"中心—边缘"关系往往则是非对称的、不可互逆的,因为边缘的地位总是低于中心,边缘的确立也总是依赖并取决于中心,而不是相反。比如,落尽叶子的树木,我们还是会将之视作原来的那棵树,但是如果去掉主干,仅剩下一些枝叶就不再成其为树。由此可以说,在这类认知图式中,中心具有主导性的决定地位。

③"整体—部分"图式:

"整体—部分"图式具有明确的身体经验,人体就是由不同部分构组而成的整体,在意识清醒的状态下,我们总能较为明确地感觉到自身的完整性以及头颈腰腹手脚等组成部分的存在状况,并操控这些部分完成不同的动作。我们还将基于自身形成的这种认知图式投射外物之上,从而认识到其他物体也存在着"整体—部分"关系。若干个部分共同构成一个整体的构型(configuration)。这个认知图式通常被认为是不对称的,具体表现在两个方面:① 如果 B 是 A 的组构部分,则 A 就不能是 B 的组构部分,并且 A 也不能是其自身的组构部分;② 不同部分在整体中的地位是不同的,比如就人体来说,手和脸的地位就具有明显差距,如果某人不幸断掉一只手,我们还是会将之识别为同一个人,但是如果某人戴上面具,我们就很难甚至无法识别;同样的道理,提及某个熟悉的人,我们的脑海里一般容易浮现出其面容,而不易浮现出其手脚的样子(除非其手脚具有鲜明的认知凸显度,在这种情况下,可能会伴随激活其手脚所形成的印象)。因此可以认为,整体和部分的各自表征,在认知域中可以相互激活,但是不同部分激活整体认知图式的潜力是不同的,如基于面部远比基于手脚更容易激活人的形象。

不唯单一的实体可以视作由部分构成的整体,其他像家庭、学校、公司等社会机构,也都可以视作整体,他们在认知域中,都投射为"整体—部分"图式。

④"路径"图式:

"路径"图式也是一种基本的认知意象图式。该图式由三个成分组成,即起点、终点和两点之间带有向量的运动轨迹,其间的关系是从起点移动至终点的动力向量关系。"路径"图式既可以表征客观物理世界的位移事件,如跑进教室、走出银行、抛向天空、把书还给图书馆、飞越万里长空等;还可以表征物理世界中的形态变化事件,如水蒸气凝成了水滴、冰融化成了水等等;此外,"路径"图式还可以表征心理世界的事件,比如走出心灵的误区、从痛苦中解脱出来、想到等。从这些可以看出,意象图式是非常抽象的,可以超越特定的环境、可以超越特定的感知方式而存在。

值得注意的是,"路径"图式中的不同成分在特定的语境中往往会获得不同程度的凸显。比如"跑进教室"凸显的就是终点,"走出银行"凸显的则是起点,而"飞越万里长空"凸显的则是路径轨迹,起点和终点在此都被隐去。上面所说的都是较为简单的路径图式,在相对复杂的路径图式中,不同的临时性的终点也可以共同形成一个轨迹,表征某种特定的路径。下文将结合具体语料进行说明。

⑤ "系联"图式:

"系联"图式与"容器"图式具有内在的关联,最直接的关联在于,容器的边界帮助我们建立了"内与外"的关系。但与"容器"图式的主要区别在于,"系联"图式是侧重于表征相对关系的意象图式,它一般最少要涉及两个实体(或部分),因为单一的独立实体(或部分)是难以或者无法建立某种关系的,然则可以认为"系联"图式可分解为三个组构要件:实体 A 和实体 B 以及两者之间的关系。"系联"图式或许源自我们生命体从小积累的具身经验,在孕育之初,我们就通过脐带与母体相连以获得养分、氧气等,并排出污垢,在婴幼儿时期则主要依靠父母长辈的抱持或者牵引以移动身体,或者是依靠自身抓牢或抱住某种物体以保持平衡或稳定。而在后来的成长过程中,我们还逐渐学会用绳子、挂钩、胶水之类的东西使两个物体相连。在认知发展的过程中,我们会逐步认识到事物之间所存在的各种各样的依存关系,并建立起相应的"系联"图式。

现对主要的系联关系做进一步切分①,首先要说明的是:① 类别具有开放性,因为主客体事物之间的关系纷繁复杂,而最常见的关系类型则是相对有限的,作穷尽式的分类一则没有太大的必要,二则难度太大,所以这里的分类是列举性的;② 类别主要是依据系联关系所连接的两个对象的性质而划分的。具体分类情况详见表 3-1。

---

① 笔者对于"系联"关系的分类参考了徐赳赳的分类策略和划分模式,具体请参阅:徐赳赳.现代汉语联想回指分析[J].中国语文,2005,3:195-204。

表 3 - 1 "系联"关系类别表

"系联"关系类别									
	具体—具体类			具体—抽象类				抽象—抽象类	
关系类别	血缘、婚姻关系	依存关系	领属关系	材质、属性关系	身心关系	个体—集体关系	种属关系	逻辑关系	语义关系
实例举隅	父亲—儿子、丈夫—妻子	大巴—乘客、货轮—大副	我家—房子、中国—上海	西装—布料、小王—人品	老王—气色、老王—精神	松树—森林、学生—班级	动物—驯鹿、作物—水稻	原因—结果、现象—规律	品性—诚朴、伟大—平凡

（2）时序象似模式的意象图式。

在认知语言学研究领域，象似性是一个极为重要的论题。所谓象似性，简言之，指的是语言成分及其结构与客体世界在大脑认知域中投射的抽象形式相似。换句话说，语言符号的能指与所指之间的联系，尤其是不同语言符号组配而成的语言链条与外在客体世界不同事物（或同一事物不同部分）所形成的框架或序列之间，不是任意的，而是有着内在的理据，是可以论证的。张敏在其论著中根据哈曼（Haiman）（1985）的讨论，对象似性作出如下阐述：当某一语言表达式在外形、长度、复杂性以及构成成分之间的各种相互关系上平行于这一表达式所编码的概念、经验或交际策略时，就可以说该语言表达式具有象似的性质[①]。

关于语言象似性问题的讨论由来已久，可以追溯到古希腊哲学家的思辨以及我国先秦哲学家的相关讨论。语言的象似性问题不仅历史悠久而且具有复杂的动因，可以分为复杂性象似动因、独立性象似动因、次序象似动因、对称象似动因、重叠象似动因、范畴化象似动因等诸多情况。在此不拟逐一加以赘述，具体可以参阅张敏针对"句法象似性"所作的相关讨论[②]。现仅就与本研究论题密切相关的"次序象似性动因"展开简要论述。

如同空间方位观念一样，时间顺序观念也是人类认知结构中最重要、最根本的观念之一。无论是在外在的物理世界还是在人类的心理认知域中，两个相互关联的事件之间最本质的或者说第一性的关系，就是在大脑感知的时间轴上的

---

① 张敏.认知语言学与汉语名词短语[M].北京：中国社会科学出版社,1998：148.

② 张敏.认知语言学与汉语名词短语[M].北京：中国社会科学出版社,1998：139-187.

顺次出现、前后接续的关系。在人类的有声语言系统中,由于语言符号的能指所具有的"音响形象"的本质特征,语言符号只能在时间轴上单向度展开,因此言语结构在顺序上的安排要对应于它所表达的事件结构或者概念的次序,自然就成了一件顺理成章的事情。对此,语言学家们早有深刻论述。比如戴浩一、黄河(1988)在《时间顺序和汉语的语序》一文中,提出了"时间顺序原则"(the principle of temporal sequence,PTS)和"时间范围原则"(the principle of temporal scope,PTSC),前一个原则是指两个句法单位的相对次序取决于他们所表述的事件在认知域中的时间顺序,后一个原则是时间范围小的成分总是排列在时间范围大的成分之后①。请看下面的例句:

> (5) a. 买好了车票,我就进站上车了。
>
>   vs＊我就进站上车了,买好了车票。
>
>   b. 去年秋天他就到中国来留学了。
>
>   vs＊他秋天去年就到中国来留学了。

句 a.显示的是时间顺序原则的制约作用,而句 b.则显示的是时间范围原则的内在制约作用。如果违反这两种原则,而又没有使用必要的衔接手段,话语就让人无法接受。

    吉翁(Givón)(1990)也提出过"线性次序原则"(the linear order principle)。他认为,在一段内部关系紧密的自然话语之中,子句的顺序倾向于和它们所描述的事件发生的时间顺序相对应②。话语何以会表现出如此明确的象似性呢?我们认为,根本原因或许是时序象似的意象图式在言语转化的底层所发生的制约。遵循时间顺序展开的事件,在大脑认知域中也会产生相应的结构投射,这种内化的认知结构就是通常所说的"意象图式"或"认知框架",具体如"乘火车"事件在认知域中所形成的时序意象图式,详见图 3-1。

    图 3-1 是乘火车这种客观事件在认知域中投射出来的时序象似图式。在具体的话语环境中,该图式中每个节点的精密度可以有不同程度的变化,这主要受交际需要的制约。此外,生活中类似事件如"就餐""看电影""逛公园"等等,都

---

    ① 戴浩一,黄河.时间顺序和汉语的语序[J].国外语言学,1988,1:10-20.

    ② Givón,T. Syntax:A Functional-typological Introduction (Vol. 2)[M]. Amsterdam:John Benjamins Publishing Company,2001:3-9.

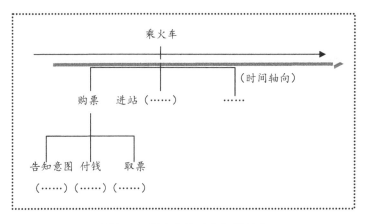

图3-1 乘火车的时序象似图式

注：① 长箭头表示时间轴向；② 阴影箭头表征认知域中的时序象似属性；
③ 圆括号中的省略号表示每个节点上的子事件还可以进一步分解。

以类似的时序象似图式的方式存储于大脑中,剥离掉具体的情境因素,这些事件的认知框架都具有共同的特点,即在更抽象的层次上,都隐含时序象似的基本属性。这些类似的认知框架可以通过拼接或重组,从而形成规模更大、结构更加复杂的、临时性的情景单元框架,比如,我们可以将"乘火车""就餐""看电影"和"逛公园"四个事件的认知框架组织起来,临时形成一个"出差"事件的综合认知框架。不仅时序象似模式的意象图式之间可以进行各种搭配重组,空间框架模式类的意象图式之间也可以通过不同的方式重组配列,而且我们还可以将这两类意象图式混融起来,进行更为复杂多样的组配,从而更加灵活而高效地反映主、客体世界的实在面貌。事实上,主、客体世界原本就是多向交织、共存的,我们之所以作上述切分,主要是出于述说和分析的方便。

在话语理解和建构的过程中,如果在元认知的监控下妥善地调用时序象似图式和相应的认知框架,便可以取得事半功倍的效果。反之,如果不具备应有的元认知监控意识或能力,则会产生不良影响。下文主要从话语建构的角度展开分析,原则上不讨论话语理解的问题。

（3）与两类基本的意象图式相应的话题链形式。

上面两小节主要是理论层面的讨论,在当前这个部分,我们将结合具体语料展开分析,描写与不同的意象图式密切照应的典型的话题链结构形式。在分析的过程中,我们不仅考察正向的语料,还将考察留学生作文语料中出现的偏误现象,力求通过比较、分析,更深入地探究不同的话题链组配现象背后的元认知机制。

① 与"容器"图式相应的话题链形式：

前文已经说明容器图式包括三个基本成分要素和一个关系要素，成分要素是指"边界""内部空间""外部空间"等，而关系要素则是：边界将空间切分为两个部分，并将内外两个空间联系起来，进出内外两个空间必须经过边界。然则，在依据容器图式建构话语的过程中，如果元认知处在活跃状态，能够进行实时监控调节，那么所生成的话语就应该有序地对容器图式的要素进行交代，可以从外部空间经边界进入内部空间，也可以从内部空间经边界进入外部空间，或者是用边界将内外部空间并置，这才符合自然的认知顺序，反之，则可以说元认知监控未能发挥应有的作用。（当然，出于特别的修辞意图而临时作出的陌生化处理，另当别论）下面结合实例分析，先看一个偏误性的语例：

> （6）在台地（stage）上放着三束鲜花，在上面还有挂着一个海报，海报写着"庆祝公司"……屋子里挂着很多彩灯，有两个人在台地上，一个人是男的，他穿着一套西服，在身上他也贴着一朵花。一个人是女的，她戴着一副眼镜。他们刚刚热情地请客人。

在第 1 章中，对于这种偏误现象，笔者主要是依据鲁川（2001）《汉语语法的意合网络》所提到的"时空地位大小律"作过简要的讨论，这里再尝试依据容器意象图式作进一步分析。上例所示的话语，之所以让地道的汉语母语者感觉别扭、不易接受，其原因除了细节上存在的语法问题之外，更关键的因素或许在于中间的"屋子里挂着很多彩灯"这个小句与整段话语扞格不入。然而，如果将之移至段首或者径直删略，整段话语的梗阻感则会明显降低。何以如此？深层的原因或许是，言说者在话语建构的过程中违反了容器意象图式的制约。从容器图式的角度看，"屋子里"标示出一个最大的容器边界或空间，其他的"台地（stage）""鲜花""海报""彩灯""两个人"等等，都包含于屋子这个容器，没有涉及外部空间。言说者在建构话语的过程中，先述说容器内部所包含的内容，然后点明容器边界，紧接着继续述说容器内部所包含的内容，叙述视角的转换过快，并且有违认知逻辑；如果我们把"台地"也视作一个容器的话，言说者视角转换的节奏则更是大幅增加。现将言说者的视角转换情况简析如下：台地（小容器边界）—三束鲜花等（小容器包含物）—屋子里（大容器边界）—彩灯（大容器包含物）—两个人（小容器包含物）。显而易见，前述这种转换容易让听读者产生东一榔头西一棒的认知体验。在表述的过程中，言说者显然并未意识到这一点，故而选择"台地"

等作为话题(或潜话题)建构话语,这反证出言说者在应用汉语生成话语时还未树立应有的元话语意识,未能调用必要的元认知监控机制。

下面再看两个正向的语例:

(7) 在①<u>一片茂密的大森林里</u>¹,有一个古堡。<u>古堡里</u>²住着一个老太婆,她是个恶毒的巫婆。(《格林童话·乔林达和乔林格尔》)

(8) 从前有座山,<u>山</u>¹上有座庙,<u>庙里</u>²住着一个老和尚。……(民谣)

上面两个例子,结构比较简单,可以说都是遵循容器图式建构的,都是大容器套小容器结构,是非常典型的叙事性话题链。在例(7)中,话题分别是"大森林"和"古堡",前者嵌套着后者,中间借助典型地用于引入新话题的句法形式(存现结构)过渡,逐层引出新话题,本文称之为"套娃式"话题链。例(8)中的"山""庙"也是大容器嵌套小容器的格局。语料分析发现,这种话题链高频应用于民间故事或童话故事的开头,以逐步聚焦的方式引入核心话题。略举数例如下:

(9) 从前,在西湖边上有个杏花村,村里住着一个聪明能干的姑娘,名叫杏婵。(《西湖民间故事②·杏婵》)

(10) 很早很早以前,在西湖边的宝石山脚下,有个小村庄。村里住着一对年轻的夫妻,男的叫刘春,女的叫慧娘,男耕女织,勤勤俭俭,日子过得蛮甜的。(《西湖民间故事·寻太阳》)

(11) 在岳王庙里有座精致的小亭子,这小亭子里面放着七八段奇特的断木头,乌黑锃亮,硬得像石头一样,叫"精忠柏"。(《西湖民间故事·精忠柏》)

(12) 早先,钱塘江口有一条深不见底的地沟,叫作"天开河"。在天开河里,住着一条草龙。草龙能翻江倒海,腾云驾雾,本领很大,但它粗里粗气的,不懂事,整天在江里钻进,海里钻出,和大鱼小虾们嬉戏。(《西湖民间故事·玉泉》)

(13) 很久很久以前,在西湖南边的一座山下面,住着兄妹俩,哥哥叫春生,妹妹叫秋姑。父母临死时留给他们三亩租田,一间破草房。(《西湖民间故事·凤凰山》)

---

① 该段话语中的"在"是个引介场所的介词,具有标记特征,在做话题切分时不妨将之剥离掉。

② 杭州市文化局.西湖民间故事[M].杭州:浙江文艺出版社,2018:1-235.

上面这五段话语,都是典型的"套娃式"话题链,尤其是例(9)至例(11),都符合前述的大容器嵌套小容器的格局,具体如:例(9)中的"西湖边上"嵌套"杏花村","村里"又作为一个小容器,嵌套存现结构以引入新话题(故事的主人公"杏婵");例(10)(11)(12)的结构,与例(9)极为相似,为节约篇幅计,不再逐一分析。而例(13)所体现的则可谓一种变体形式的容器意象图式,现稍作说明。从句法结构形式与所传递的语义信息这两个角度看,"在西湖南边的一座山下面,住着兄妹俩"或应视作表征大小容器及其间关系的语言要素进行句法压制的结果,可重新分析为"在西湖南边有一座山,山下面住着兄妹俩"。这种嵌套性结构,象似同一视角的逐步聚焦,有助于更明晰地呈现出核心话题。

　　在其他文体语篇(如说明性文本)中,上述基于容器意象图式形成的"套娃式"话题链也广泛存在。例示如下:

　　　(14) 海南岛¹(属热带气候……。冬季暖热……。)〔儋县²⁻¹(霜冻出现频率仅 20%,年平均霜日 0.5 天,无明显霜害)。琼海及其以南的沿海地区²⁻²(历年绝对极低温度>5℃,终年无霜)。〕(注:1. 转引自《廖秋忠文集》第 35 页,有所删略,原文载于《地理知识》1984 年第 1 期;2. 话语中的方框与上标,均系笔者所加,以求更加明晰地呈现出大小容器嵌套的具体情况。)

对于上例中的话语,廖秋忠将"海南岛"与"儋县"和"琼海及其以南的沿海地区"处理为"框-楔关系"①,框承前省略掉了。从容器图式的角度看,可以认为上述话语是一个大容器套着两个小容器。依据这种意象图式建立的话题链就是典型的"套娃式"话题链,在说明文中广泛应用这种句法形式,有助于简净明晰地呈现不同

————————

　　① 请参阅:廖秋忠.篇章中的框—楔关系与所指的确定[C]//廖秋忠文集.北京:北京语言学院出版社,1992:30-44.廖秋忠认为:语流中的两个名词性成分 A 和 B,特别是当它们前后相邻时,A 和 B 之间可能存在着这样一些语义,即① B 或者是 A 的一个部件/部分,② 或者是 A 的一个方面/属性,③ 或者是经常与 A 共现的实体、状态或事件,A 为理解或联想到 B 提供了认知框架,则 A 就是框,而 B 就是楔。廖先生认为,框楔关系大量出现在同一个句子当中,但前面所谈及的这篇文章中讨论的是篇章中(主要跨句子和段落的结构里)的现象。他还在附注里说"框"与"楔"这两个词的关系可以引申为大范围与小范围的关系,认为这样可以大致概括所谈到的各种框楔关系,但他同时也说这对词不一定合适。笔者认为,这种概括相对笼统,特别是将 A 和 B 之间存在共现联想关系的情况也归入此类,尤为不妥,本书主张做进一步切分,建议将廖先生说的三种情况分作两类,情况① 归入"整体—部分"图式类,情况②和③归入"系联"图式类。

事物、空间范围等等彼此之间的涵摄关系,便于读者把握话语延展的内在逻辑。

还有一类话题链的建构机制,也可以用容器图式来解释,但与上面的情况又有所不同。例示如下:

(15) 在王宫的院子里,王子ᵢ 看到¹⁻¹〖马和猎狗正躺着睡觉,鸽子把头埋在翅膀下静静地睡〗。他ᵢ走过王宫,0ᵢ看到¹⁻²〖苍蝇也叮在墙上睡觉,厨师站在厨房里,还做着伸手要打一个小伙计的动作,女仆坐在桌子前,看动作好像正准备给一只母鸡拔毛〗。(《格林童话·睡美人》)

在上例中,“王子(/他)看到”标示出一个视域,其后“〖……〗”部分都包含在这个视域之中,所以我们认为“视域”也可以看作一个容器,但这里容器和内容的关系不像例(7)中显示的那样,并非不同量级的容器的套叠,而像是象牙雕刻艺术中通过“镂空雕”的手法在一层物体内镂嵌另一层物体,并能象牙“鬼工球”①那样一层一层地多层镂嵌。因此,我们把这种话语结构叫作“镂嵌式”话题链。值得一提的是,前文第 2 章中所讨论的基于“意向动词”或/和“言说动词”而形成的话语实例中蕴含的视域结构,在本质上,都可以认为是基于“容器”意象图式而形成的话语结构的句法显现。

② 与“方位”意象图式相应的话题链形式:

空间方位感知能力,是人最基本的能力之一,在此基础上形成的“方位”意象图式也是人类基本的认知图式之一。在观察、认知客体事物的过程中,我们总是“近取诸身,远取诸物”地择定明确的认知参照点,以便为所要观察、认知的事物确定方位,从而确立相对稳定的空间关系。在建构话语的过程中,言说者也应该注意遵循这一基本意象图式,否则,所建构的话语就会因为方位关系不清而增加认知理解的负担,会妨碍受话者对话语进行准确、高效的理解。现在请先看一个偏误性语例:

(16) 屋子里很多人。最前面两个男女站着对客人说话。桌子前面摆着三个花盆。中间的男人坐着拍照。后面的男人站着摄影前面的男女。客人都站着聊天。(留学生作文)

---

① “鬼工球”是象牙球或牙球的古称,这种工艺品需要综合运用镂雕、透雕等技法制作,镂雕技艺发端于广州,是广州象牙雕刻中常用技法,该技法早在宋代即已出现,而到清代乾隆时期,象牙球镂雕水平就已发展到极为惊人的高度,可以镂雕出十三层,内外各层均可自由转动,且每层都雕刻着各种精美绝伦的图案。

从表层的句法形式来看,上例中的话语,话题转换相当随意,让人颇有东一榔头西一棒之感,理解起来令人费解,因此,可接受度低。这或许是指称不同事物的话题表达式之间缺乏必要的过渡与衔接使然。但是,究其根本则可以认为,在应用汉语建构话语的过程中,非母语言说者未能遵循基本的"方位"意象图式,关键原因或应是言说者未能有效地激活并应用基于汉语思维的元认知监控机制。而据我们的经验,任何正常智力水平的母语者,只要稍加训练,就不会如此严重地犯下例(16)中这种低级错误。在汉语国际教育领域,特别是初、中水平的非母语者在建构汉语语篇方面,这种问题虽不普遍但很典型。这也让我们意识到,在汉语语篇教学中,训练初、中级水平的留学生应用汉语生成话语的时候,必须注意培养学生进行元认知监控的能力。在所有二语教学乃至初级阶段的母语教学中,恐怕都需要加强这方面的工作。

下面让我们再来看看正向的语料,例示如下:

(17) 我今天去看的那套房子↑¹,周围↑¹⁻¹环境还可以。西边↑¹⁻²是山,山下↑¹⁻²⁻³有一条小河,河边↑¹⁻²⁻³⁻⁴是一个很大的公园。东边↑¹⁻³有一所学校,学校↑¹⁻³⁻⁴的对面是一家大超市,超市↑¹⁻³⁻⁴⁻⁵的旁边还几家小饭店。(注:① 引自《汉语教程·第二册(上)》,稍加修改;② 为节省篇幅计,直接在原话语上分析标记。)

很显然,上面的这段话语是元认知积极监控调节的结果,是依循方位图式建构起来的。"那套房子"是初始认知参照点(故而用"↑¹"标示出来),"周围、西边、东边"则可谓由初始参照点分蘖出的、处于同一层级的次级参照点,故分别标以"↑¹⁻¹""↑¹⁻²""↑¹⁻³",而"山下"则是基于"西边"进一步分蘖出的认知参照点,"河边"则是进一步分蘖而出的参照点,所以分别用"↑¹⁻²⁻³""↑¹⁻²⁻³⁻⁴"标示,以凸显出分蘖而为新的参照点的过程。进而可以说,上述话语中,每个表征处所或客体对象的词语右上角的数字序列,表示依据分蘖而出的枝节式的参照点逐步进行定位的层级与过程。如此延展、联缀话语,读者就很容易为其中涉及的每个处所或客体对象确定具体的方位。然而,如果不按照方位图式建构话语,受话者在信息处理上的认知难度就可想而知。上述依据方位意象图式建构起来的话题链,本书中称之为"枝节式"话题链。

③ 与"整体—部分"图式相应的话题链形式:

现在我们来讨论与"整体—部分"图式相应的话题链。先看一个语例:

（18）下午 2:50 记者赶到现场,事发现场惨不忍睹。客车□¹⁻⁰整个翻倒在沟底,四轮□¹⁻¹朝天,变形的车顶□¹⁻²卡在高速路的斜坡与平地交接的一道沟渠内,前后挡风玻璃□¹⁻³全部破碎。……(该例转引自徐赳赳,2005)

上例中,"客车"是整体,而"四轮""车顶""前后挡风玻璃"等都是组成客车这个整体的不同部分。客体对象的整体在认知域中所形成的意象图式被激活以后,其所由组构的不同部分也都相应被不同程度地激活,都处于完全激活或半激活的状态,属于容易推及的信息①。因此,依据"整体—部分"意象图式建构起来的话语,容易被受话者接受、处理。值得说明的是,整体和部分之间存在着可以相互激活的特点,具有系联性,也可以依据系联图式加以解释。特别是像上例这样的语料中,如果后续的内容是对司机、售票员、乘客若等方面的情况进行介绍的话,我们就更有理由借助系联图式展开分析了。此外,按照第 2 章中关于意向动词、言说动词的相关讨论,我们也可以认为例(18)这段话语中潜隐着一个意向动词,可以在"记者赶到现场"之后补出(如"发现"或"看到"之类的词语);再结合上文关于容器图式的相关讨论,也可以认为"事发现场……全部破碎"等都处于潜隐存在的意向动词的视域之内,这段话语可以视作容器图式的一种句法显现。由此可见,上文所分出的意象图式,不同类别之间的界限并非截然分割开来的,不同图式之间存在一定的交叉重叠,这或许是由客体世界本身的复杂性和有机统一性决定的。正所谓"横看成岭侧成峰,远近高低各不同",同样的事物,从不同的视角或者同一视角的不同视点进行考察,可以发现事物会表现出不同的"相",而种种不同的"相"叠加起来,或许才更趋近于事物的"本相";否则,很容易出现盲人摸象一般"执于一端、不及其余"的认知偏差。

④ 与"路径"图式相应的话题链形式:

路径意象图式也是基本的认知框架之一,投射到话语层面,路径图式不仅可以表征物理世界的位移事件和形态变化事件,还可以表征心理世界的事件,具体比如:"飞越万里长空""水凝结成了冰""想到……"等,路径图式大量体现在同一个句子中,但是在篇章中也广泛存在。本小节主要考察跨越句子的情况,即语篇层面体现"路径"图式的话语现象。本文依路径所存在的场域的差异,将之划分为两类:一类是物理世界中的路径,一类是心理世界中的路径。

---

① 关于激活状态和信息的可推及性等说法,请参阅本书中"信息结构范畴"的有关论述。

我们先来看一个体现物理世界中的路径图式的语例：

(19) ······**由城西北起**，先看潮白河。(河道宽大，可惜水很少。)**转而南行**，(西部由北而南是运河。······)**东南行**，走了一会儿，**转西**，又走一段路，到了。(张中行《桑榆自语·青龙湾》。注：此处用黑色高亮显示的方式凸显具体的路径信息。)

上面这段话语，显示出清晰而完整的路径：起点—轨迹—终点。从话题链结构的角度看，上述叙述游踪的话语，直接体现的主要是话题链中述题部分的状貌。这种情况，在游记类语篇中极为常见。由于本项研究的重点是要考察话语建构的过程中话题的选择、确立与配列的内在机制，故而对上述例(19)这种话语不再多作深入讨论。

让我们再来看一个体现心理世界中的路径图式的例子：

(20) 人，如果翻《济南府志》，可说的总当不少吧；可是闲居作赋，就不宜那样大动干戈，而是应该行所无事，想到哪一位就说哪一位。**(最先想到的)**þ¹是李清照，恕我不避有违《曲礼》之嫌，又是个女的。依籍贯从父的成例，这位易安居士是章丘人，可是住济南的时间不短，时至今日，金线泉旁还有她的遗迹。她有大名，是因为词作得好。"帘卷西风，人比黄花瘦"，欣赏文句，或进而怀想写文句之人，都值得一唱三叹。**(接着想到的)**þ²是王渔洋，二十四岁作《秋柳四首》，······**(再接着(想到的))**þ³还有写《聊斋志异》的蒲松龄，······**(最后想到的)**þ⁴是刘铁云，他不是济南人，却写了大讲其济南的《老残游记》。(张中行《桑榆自语·历下谭林》。注：加黑高亮部分，显示出心理世界的思维路径。)

上面的这段话语，结构比较复杂，包含元话语等多种情况，这里着重分析其体现路径图式的情况。上例中，符号"(······)þ"标出并黑色高亮显示的四个部分，即"(最先想到的)þ¹、(接着想到的)þ²、(再接着(想到的))þ³、(最后想到的)þ⁴"等，所体现的都是言说者的思维轨迹的界标，这些界标组合在一起，便构成了一条相当清晰的思维路径。读者在"万途竞萌、云蒸霞蔚"一般纷繁复杂的思维世界里，高效地理出一道清晰的轨迹，并沿着这条轨迹理解接收言说者所欲传达的信息。言说者依据这种轨迹安排话语，就像是引领受话者在一条景观道上行走，不时领略沿途重要景点。通过这种方式建构起来的话语结构,我们称之为"景观道式"话题链。值得特别说明的是,在建构话语的过程中,如果灵活调节注意力视窗开启[①]的状态,就可以建构出体现不同路径信息的、形态多样的话语来。对此,我们将在后文展开讨论。

⑤ 与"系联"图式相应的话题链形式:

"系联"关系类型多样,上文我们把常见的情况大致分作三大类,并进一步细分为九个小类。前面已经说明这种分类不是穷尽式的,这里也就因陋就简,不逐个小类进行分析,只分别就三个大类各举一例,讨论体现系联图式的话语结构情况。

先看"具体-具体类"的情况。例示如下:

(21) 在梨栈十字路口的转角,有一家天津书局,小小的只有一间门面,但○【橱窗】[1]的布置却很有特色。(《黄裳自选集·天津在回忆里》)

在上例中,"橱窗"之前虽然没有表示领属的限定语,也没有明确的先行词,但言说者这样处理并不会让读者无法理解话语,因为根据认知常识或认知框架,母语者不言自明地知晓"橱窗"和"书局""商场""服装店""超市"之类的方所之间具有密切的关系,是它们不可或缺的重要组成部分。因此,在上面的话语中,"橱窗"属于容易推知的信息[②],读者可以推知该"橱窗"是"天津书局"的组成部分。故而,虽然前面没有明确的先行词,但是并不会给信息处理造成障碍,究其根本,或许是系联图式潜在地发挥作用的结果。

再来分析"具体-抽象类""抽象-抽象类"的情况。请看下例:

(22) 不过,在当年,张作霖这个雨帅,○【口碑】[1]却不怎么样。

---

① 在认知理解事件的过程中,构成事件框架的不同要素或者不同要素的特定环节,可以被不同程度地聚焦,如对于位移事件框架中的"路径"要素来说,可以分别聚焦路径的"起点""中间过程的某个部分""终点"。Talmy把这种突显事件框架中特定要素的特定环节或细节的认知过程界定为"注意力视窗开启",并将相反的认知过程界定为"间隔"(gapping),在此过程中,组成事件框架的部分要素的认知内容被处理为背景。具体可参阅:Talmy, L. Toward a Cognitive Semantics (Volume I): Concept Structuring Systems[M].Cambridge, MA: MIT Press, 2000: 258 - 309。

② 徐赳赳(2005)将这种情况视作没有明确先行词的"联想回指"现象,并认为"书局"之类的词语,是"触发词",而"橱窗"是"联想回指词"。可参阅:徐赳赳.现代汉语联想回指分析[J].中国语文,2005,3:195 - 204。廖秋忠则将"书局、橱窗"之间的关系视作"框—棂"关系,详见:廖秋忠.篇章中的框—棂关系与所指的确定[C]//廖秋忠文集.北京:北京语言学院出版社,1992:30 - 42.

▢【同样是动静大的军阀军队，直系的吴佩孚、冯玉祥的兵，甚至段祺瑞的西北边防军】[2]，在老百姓眼里的印象，都比奉军好。▢【道理】[3/1-1]非常简单，奉军的纪律差，军队里收编的土匪痞棍多，走到哪里，都免不了鸡飞狗跳。这种状况一直到张作霖被日本人炸死，轮到张学良当家，也没有多少好转。▢【著名的"三不知"将军张宗昌】[4]，就是奉系的大将，在他统治山东期间，发的军用票，不计其数，收编的土匪也不计其数，他和部下糟蹋过的女人，也不计其数。（张鸣：张作霖张学良父子头上的光环[①]）

在上面的例(22)中，共存在四个彼此系联的成分（即"▢【……】"所标示的信息），其中第二个和第四个可以说都是"具体-具体类"的系联，不再深入分析。而第一个则是"具体—抽象类"的系联，"口碑"在这里的含义是"泛指众人的议论"，就像"人品""性格"等都是人所具有的属性特征一样，"口碑"也是社会赋予一个人的某种较为稳定的评价，激活了某个人，则与其系联的属性特征等都会被不同程度地激活。因此，言说者将彼此之间存在系联关系的或事物作为话题联缀而成话题链，不会给话语理解造成阻碍。第三个系联，这里出于方便论说的考虑，才简单地将之称为第三个系联，严格说来，它应该算是第一个系联的衍生系联（故而上面的话语中"道理"的上标数字，我们采用了两种编排方法），因为所谓道理（或原因），是用以解释、说明"口碑不怎么样"这个情况的，所以我们将之归为"抽象-抽象类"的系联。

　　像上面两个例子中依循系联图式建构起来的话题链，我们称之为"纽结式"话题链。严格说来，使用"纽结式"这个术语概括依循系联图式建构的话题链并不特别精准，因为依照系联图式建构的话题链，有的链际标记相当明显，有的则不够明显，且依据链际系联的情况又可以划分为三个小类：并列式、插槽式和缀联式。鉴于系联图式主要偏重聚焦不同话题之间的关系，而且不同话题引领的话语彼此之间往往形成纽结缠绕的关系，故而权且使用具有"原型"意味的"纽结"来指称这类话题链。现分别结合具体语例简介并列式、插槽式和缀联式等三个小类。

　　先看并列式话题链的情况。大量叙事性语料表明，具有血缘或姻缘关系的不同事物、（准）基本范畴层次[②]的同一种属的不同事物，在建构话题链的过程

---

① 详见天益网-天益思想库：http://www.tecn.cn/data/detail.php? id=13975。
② 基本层次范畴的事物在形象感知、功能定位、语言形式表现和知识组织能力等方面，具有极大的相似性，对于这个层次范畴的事物的识解，大脑所要花费的认知努力差别不大。关于"基本层次概念"的深入阐释，请参阅：张敏.认知语言学与汉语名词短语[M].北京：中国社会科学出版社，1998：59。

中,可以被相对自由地并举连缀在一起构成语义连贯的话语。请看下例：

　　(23) a. **(小兔子)** #¹会从她们手里吃一片菜叶, b. **(小鹿)** #²在她们
　　身边吃草, c. **(驯鹿)** #³在一旁兴奋地跳跃, d. **(小鸟ᵢ)** #⁴则停在她们的
　　肩上, e. ①(∅ᵢ) #⁴唱着动听的歌儿。(《格林童话·白雪和红玫瑰》)

上面这段话语,之所以会让受话者认为其语义是密切关联的,并且在识解这段
话语时不需要花费过多的认知努力,就能将相关信息整合起来,主要是因为
"小兔子、小鹿、驯鹿、小鸟"等话题所表征的事物,都可以归到"动物"这个宏观
范畴之中,而且在该范畴中,它们具有基本平等的地位,而且它们也都可以依据
"她们"获得明确的定位。所以,即便调整上述小句的顺序,对话语重新进行组
合,比如将上例中的句序按照"b.- a.- c.- d.(- e.)"或者按照"c.- a.- b.- d.(- e.)"
的顺序组合,甚至还可以在保持连词"则"的句法位置不变的情况下,将"d.(-
e.)"与前面三个小句互换位置(如调整为: a.- b.- d.(- e.)- c(则))②,几乎都不会
妨碍话语的识解,为直观起见,现将编序后的话语呈现如下(序号一仍其旧,分别
添加上标以示区别):

　　(23⁻¹) **(小鹿)** 在她们身边吃草, **(小兔子)** 会从她们手里吃一片菜
　　叶, **(驯鹿)** 在一旁兴奋地跳跃, **(小鸟ᵢ)** 则停在她们的肩上, ∅ᵢ唱着动听
　　的歌儿。
　　(23⁻²) **(驯鹿)** 在一旁兴奋地跳跃, **(小兔子)** 会从她们手里吃一片
　　菜叶, **(小鹿)** 在她们身边吃草, **(小鸟ᵢ)** 则停在她们的肩上, ∅ᵢ唱着动听
　　的歌儿。
　　(23⁻³) **(小兔子)** 会从她们手里吃一片菜叶, **(小鹿)** 在她们身边吃草,
　　(小鸟ᵢ) 停在她们的肩上, **(∅ᵢ)** 唱着动听的歌儿, **(驯鹿)** 则在一旁兴奋地
　　跳跃。

据此可见,由表征(准)基本范畴层次的事物的话题引领的小句所形成的并列式

---

　　①　因为小句 e.中的零形式话题表达式与 d.小句中的话题"小鸟"同指,在下文的分析过程中,将
　　"d.- e."视为一个单元进行语序变换。
　　②　为节约篇幅计,这种调序,仅举一例。

话题链,在句法组合顺序上,具有相当大的灵活性。之所以具有这等灵活性,或许主要是因为表征认知基本层次范畴的词语所指称的同一类事物在形象感知、语言形式识解及话语组织能力等诸多方面,都存在显著的相似性,因而对于表征这个层次范畴事物的名词的识解,大脑所要花费的认知努力差别不大。鉴于此,在进行话语建构指导或训练的过程中,教师不妨引导学习者在把握话语底层的篇章语法规则的基础上,积极进行多种尝试,以切实提升话语建构能力。

然而,一旦把上例中表征(准)基本范畴层次事物的话题表达式调换成表征不同种属事物的话题表达式之后,我们很容易就能发觉,话语识解的难度会因而显著增加,甚至会认为话语内部的句法、语义变得杂乱无章、难以理解,比如对例(23)作下述调整时,记作(23′):

(23′)(小兔子)♯[1]会从她们手里吃一片菜叶,(小河)♯[2]在她们身边哗哗地流淌,(小汽车)♯[3]在一旁突突突突地响着,(小鸟)♯[4]则停在她们的肩上,唱着动听的歌儿。

尽管"小兔子、小河、小汽车、小鸟"等事物的相对空间位置都可以直接或间接依靠"她们"以及"(她们)一旁"获得确定,但是汉语母语者仍然倾向于认为(23′)这样的话语在句法和语义上缺乏必要的连贯性。这足以证明:将表征不同类事物的基本层次范畴的词语作为话题表达式建构话语时,即便这些话题表达式的所指彼此之间的空间相对位置关系非常明确,也并不必然能够建构出句法语义连贯的成段话语。这也可以反向证明例(23)这段话语之所以会让母语者将之视作语义连贯的话题链,关键在于"小兔子""小鹿""驯鹿""小鸟"等都属于"动物"这个范畴中地位基本相当的事物,母语者因此可以依据认知常识,将它们纳入系联意象图式从而获得信息识解。

下面,让我们再来看看"插槽式"话题链的情况,实例如下:

(24)栗子以『良乡』的最为有名。⌞(良乡县在河北,北平的西南方,平汉铁路上。其地盛产栗子)⌟。然而果树北方到处皆有,固不必限于良乡。(梁实秋《栗子》)

(25)『《闽小记》』[1]里所说『西施舌』[2],不知道是否指蚌肉而言,色白而腴,味脆且鲜,以鸡汤煮得适宜,长圆的蚌肉,实在是色香味形俱佳的神品。⌞(《闽小记》是清初周亮工宦游闽垣时所作的笔记)⌟[1]。

⊥（西施舌属于贝类，似蛏而小，似蛤而长，并不是蚌，产浅海泥沙中，故一名"沙蛤"。其壳约长十五公分，作长椭圆形，水管特长而色白，常伸出壳外，其状如舌，故名"西施舌"）⊥^{2}。（梁实秋《西施舌》）

上面例（24）中的"『良乡』"这个部分，在功能上，像是电脑主机上可供插入外接存储设备的槽口，它为接入更多话语信息提供了可能性或物质基础，而其后的"⊥（良乡县在河北，北平的西南方，平汉铁路上。其地盛产栗子）⊥"这个部分，则像U盘或移动硬盘所包含的信息，可以为我们附加提供更加丰富的信息，即便将之删略，一般也只会影响信息的"精制"程度而不会导致话语主体无法识解。因此可以说，通过这种方式建构的话题链是附属性的结构。在例（25）中，"『《闽小记》』""『西施舌』"也是两个外接信息的插槽口，后面"⊥（《闽小记》……）⊥"与"⊥（西施舌……）⊥"这两个部分，都可谓主话题链上插接的精制性信息。若将它们删去，则并无不可，至多只会弱化信息的明确度，让有的读者对"《闽小记》"和"西施舌"这两个概念心存某些疑惑而已。更何况，很多读者往往抱有陶渊明《五柳先生传》中所述的"好读书，不求甚解"[①]的观念，通常并不会在意"《闽小记》"作者究竟是何人，而会止步于将之识解为一个信息源。因此，若将此信息源删略掉，则基本无碍于主话题链信息的理解；对于"西施舌"，有前述观念的读者大概率也会止步于将该说法判断为基于隐喻思维而对某种水产品所作的形象化称谓，而不一定会渴求索解"西施舌"究竟为何物。

在自然语料中，如上面（24）（25）两例的后接性插槽，都是跨越长短不一的篇章距离而发生的信息插槽；还有的则是即时插槽，这种情况将在下文讨论另一个例子时顺带分析，此处不再特别举例。

让我们暂且先考察缀联式话题链的情况。其实上面例（22）中后三个系联成分都可以算作缀联式插槽，这三个缀联成分依次发挥表明属性、揭示原因、例示证明的作用。下面再举一例，加以分析：

（26）当年土匪出身的军阀不少，但最出名的两个，一南一北，南有『干帅』^{1}⊥（广西军阀陆荣廷，字干卿）⊥^{1}，北有『雨帅』^{2}⊥（东北军阀张作霖，字雨亭）⊥^{2}，相比较起来，陆荣廷昙花一现，很早就从政治舞台上消失，而张氏父子，则纵横天下几十年，1924年以后还当了北京政府将

① 袁行霈.陶渊明集笺注［M］.北京：中华书局，2011：344.

近四年的家，身材瘦小，其貌不扬的张作霖，最后还做了一回安国军军政府的大元帅，☒（按他的爱将吴俊升吴大舌头的话来说，也算是当了一回皇帝）。（张鸣：张作霖张学良父子头上的光环①）

上例中，"『干帅』『雨帅』"这两个部分和其后缀联的"⊥（……）⊥"部分，便是上面所说的即时插槽的情况，在插槽处即时接入相关信息进行精制，如此组织话语的好处是，可以及时消除信息的不明确性，但是很可能会造成语流的梗阻，特别是当"⊥（……）⊥"部分所包含的信息相对较多、话语过长时，即时进行信息的精制则是不可取的。上例中"☒（……）"部分，则是常见的一种系联方式，言说者利用表示信息来源的元话语标记语"按……来说"，将相关信息缀联在基本话语之后，可以进一步丰富表述的内容。

⑥ 与"时序象似"图式相应的话题链形式：

时间顺序观念也是人类认知结构中一个极为基本而重要的观念，是物理世界中两个相互关联的事件之间最本质的或者说第一性的关系。在长期的主客体相互作用的过程中，物理世界的时序结构会在大脑的认知域里投射出象似的结构，这是由于客观世界发生的事件在大脑感知的时间轴上总是顺次出现、稳定地呈现前后接续的关系。此即构成所谓"时序象似"意象图式。大脑在认知客体世界的事件时、在理解或建构话语时，都会依据这样的意象图式。这种识解倾向或规律，戴浩一、黄河（1988）将之归纳为"时间顺序原则（the principle of temporal sequence，PTS）"和"时间范围原则（the principle of temporal scope，PTSC）"。鲁川（2001）也提出了"时空地位大小律"的观点，其内涵与戴浩一主张的"时间范围原则"近似。在建构话语（特别是叙事性话语）的过程中，除了要追求特别的效果而采取相应的手段重新进行组配之外，常规的情况下，一般都会遵循时序象似的意象图式组织话语。对于言说者和受话者来说，这都是更为经济、省力的。反之则会增加认知负担，甚至会导致话语难以理解。请看下面的正向例句：

（27）**七点**起床梳洗完毕，吃点饭，**七点二十**轻轻松松出门，到门口上班车；上了班车还有座位，一直开到单位院内，一点不累。**晚上**回来也很早，**过去**要戴月亮，**七点多**才能到家；**现在**不用戴了，单位五点下班，她**五点四十**就到了家，还可以休息一会儿再做饭。（刘震云《一地鸡毛》）

---

① 详见天益网-天益思想库.http://www.tecn.cn/data/detail.php? id＝13975。

（28）他**先**是绕着圈子赞美秋派艺术，**然后**又谈到当前的豫剧发展形势，秋小兰只是听着，没吭声。**最后**落到了主题上，说到了这出戏。

（计文君《天河》，《小说月报》2008 年第 10 期）

时序象似的意象图式，在具体的话语层面，既可以体现为相对具体的时间名词或短语的铺排，如例（27）的"七点、晚上、过去"等等；也可以体现为表示顺序的连词的衔接联缀，如例（28）。在上面两段话语中，除个别临时插入以作对比的情况外，就其大体而言，子句的先后顺序，与它们各自所描述的事件的发生顺序相互对应，构成典型的时序象似型话题链。这种话题链的内在结构可以抽象表示如下（其中，S 代表小句，T 代表话题）：

$$S_1(T_1) \longrightarrow S_2(T_2) \longrightarrow S_3(T_3) \cdots\cdots\!\!\triangleright\ S_n(T_n)$$

由于这种话语排列顺序与时序象似模式同构，因而大脑在处理话语信息的时候，所要付出的心理努力相对较小。相反，如果借助某些显性的标记打破原有的次序并重新组配话语，就会大大增加信息处理的心理负担。这就好像将一幅完整的山水长卷切割开来，按照原有的（如从左到右的）顺序将各个部分分别编号，再打乱次序，尽管我们可以依照编号，在心理上将各个部分的风景重新拼接起来，但是这样处理的认知努力无疑是巨大的，特别是当切割的部分数量过多时。这种知觉分辨上的规律，认知心理学已有相关实验可作为有力的证明，具体可参阅王甦、汪安圣《认知心理学》[①]第 2 章的有关论述，不作赘述。

3.3　元认知在话题链的形成与维护中的作用

上一节重点讨论了话题链建构的内在认知机制，并在此基础上对话题链作出大致分类，下文将结合具体语料，尝试讨论元认知在话题链的形成与维护过程中的话语表现及其作用。在分析正向材料的同时，我们也将结合非母语学习者所生成的偏误性语料，从反向讨论元认知在话题链的形成和拓展过程中的表现。

在话语生成的过程中，大脑内部的思绪是多维复杂的，其状态可用刘勰所说

---

① 　王甦，汪安圣.认知心理学［M］.北京：北京大学出版社，2008：30 - 78.

的"万途竞萌"和"云蒸霞蔚"①来形容。而表达这种纷繁复杂的内部思绪的语言符号,因其能指的音响特征的限制,只能在一维的时间轴上顺次展开,然则纷繁复杂的内部思绪要转化成具体的话语,就必须考虑言说的策略与方式等方面的问题,比如:选择什么作为述说的起点?先说什么?后说什么?在述说的过程中,为了更清楚有效地表达意图,为了帮助受话者接受理解信息,应该怎样做相应的调节?

　　内部思绪转化为具体的话语,是一个复杂的认知过程。按第2章所引弗拉维尔的观点,元认知就是"关于认知的认知",它以各种认知活动的某一个方面作为其对象,进行观照、调节。据此可以认为,在话语生成过程中,元认知必然也发挥作用,既会制约言说者对述说策略和述说起点的选择与确立,也会对话语的组织过程产生影响,还会根据对已经生成的话语的监控及对受话者信息/知识状态的预测,对生成中的话语进行相应的调节。

3.3.1　元认知的前调节及其在话语层面的表现

　　就其发生时间而言,元认知对话语建构的调节,可以分为前调节和后调节两种情况。严格地说,真正意义上的前调节我们是无法直接观察到的,它发生在大脑这个黑匣子中,受神经语言学和心理学发展水平的制约,目前,我们还无法对这种前调节过程直接进行细致深入的观察。而本书所谓的前调节,是宽泛意义上的表达,指的是在话语生成之前或之初,言说者对所欲表达的信息及相应的表达思路与策略等所展开的调节。在具体的话语层面,可以体现为对话题的选择与确定,也即对述说对象作出选择和相应的安排。作一个不恰当的比方,这种意义上的前调节等于为受话者作出某种先行的预报,以便帮助受话者激活大脑中相应的知识,从而更好地接收信息、理解话语。请看下面的例子:

　　　　(29)桥多种,用多种,Ω(贪多嚼不烂,想只说一点点自己感兴趣的)¹。Ω(惯于厚古薄今,仍先说古)²。记忆中浮出两个,巧,都见于《庄子》。……(张中行《桑榆自语·桥》)

　　　　(30)人,如果翻《济南府志》,可说的总当不少吧;Ω(可是闲居作赋,就不宜于那样大动干戈,而是应该行所无事,想到哪一位就说哪一

---

①　陆侃如,牟世金.文心雕龙译注[M].济南:齐鲁书社,1995:359-360.

位）。最先想到的是李清照……接着想到的是王渔洋……（张中行《桑
榆自语·历下谭林》）

上面两例中，"Ω（……）"黑亮显示部分标记而出的信息，就是言说者在话语生成
中的认知前调节机制在言语层面留下的印记，都体现出言说者的元认知机制对
话语生成过程的调节。例（29）中，"Ω（……）^{1}"部分体现的是话语生成之初，言
说者对于所欲谈论的话题的筛选与确定，"Ω（……）^{2}"部分显示的则是言说者对
已经选择出的话题所作的顺序安排；而例（30）中的"Ω（……）"部分，显示的也是
言说者对话语生成所作的前调节。元认知的这种前调节机制在话语层面形成的
印记，有助于受话者借此而把握言说者的思维轨迹，从而可以更明确地接收信
息、理解话语。

3.3.2　元认知的后调节及其在话语层面的表现

而话语建构过程中更常见、更便于研究的元认知调节现象，或许应是后调
节[①]行为。这种调节行为，是在话题链发生一定的延展之后，言说者在元认知监
控之下，意识到前述话题链或者其中某个部分的信息表述得不够准确、明晰，可
能会因而影响受话者高效、准确地接收与理解信息，便会对前面已经传递的信息
进行相应的调整，这种调整通常表现为多种情况，如对前述话语内容或者言说方
式进行评价或概括、修正或补充、细化或例示，甚至会随着意识的不断"外溢"，而
进一步衍生出新的认识，从而使自己的话语表达条理更加明晰、意蕴更加准确丰
富，更加符合所要传达的修辞意图、更恰切地达到预期的效果。

下面从意识的特点出发试析后调节高频发生的动因。人的自我意识可谓意
识的高级形式，它将认知主体及其活动作为意识活动的对象，从而对人的认知活
动，特别是对表现为言语的意识活动过程与结果发挥监控调节作用。自我意识
的监控机制，通常情况下都可以实时监控人脑对于信息的输入、加工、存储与输
出，并相应地调节自己的思维和行为。但塞尔认为，并非所有意识状态都涉及自
我意识。在他看来，在意识的活动过程中，当大脑意识到某种东西的时候，并不
总能意识到自己在意识到那个东西，意识主体并不总是具有一种二阶觉知

---

　　① 　本小节关于话语中后调节现象的讨论，参考了刘大为（2008）《自然语言中的链接结构及其修辞动
因》一文中的相关论述，该文是刘先生在复旦大学首届"望道修辞学论坛"所作的大会报告。

(second-order awareness)①，因而认为那些以为大脑所有的意识状态都涉及自我意识的看法实际上是错误的。因为，在意识活动的过程中，如果意识主体总是具有二阶觉知，总是能够"意识到自己在意识到那个东西"，那么大脑就可以对意识活动、认知活动进行实时监控；如果大脑的元意识确实总是有效地进行实时监控，在言语活动中也就不可能出现"扯远了，回到原题"之类的后监控、后调节现象②。请看下例：

> （31）《读书》的一位编辑向我约稿，可我很长时间都没有写出一篇与其风格一致的文章。后来我想，这些意旨和气质相关的短小文字符串连起来，比较活泼好读，也许可以为杂志减少一些沉闷气息。编辑收到稿件后，表示要把它们拆开来用作补白。我开始觉得不符合我的初衷，有点犹豫。现在看来，这样用出来似乎更好地为杂志减少了一些沉闷，增添了一些活泼和轻松。
>
> Ю(¶顺便说一句¶，今年的《读书》杂志实在太沉闷了，比以往任何都更沉闷。)
>
> Ю(¶以上的话说得有点偏离，还是说我自己吧¶)。很多朋友注意到，这些短小的文字与我以前的文字气质和色彩都不一样。（摩罗2002 答《凤凰周刊》杂志问）③

摩罗一度在《读书》上发表了一些百余字篇幅的随感，上例所引的这段话语，是他在回答出于何种写作动机而写作发表这些随感时说的。毫无疑问，回答应该密切针对写作的动机展开说明，但是摩罗在简单叙说最初的发表动因的过程中，思想意识却溢出原来的轨道，转而对《读书》杂志在当年所呈现出的整体风格进行

---

① 具体可参阅：约翰·塞尔.心灵、语言和社会[M].李步楼，译.上海：上海译文出版社，2001：70。

② 这种情况之所以会发生，或许是因为意识的一个重要特征，即"外溢"(overflow)，这是指意识经验总是指向自身之外的东西，我们绝不是仅仅具有某种孤立的经验，这种经验总会延续到其他经验，而"我们的每一种思想都向我们提示其他的思想。我们看到的每一个景象都涉及未见的事物"(约翰·塞尔.心灵、语言和社会[M].李步楼，译.上海：上海译文出版社，2001：77。)。在话语生成的过程中，一旦言说主体的注意力衰减，其元认知的监控机能往往也就随之减弱，这就导致了意识的"外溢"，话语表达也会因而溢出原来的轨道、发生偏离，如果元认知的监控机制能够及时察觉，则会马上作出后调节；反之，如果元认知监控未能及时发生作用，话语就会"越扯越远"，甚或无法返回原来的话题。这种现象在自由聊天中很常见，而在书面语篇则相对少见，这主要是由于元认知的监控调节的作用，不当的溢出大都已被屏蔽掉了。

③ 摩罗.答《凤凰周刊》杂志问[M]//不死的火焰.北京：中国工人出版社，2002：319.

评价,"Ю(¶顺便说一句¶,今年的《读书》杂志实在太沉闷了,比以往任何都更沉闷)"这个部分就是其思维溢出的表现,就其所述信息的本质而言,也可以说这种临时性的思维溢出是元认知后调节的结果,言说者想进一步衍生出新的信息,但是他随即又意识到自己的述说偏离了"写作发表的动机"这个话题,所以立刻对自己的话语重新进行调节,转而述说与前述话题直接相关的内容,因此可以说,"Ю(¶以上的话说得有点偏离,还是说我自己吧¶)"这部分话语乃是摩罗的元认知监控对前述话语进行二次后调节的产物。

在自然生成的话语中,元认知的后调节机制所形成的印记广泛存在,表现为多种情况。鉴于"文有法而无定法"的客观事实,又因关于篇章层面的组织结构之法的研究尚处襁褓之中,不可能也不必进行严格的定量研究,下面暂且作举隅性的简要探究。先看下例:

（32）沈从文是个写文章的人。也许有人会觉得奇怪,写文章的人不就是作家么？不,这并不一定就是一回事,我在中学就开始读沈从文的文章了。……

　……………

Ю(上面这些意思就是想说明沈从文为什么是个写文章的人,可能依旧一点都没有说清楚)。(黄裳《黄裳自选集·宿诺》)

上面例(32)中"Ю(……)"所标识的文字,体现的是言说者在行将结束一段述说之际对前述话题链所述核心意旨的概括,以及对其表达效果的自我评价。这段兼具概括与评价功能的话语,是元认知后调节机制在言语层面留下的印记,有助于帮助受话者更加简明地把握前述话题链中的关键信息,而且还暗示后续话语将会对前面的话题做进一步述说,这种暗示可以帮助受话者更加明确地理解言说者的修辞意图。

下面再举两个针对话题链进行修正或补充的例子。例示如下:

（33）一溜河沿在前海的东北角……

　……………

Ю(说到秦火,有离题万里之嫌,还是转回头来说一溜河沿)。它变了,逝者如斯,不舍昼夜,万事都是如此,也就不必多说。……

上例中"Ю(……)"所标识的内容,体现的是言说者在元认知监控之下发现言说对于话题的偏离,便随即作出相应的调节、改变,将表述重新拉回原来的话题。如果不做这种后调节而任由话语随着意识不断外溢,那么无疑会影响受话者对话语的理解。

现在再来看一个对话题链进行信息补充的例子:

（34）这时候前面一副桌头上演了一出小戏,一个年轻一些的正和一位生了山羊胡子的老者在"揖让"。**Ю(——这里我想补说一点关于本地人的礼貌的说明）**。有一次我独坐一副座头,光临了两个不相识的人物。他们开始用四川话向我围攻了,看姿态又非寻衅。我是莫名其妙的惴惴然,后来才知道他们两位是想要请我坐到高处的。

上面的例(34)中"Ю(……)"部分显示的是言说者对话语的后调节,该部分之后的话语,体现的是衍生性的新信息,是由当前发生的某个具体情形拓展引申到相关的情况,这种信息衍生,可以帮助受话者更加具体、细致地知晓、体悟"本地人的礼貌"的特点。

在自然语篇中,元认知的后调节机制在话语层面所留下的印记,在其形式的多样性与分布的广泛性上,明显高于前调节所留下的印记。比如,具有扩展或补充信息、总括信息、比况例示等等功能的话语,基本可以看作元认知后调节在话语层面的体现。在第2章中,我们从话语形式标记层面对这种话语现象作过相关说明,不妨参互阅读,不再赘述。

3.3.3　不成功的元认知后调节及其话语表现

在上一小节中,所举的语例都是母语者建构的话语,可以说都是正向的例子,在上引的若干段话语中,元认知的监控调节都发挥了积极的功效。下面,笔者将针对初、中级非母语者所建构的夹杂偏误现象的语料,尝试分析不成功的后调节及其话语表现。

经过对初、中级水平非母语学习者所生成的话语材料的深入分析,笔者发现,在使用汉语建构话语的过程中,初、中级水平的留学生会表现出迥乎不同的元话语监控调节水平,基本可以分为两种情况:① 汉语水平相对较高的学生,在生成话语的过程中,具有明确的元认知前调节意识和相应的话语组配能力;

② 汉语水平相对较低的学生,通常不会出现前调节现象,而只会对话语进行后调节,并且这种后调节行为发生频次明显低于水平相对较高的学生,而且其后调节还经常是不成功的。

为了证明上述差异,让我们先来考察具有明确的前调节意识与相应调控能力的情况,例示如下①:

> (35)A:川村,麻烦你件事儿,能不能帮我打个电话给山田,我打她的电话,一直打不通。
>
> B:好的。我前两天打电话给她了,她感冒了,嗓子真疼了,说不出来话。
>
> A:哦。对了,川村,你前天是不是也生病了? 上课时很没有精神,回答问题也说错了,你以前可从来不这样啊。
>
> B:呃……,对不起! Ω(呃……**听说老师结婚了,已经有孩子了,是吗?**)
>
> A:是啊!?
>
> B:呃……,前两天,我来老朋友了,九、十点睡也很困,真没有力气,不好意思。
>
> A:那你多注意休息吧。
>
> B:谢谢老师。

上面的这段对话中,"Ω(……)"部分可谓是元认知前调节行为在话语层面的映现。在对话过程中,学生并没有直接回答教师的问题,而是先偏离开去,询问、求证教师的婚姻及生育情况,然后才对前面的问题作出回答。正如董奇所言:"学生对自己学习中感知、记忆、思维、想象等认知活动的再思考、再认知和进行积极的监控,这就属于更高层次的元认知活动的范围了。"②据此可言,上例中那名学生所采取的应对方式,无疑是其在言说过程中积极地进行元认知监控、调节的体现。而所谓元认知监控就是"主体在进行认知活动的全过程中,将自己正在进行

---

① 该例是本人与所教班级中一名日本留学生在课后的一段对话的记录。该生名叫川村＊保,上课时最为认真,平时也特别努力,因此进步远比一般学生快,在一年级第一学期末,其汉语水平便已达到本科毕业的要求。

② 董奇.元认知与教会学生如何学习[J].教育论丛,1989,5:16.

的认知活动作为意识对象,不断地对其进行积极、自觉的监视、控制和调节"。①
此外,值得注意的是,在上述对话过程中,该生前后三次使用表达迟疑情态的叹词"呃"。综上所述,我们认为,该生之所以要先行求证确认教师的婚姻生育状况,或许是出于两种考虑:一方面可能是要判断向交际对象述说某种信息的合适性程度;另一方面则可能是要判断交际对象是否具有相关的知识储备或生活经验。这种先不直接应答而是在迂回确认信息之后再说明自己课堂上之所以表现异常是生理期特殊情况使然的言说策略,无疑可以证明该生在使用汉语进行交际的过程中,已经显示出鲜明的前调节意识。

在我们所收集的语料中,更常见的是元认知后调节机制发挥作用的现象。下面先举两个例子:

(36)今年我的寒假很有意思。上外大学的寒假很长,我很高兴。**IO(寒假从一月七号到二月二十二号)**。(留学生作文)

(37)我来上海,是为了学习外语,了解外国文化的。来上海之后,我常常交外国朋友,所以现在我有很多好外国人的朋友。

我交朋友的时候,我尽力笑容不绝,还有最重要说外语。现在我外国人的朋友是多半俄罗斯人、哈萨克斯坦人、韩国人。我在日本的时候,实在我没有兴趣这样的国家,所以当然我不知道这样国家的言语。不过,我当会俄语和韩语一点儿。朋友们说:"你的俄语 **IO((或者韩语②))**[1]越来越很好,还有好听。"当然我很高兴,然后还有我学习外语。

来上海之后,我会汉语、韩语、俄语一点儿。我想会很多外语的话,可以更交很多外国人。我还没有学会这样的外语,但是我愿望学会汉语、韩语、俄语,还有别的外语也。

IO(还有我的朋友们很好而且很有趣的人)[2]。(留学生作文)

在上面例(36)中,由于"我很高兴"的心理叙写,关于话题"寒假"的信息延展被迫中断,在叙写心理之后,言说者的元认知监控或许察觉到"很长"是一个比较模糊的概念,需要进行信息的精制,所以就在后续的话语中,追补了关于寒假具体长

---

① 董奇.论元认知[J].北京师范大学学报,1989,1:70.
② 在原文中,作者使用圆括号补充了"或者韩语"这个信息,因此,我们将之分析为元认知后调节的现象。

度的信息。这样处理就导致和寒假相关信息被分开编码。而在例（37）中，"Ю（……）¹"所标识的信息，即"或者韩语"，明显是不妥当地进行元认知后调节的结果，因为直接引语前面的言说主体是"朋友们"，由此可见，该留学生显然是将两次或多次交流的情况进行了信息叠加。如果直接引语中间使用的是表示加合关系的"和、跟、同、与、及"等连词，而并非表示析取关系的"或者"，抑或如果该生以间接引语的形式概述出相关信息，通常也不会出现篇章层面的句法不当问题，然而该生采用的却是直接引语的形式。在转写单个言说主体的单次对话的直接引语中，母语者无疑不会如此叠加信息。在该例的最后一段中，"还有"的使用，表明言说者是要对前述的话语信息进行补足，因而可以认为，"Ю（……）²"显然是言说者进行不恰当的后调节的结果。从句法结构来看，"很好而且很有趣的人"虽然可以判断为一个偏正短语，但从其功能来看，该偏正短语实则发挥着述题的功能，它与其前的"我的朋友们"构成"话题—述题"关系。如果为了保证话语的衔接与连贯，应将之与前文中具有同指关系的话题引领的小句就近联缀（如联缀于第二段的"我外国人的朋友是多半俄罗斯人、哈萨克斯坦人、韩国人"之后，对朋友们进行总体性评价，可以保证话语的衔接与连贯），然而，如上例所示，"Ю（……）²"却是孤立成段、附加于话语最后，而其前自成段落的一整段话语的话题都是"我"，如此组配话语，很明显会导致话语的不连贯。

上面讨论的这种后发性的信息补缀现象较为常见，针对口语中的信息易位、追补及其背后的互动机制的研究较多（可参阅陆俭明，1980；张伯江、方梅，1996；张燕春，2004；毛浩然，等，2018；完权，2021 等）。在口语中，信息的追补或追加（after thought）是极为常见的现象，这主要是由于口语表达在时间上的紧迫性，言说者往往难以从容地思考，所以就将先想到的信息先行表达出来，及待元话语的监控机制让言说者意识到前述话语的意犹未尽甚或是存在某种错谬，言说者往往就会追加一些话，对前述话语进行相应补充、注释或更正等。[①] 如下例：

（38）过去那会儿，不是嫌寒伧吗，没解放那会儿。（转引自陈建民《汉语口语》）

在上例中，言说者所说的"过去那会儿"指的就是"没解放那会儿"，在表述过程

---

① 陈建民将"追加"分为"语法上的追加"和"修辞上的追加"两种，具体可参阅：陈建民.汉语口语[M].北京：北京出版社，1984：210 - 226。

中,言说者对"过去那会儿"已经作出评价,但是元话语监控机制让言说者意识到受话者可能不清楚"过去那会儿"究竟指什么样的时间段,便通过信息的追加,对前述话题所传达的信息进行精制。这种现象在口语中是极为常见的,一是因为在进行口语表达时,言说者没有足够的时间对信息进行妥善的处理、精制;另一个重要原因是语言符号能指所具有的音响特征,使得话语只能沿着时间的一维向度展开,已经发出的话语,也无法再作删略,就只能采取后调节进行修正或追补。

但是,在进行书面写作的过程中,言说者一般都有足够的时间仔细考虑,因此,正常的元话语的监控机制,能够从容地对话语生成的过程及其结果进行监控、调节,甚至可以把监控所发现的不妥当的地方删略掉,重新组织话语。而在例(36)所示的这段话语中,作者并没有将与寒假有关的两个信息一起编码,这或许正可以说明,在用汉语生成话语的时候,作者还没有形成应有的元话语监控调节的能力。此外,"上外大学"(实应缩略为"上外")缺乏必要的引介铺垫,让一般读者难以和前面话语中的话题"我的寒假"建立直接的语义关联,受话者至多只能依据"合作原则"的语用倾向,认为言说者是要建立连贯的话语,从而将前后话语联系起来,进行整合处理,但这样做需要付出的认知努力无疑是相对更大的。而在例(37)中,两处"Ю(……)"标示的信息,都是言说者对话语进行后调节的体现。在母语者看来,这两处调节,无疑都是不成功的。在此,只对第二处作简要分析:最后独立成段的句子"还有我的朋友们很好而且很有趣的人",很明显,是言说者试图要针对"我的外国朋友"这个话题进行信息追加,但是这种追加,由于此前一个语段的阻隔,让受话者觉得非常突兀,难以接受,因此可以说言说者的这种后调节是不成功的。

上面两个偏误性语例表明:在使用汉语建构话语时,初、中级水平的留学生虽然已经表现出一定的元认知监控调节意识,但是他们调整信息、组配话语的能力还比较低,这也证明言说者的汉语水平相对还比较低,但究其根本,问题的关键恐怕还是由于非母语学习者们基于汉语思维的元认知监控调节能力还不足,亟待教学者设法进行富有针对性的训练。

至此,我们可以作出如下两点推论:① 在话语生成的过程中,元认知监控调节机制能够有效地维护话题链的延展,能够保证话语表达的条理更加明晰、意蕴更加准确丰富,以便更好地传达言说者的修辞意图;② 言说者所体现的元认知监控调节能力的高低,可以视作衡量二语习得者(或初级阶段母语学习者)汉语表达能力高低的重要参项。当然,第二个推论能在多大程度上成立,还需做更为细致的论证,这是我们将来努力的方向,暂且不再展开。

第 4 章　话题链的信息结构分析

> 信息结构研究,注重考察信息在特定语境中的形式表现,如果没有形式向度的证明,所开展的研究工作就并非真正意义上的信息结构研究。
>
> ——Knud Lambrecht
>
> 语言这个音义结合的符号系统可不是一个简单的系统,而是一个具有层级性的声音和意义相结合的复杂的符号系统。……而语言结构系统之所以是一个具有层级性的音义结合的复杂的符号系统,在很大程度上,也正是由语言的"传递信息"这一本质功能所决定的。
>
> ——陆俭明

除非是在特殊的情况下,否则,在日常交际过程中,我们通常不会单独使用一个词表情达意,并且也很少只说单个的句子,往往会说出或者写出一个个相互关联的句子串,这就会形成所谓的自然语流,其中(除一些无意义的语言游戏之外)大都含有言说者意欲传达的、内涵丰富的信息内容,据此可以说,语言交流的过程也就是信息传达的过程。在言语交流的过程中,为什么有的话语让我们觉得连贯顺畅、容易理解?为什么有的话语又会让我们感觉不知所云?为什么从句法形式标记的角度看有些话语之中的每个句子都前后衔接、环环相扣,但是从整体语义的角度来看,却又会发现其中有些句子的语义彼此之间并无实质性关联?连贯有序的自然话语背后,究竟具有怎样的结构规律?为了让受话者准确高效地接收和理解话语所包含的信息,言说者又应该遵循何种原则与策略建构话语,从而才能保证话语的衔接与连贯?如此等等,均值得深入探究。

对于上述诸多问题,功能主义学者做过积极探索,并在"信息结构"(information structure)这个实用而便利的操作框架基础上,对话语展开了深入的讨论,并创造出一系列丰硕的成果(例如 Halliday,1967;Chafe,1976;Prince,1981;Gillian Brown & George Yule,1983;Givón,1983;曹逢甫,2005;Lambrecht,1994;陈平,1987、2004;陆俭明,2017、2018、2021;屈承熹,2006;等等)。然而,这些学者分析的基本是正向的语料,对于二语学习者所生成的包含偏误现象的语料,则并未多加关注。本章拟依托信息结构理论等学术思想,对这两种语料展开探索。

4.1 信息结构思想的发展及信息结构的内涵

4.1.1 信息结构思想的发展

论及信息结构的文献为数不少,然而为信息结构作出明确定义的却不多见。下文先结合笔者所接触到的部分重要文献,对信息结构思想的演变作简要的梳理,进而在此基础上重点介绍并简要评论兰布雷希特(Lambrecht)(1994)对于信息结构内涵的界定。

甘贝伦茨(Gabelentz)(1901)提出"心理主语"和"心理谓语"的概念,开启了信息结构研究的先河(转引自 Lambrecht,1994:2)。其后,布拉格学派的"功能句子观"思想,可谓"信息结构"理论的直接萌芽。第二次世界大战前,布拉格学派就在"功能句子观"的框架内,重点探讨句子组构成分的"信递动力作用"(communicative dynamism,CD)[①],这就是所谓"功能句子观"理论。该理论认为,任何一个话段,都可以视为一个逐渐展开意义的过程。话段中的各部分对语段整体的信递效果所作出的贡献各不相同,呈现出动态变化的特点。话段中某些部分对意义展开的贡献很小,因为它们只是表达已经传递过的信息,这种部分(所谓"主位")的 CD 值,被认为是最低的,相反有的部分(所谓"述位")的 CD 值最高,因为它们所传达的是能够推动信递进程的新信息。

率先正式使用"信息结构"这一术语的是英国语言学家韩礼德(Halliday)。他以英语中的小句为论域,讨论及物性与主位问题[②]时,主张句法选择(choice)可以分为三大领域:及物性(transitivity)、语态(mood)和主位(theme)。其中主位关注小句的信息结构,关注作为信息内容的成分的状态,关注正在述说的内容和话语中业已述说的内容之间的关系,以及它们构成的交际行为。他认为,信息属于语义层面,映射(map)到句法层面就形成由句子及小句等确定的成分结构(Halliday,

---

① 戴维·克里斯特尔.现代语言学词典[M].沈家煊,等译.北京:商务印书馆,2002:68.

② Halliday M. A. K. Notes on transitivity and theme in English, Part 2[J].Journal of Linguistics,1967,3:199-244.

1967：199 - 200）。由此可以说,成分结构既反映信息的分布(distribution)状况,又体现所谓信息结构。结构总具有相对确定的组构单位,然而各组构单位在功能地位和信息量值方面存在差异,因此,信息单位(information units)、信息焦点(information focus)和旧—新(given-new)信息就成为信息结构研究的主要内容。这种界定和划分对此后的诸义献产生了巨大影响。值得特别说明的是,在韩礼德看来,"信息结构"主要体现在语音层面。他认为,"语调群是韵律单位,它是信息结构的现实表征,它和句子、小句或其他层次的句子结构不具有同延(co-extensive)性;但在由节奏决定的界限内,它和信息单位具有同延性"(Halliday,1967：203)。

布朗和尤尔(Brown & Yule)(1983)的研究①,是信息结构理论的进一步发展。他们提出:尽管 Halliday 认为在非正式对话中(尤其是在未标记的情况下),信息常会被映射到(be mapped on to)小句上,但是在其相关的扩展性论述中,信息似乎更可能映射到"短语"层面,值得进一步讨论。在对"停顿决定(pause-defined)的单位""音高凸显(pitch prominence)的功能"等展开深入研究之后,Brown 和 Yule(1983：154 - 167)指出:"认为信息结构部分由句法(在语义结构中,比如由'词序(word order)')实现,部分由包括语音凸显和停顿的语音系统实现,似乎是合理的。"对于话语中存在的一个现象,即在利用某些表达式将新实体引入话语时,言说者并未利用音高凸显的方式将指称新实体的表达式标记出来,Brown & Yule(1983：171 - 174)认为,难以依据 Halliday 的理论仅从语音层面作出令人满意的解释,所以他们转而从句法形式的角度研究"信息结构",认为言说者常用不定指表达式将新信息引入话语,随即又使用表定指的表达式来指称新引入的信息成分。通过研究他们还发现,代名词(pronominal)和定指名词(组)(definite NPs),是指称被处理为旧信息的实体的两种主要形式。尽管在语言学文献中这两种形式常被处理为自由变体(free variation),但是两者的功能存在差异:定指名词(组)主要用来标示被替代的(displaced)实体,同时也可以用来标示当前(current)实体;而代名词则只能用来标示当前实体的表达式,而绝不能用作标示被替代实体的表达式。

4.1.2 Lambrecht 对信息结构的界定

昆德·兰布雷希特(Knud Lambrecht)(1994)的 *Information Structure and*

----

① Gillian Brown, George Yule. Discourse Analysis[M]. Cambrige：Cambridge University press, 1983：153 - 188.

Sentence Form: Topic，Focus，and the Mental Representations of Discouse Referents
可谓信息结构研究的集大成之作①。该书试图为句子及其命题信息单位的结构
和语言环境(以及超语言环境)之间的关系提供理论解释,重点考察语法为言说
者提供的、可以表达(不同话境中)既定命题内容的句法形式选择系统。

兰布雷希特(Lambrecht)的研究主要基于以下观察结果:句子的结构,系统
而富有理论意趣地反映着言说者的预设,即言说者对受话者在交际时的知识状
态和意识状态的预设。他认为,言说者的预设和句子的形式结构之间的关系,被
句子语法的规律和规约限制在"信息结构成分"(information-structure
component)之内。在语言的信息结构成分中,作为事件状态概念表征的命题,
依据话语交际坏境,衍化为相应的语用结构。Lambrecht 如是定义"信息结构":

**信息结构:句子语法的组成部分,其中命题作为事件状态的概念表
征,依据交际者的心理状态与词汇语法结构相匹配,交际者将这些结构
用作并解释为特定语境中的信息单位。② (Lambrecht，1994：5)**

概而言之,句子的"信息结构"是语篇中命题信息语用结构化③的形式表达。
为了更加简明扼要地介绍 Lambrecht 关于"信息结构"的定义,现加以图示(见
图 4 - 1):

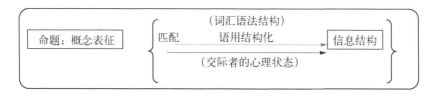

图 4 - 1　Lambrecht 所界定的"信息结构"的示意图

---

① 可参阅:钟小勇.重动句信息结构研究[D].上海:复旦大学中文系,2008.

② Lambrecht 关于信息结构内涵的界定,表述得相当复杂,为防止翻译不妥影响理解,故将原文附引在此:INFORMATION STRUCTURE：That component of sentence grammar in which propositions as conceptual representation of states of affairs are paired with lexicogrammatical structures in accordance with the mental sates of interlocutors who use and interpret these structures as units of information in given discourse contexts.

③ 值得说明的是,Lambrecht 在其论著中使用了一个动名词结构"the pragmatic structuring"(语用结构化),这个用法可以证明 Lambrecht 的信息结构分析具有鲜明的动态属性。

Lambrecht 关于信息结构的定义抽象化程度比较高,理解起来存在一定困难;而陈平(2004:493)也对信息结构做过界定,阐述相对明晰,可以作为上述定义的注解,现援引如下:

> 信息结构是句子组织的一个重要方面。发话人话语中涉及的有关事物以及同它们相关的内容,受话人一方是否了解,熟悉程度如何,是不是对方目前的关注焦点,在这些问题上,发话人都得有自己的估量,并以此为根据,决定自己采用的语言形式,以便与上下文顺畅相连,使受话人容易理解,取得最佳的实际语言效果。信息结构所表现的就是具体语境中发话人在这些问题上的判断、预设及意向。

陈平还简要讨论了信息结构研究的内容。[①] 他认为,语言信息结构一般主要体现为两点:一是事物的指称形式,一是句子的语法组织形式。同一个事物,可以用不同的语言形式指称,如各种名词短语、代词或者零形式等等;同一个命题,可以用不同的句式表现出来,如主动句和被动句等。信息结构主要研究两个重要方面,一个是"话题—陈述"结构,另一个是所谓焦点结构。这种理念与 Lambrecht 的学术思想在实质上甚为相似,故引述于此以作参考。

我们认为,Lambrecht 对信息结构所作的界定之中有两个要点值得大家特别注意:一是,信息结构跟交际双方的心理状态密切相关,言说者需要依据交际语境对受话者的心理状态及其对将要表达的命题信息的识解可能性进行积极的预设,进而审慎选择适当的词汇句法结构与命题信息相匹配。二是,命题信息与词汇语法结构的匹配是一个不断结构化的动态过程。正是这一观点使得信息结构理论体现出鲜明的"结构"属性与"动态"特征,从而与常规意义上的语用学形成重要的区别。Lambrecht(1994:6)指出,韵律、特别的语法标记、句法成分(特别是名词成分)、句法成分的位置和次序、复杂的语法结构和相关词汇项目的选择等等,都可以使信息结构获得形式向度的证明或显示(manifested)。对于词汇句法等传递信息内容的形式手段的重视,使得信息结构研究更具可操作性,这是其富有学术魅力的关键所在。

研究信息结构,理应重视考察传递信息的语言形式,因为语言符号是信息传递的载体,信息能否精准高效地传递,在很大程度上依赖于语言符号要素能否被

---

① 陈平.汉语双项名词句与话题—陈述结构[J].中国语文,2004,6:493-507,575.

精准地选择并获得妥当的动态组配。在言语交际中,包含完整明确的理性意义和具有完句功能的标记符号的句子所传递的信息,是其自身的理性意义与交际语境所提供的相关信息彼此融合、共生浮现的结果。通常情况下,言说者所欲传递的信息丰富多样,且性质不同,功能各异,需要进行结构化处理,以便解析为相对稳定的动态单位如句子、自然语段等等,信息才便于传递、便于理解。陆俭明(2017、2018)亦认为,传达信息的功能是语言的最本质的功能,在交际过程中,人们只能凭借句子、句群、篇章等动态性单位来传递信息,其中句子是信息传递的最基本的单位。他认为,语言信息结构和语言系统具有共通性,也具有其自身的结构系统和内在规律,并对语言信息结构作如此界定:"语言信息结构是指在人与人之间进行言语交际时凭借语言这一载体传递信息所形成的由不在一个层面上的种种信息元素所组合成的以信息流形态呈现的一种结构。"[①]该研究对于我们进一步认识 Lambrecht 的信息结构理论,对于我们更加全面深入地开展信息结构研究,均具有巨大的启发意义,特引鉴于此。

4.2　Lambrecht 信息结构理论框架及相关分析

　　Lambrecht 的"信息结构"包括四个各自独立但又相互关联的范畴:一是命题信息范畴(包含语用预设和语用断言两个方面),该范畴侧重考察命题信息,主要与言说者对受话者在交际时的知识状况和意识状态的预设有关;二是可辨识性和激活性范畴,该范畴既和语言表达式的指称对象在受话者大脑中的心理表征的性质有关,又与这些心理表征在交际过程中所经历的变化有关;三是"话题",它与语篇指称和命题之间的"有关性"(aboutness)的语用关系密切相关;四是焦点,它是语用结构化命题中断言借以和预设相区分的要素,是使话语具有信息性的要素。上述四个范畴可以进一步归纳为两类,前两个范畴跟话语中实体的心智表征有关,可归为一类,后两个范畴跟所指(denotata)和命题的语用解释密切相关,可以归为一类(Lambrecht,1994:334-335)。首先要说明的是,本书主要的研究目的是考察语篇中话题的选择与配列的面貌及其内在的形成机制,这与 Lambrecht 的焦点范畴所讨论的内容明显有别,因此,对其关于焦点范

---

① 陆俭明.重视语言信息结构研究 开拓语言研究的新视野[J].当代修辞学,2017,4:4-14.

畴的讨论,我们不做专门介绍。下面将分别简要说明前三个范畴,并尝试结合其中的相应观点,对本书第 1 章提出的问题及相关情况进行深入研究,以探求相应的可行性解决思路与办法。

4.2.1 信息结构范畴

1. 语用预设和语用断言

Lambrecht 所谓的"语用①预设"(简称"预设")和"语用断言"(简称"断言")与一般文献中所说的旧信息和新信息约略相同。而他之所以未使用"旧信息"和"新信息"这两个术语,是因为在他看来,这两个通常习用的概念混淆了"语用状态"(pragmatic states)和"语用关系"的区别,业已引起极大的混乱(confusion)。他认为"意义"和"信息"不同:前者可以通过单个的词或不同词语所建立的关系表达;而后者跟命题直接关联,只能通过有关联的命题表达,不应和组成命题的词语(或短语)成分等同起来。因而,为了避免混乱,他改用"预设"和"断言"来表示旧、新信息(Lambrecht,1994:46-50)。

Lambrecht 是如此界定"语用预设"和"语用断言"的:

> 语用预设是由句子中词汇语法激发的一系列命题内容,言说者假设在句子被说出时,这些命题内容是受话者已经知道或认为是理所当然的。
>
> 语用断言是句子表达的命题,言说者认为这些命题是受话者在接听话语时希望知道或乐意接受的。

我们认为,综合起来看的话,Lambrecht 关于语用预设和语用断言的论述(Lambrecht,1994:52-58),有以下几个方面值得特别注意:

(1)在作出断言时,言说者通过指明什么是被假定为已知的和未知的信息,表达出语用结构化了的命题,命题不仅要反映事件的状态,还要反映言说者对交际时受话者的思想状态的预设。而言说者预设受话者已经知道或认为是理所

---

① Lambrecht 指出,这里使用"pragmatic"做定语,是为了要和形式语义学中的语义或逻辑预设相区分,形式语义学中的预设和词汇项目的真值条件有关(Lambrecht,1994:61),而语用预设则和真值条件无关,它包含的信息可能为真,也可能为假。

当然的信息，并非是命题，而是命题指向的诸多方面（如某种具体情况、事件等的状态）。

（2）语用预设包括"意识预设"和"关联预设"。前者是指言说者对受话者的意识状态的预设，后者是指言说者对语篇中的文脉关联（contextual relevance）或指称对象的话题性（topicality of a referent）所作的预设，也即对指称对象能够在多大程度上作为当下的言说的兴趣中心的预设。意识预设特别容易受指称对象的"词汇与代词或（音系学上的）零位"等编码方式间的差异激发，或受"音调凸显"（pitch prominence）的差异激发，关联预设则受文脉关联或指称对象被关注的状况激发。

（3）Lambrecht 认为"断言"和"新信息"的意义看似相近，实则截然不同。"信息"和交际行为有关，言说者通过新命题增加受话者的知识或丰富其关于世界的表征（representation）；然而"断言"却是所增加的命题本身。"断言"和一般意义上的"陈述"（statement）不同，它实质上是一种言语行为（speech act）。从信息结构的角度来看，疑问像命令和请求一样，都能传递信息，尽管这些信息并不是以陈述的形式呈现出来。在信息结构框架中，所有非陈述性（non-declarative）的句子，都可以具有语用预设的功能，都能用作断言。

（4）在讨论信息结构的过程中，Lambrecht 特别强调语言形式层面的证明。他认为，判断、评析言说者所作的任何预设，都必须有实在的（actual）词汇或语法结构方面的具体形式作为证明，而任何没有形式证明的预设，都与真正的信息结构研究无关。在传递信息的过程中，言说者必须用某种形式要素激发预设的命题（presupposed proposition）。

（5）预设和断言是共处于同一句子中的不同命题。作出断言是指在一个预设的命题集（可能为空集）和一个非预设的命题之间建立联系，从某种意义上说，后者是被添加到（being added to, or superimposed on）前者之上的。因此，不能把断言看作减去预设的话语，而应看成两套命题的组合（combination），它们的句法域（grammatical domain）都是整个句子或小句。

综上可言，只有当言说者对受话者的知识状况与意识状态作出较为准确的预设，并尽可能妥善地选择恰当的语言形式来传递断言信息、表达语用意图时，其话语才容易被受话者接受、理解；反之，则容易造成理解的障碍。

下面尝试基于上文所引介、评述的信息结构理论，针对非母语学习者所建构的具体语料展开论析：

（1）要回宿舍的时候,一辆出租车很难找,我们等了很长时间,十点多才回到宿舍。（留学生作文）

根据 Lambrecht 的信息结构理论,对于上面这段话语,借助言说者所采用的词汇语法等层面所选用的具体要素,可以推知言说者所作的相关语用预设,具体可以表示如下:

（1′）i) 受话者应该能够推知她们打算坐出租车回宿舍。

ii) 受话者应该能够知道出租车很不好找。

iii) 言说主体("我们")希望早点儿回到宿舍。

上面第一个预设是由词语要素(动词"回""找""等")激发的;第二个预设是数量名组成的短语结构"一辆出租车"激发的;而第三个预设则是由词汇项目"才"这个副词激发的。毋庸赘言,我们便可以看出,上面第一条与第三条预设及相应的语言形式的选择都是成功的;下面以第三条预设为例稍加说明。在上述例(1)的语境中,具有评注功能的副词"才"的功能在于凸显"言说者嫌厌动作或情况发生得晚、不易发生以及等待行为持续的时间长"等主观态度,因而它也就蕴含着"言说者希望动作或情况发生得早、容易发生以及持续时间短"的意思。因此,"才"这个副词的正确使用,能够帮助受话者顺利推知言说者的心理状态。

在上例所示的话语中,第二个预设及其相应的语言形式的选择,则明显是不恰当的,因为"一＋量词＋名词"是一个不定指称①表达式,在接收话语时,受话者无法依据该表达式确定其具体所指,然而在上引话语中,言说者却将该结构表达式的所指关涉的信息预设为受话者已经知道或认为是理所当然的,从而将之作为后续断言的基础,这实质上等于使受话者对断言的理解失去根基,这正是上述话语存在偏误的根本原因。上述偏误是作为留学生的言说者在写作过程中错误选择、运用句法结构导致的。在作文讲评过程中,我们就此向学生做过询问、求证,得知该生实际想要表达的是"出租车很难找,找了很长时间连一辆也没找

---

① 具体请参阅:陈平.释汉语中与名词性成分相关的四组概念[C]//现代语言学研究——理论·方法与事实.重庆:重庆出版社,1991:119-141。在该文中,作者对"有指、无指""定指、不定指""实指、虚指"与"通指、单指"等四组概念的内涵及其相互关系以及它们在汉语中的表现形式和语法特点等展开系统而深入的分析,颇具启发意义。

到"的意思。据此可言,上例中的"一辆出租车很难找"之中的"一辆出租车"这种不定指形式,实则应为表达极性小量①的"一辆出租车(也找不到)";进而可言,该生并未充分理解"一+量+名"这种不定指表达式对于句法环境具有明确的选择适应性,在不同的语境中可以侧重表征不同的信息,不宜简单用之组配话语,而应审慎辨别该无定指表达式在不同句法组合中所能表征的具体信息。综上可言,在第 1 章所讨论的此类偏误性问题表明,有些非母语学习者对某些表达式在不同语境中蕴含的具体信息及其实际功能,尚缺乏深入的理解与精准的把握。因此,在教学过程中,教师应重视引导非母语学习者系统地理解指称形式与指称内容以及指称对象这三者之间的复杂关系。

在非母语者建构的话语中,上述这种偏误现象经常出现,在第 1 章的 1.1.2 之中,我们已经对这类偏误问题作出过归纳,即指称不确定的事物的表达式被用作话题,导致话语难以索解,顺此再从信息结构理论的视角分析第 1 章所示的一个实例(为了便于查看,此处沿用前文的序号标记,为示区别,记作 6′):

(6′) 第二天,我们去了长城,长城很好看。**别的地方**,我们去了故宫和天坛。

在上例中,话题表达式"别的地方"表征的是一个不定指(nonidentifiable)的集合概念,该话语形式具体指称实际语境中的哪些地方,无法确定;尽管如此,但我们相信在实际语境中,该话语形式所指称的地方是切实存在的,只是难以确定具体所指而已。而上例表明,言说者如此运用语言,恐应是因其在心目中预设受话人能够在具体语境中将"别的地方"的所指对象与其后提到的特定事物等同起来,将之视作定指性成分,则其所指明显是确定的,而事实并非如此。上述这种情况表明:上例所示话语的言说者并未充分理解话语形式和"定指、不定指"之间的关系,因而不能正确选择运用话题表达式组配"话题—陈述"结构。对此,教学者有责任帮助非母语者明确定指与不定指之间的关系及相应表达式的语义蕴含和句法组配规则。

请再看一例:

————————————

① 倪建文认为,否定构式"一量名"通过对最小量"一"的否定,实现质的层面的全称否定,详见:倪建文."一……也不(没)"句式的分析[J].汉语学习,2001,4:13-19。此外,巴丹对这种否定构式也展开做过深入讨论,详见:巴丹."极小量+也/都+VP"否定构式辨析[J].励耘语言学刊,2017,2:212-223。

（2）那一天，**有点不好看的男人**来我家了。他一直在门外很大声地叫我姐姐。（留学生作文）

在例（2）中的"有点不好看的男人"，所表征的也是一个不定指的集合概念，对于母语者而言，在具体语境中，无法凭借这种表达式来确定其指称信息，而言说者却将其指称的对象预设为受话者已经知道的或者是理所当然的某个明确的个体（后一小句中所使用的代词"他"可以反证这一点），并在此基础上作出断言，这无疑会使话语缺乏可资理解的前提。如此选择、组配语言要素，表明该例的言说者尚未准确理解"通指""泛指"与"单指"的差异，因而导致话语形式出现偏误。

值得特别注意的是，上面所涉及的偏误问题，还涉及 Lambrecht 信息结构理论的另一个方面，那就是可辨识性和激活性。下一节将在理论介绍的基础上，对上面所讨论的偏误现象做进一步分析。

2. 可辨识性和激活性

从是否为言说双方所共享的角度来看，"可辨识的指称"与"不可辨识的指称"之间的区别和"语用预设"与"语用断言"之间的区别相似：预设是被设想为交际双方共享的知识或表征，断言则为言说者一方独享；而可辨识的指称是共享表征已经存在于交际双方大脑中的指称（通常体现为一种知识储备），不可辨识的指称则只存在于言说者大脑中。可辨识性和不可辨识性与有定性（definiteness）和不确定性之间，存在着重要的语法关联，但因本质不同（前者是认知概念，而后者是形式概念），所以二者并非一一对应。例如在英语中，就存在着定冠词、不定冠词和零形冠词三种语法形式差别，像 the book、a book 和 book（Book is important.）。

如果说可辨识性主要和知识（knowledge）状态有关，那么激活性就和意识（consciousness）状态有关。对于受话者来说，要想处理被话语激发的命题，不仅必须知道相关的预设命题，还必须能够获取这些命题和组成这些命题的元素。因为知道某种东西和想起某种东西是两种完全不同的心理状态。切夫（Chafe）认为，信息的传达不仅需要知识，还需要意识（consciousness）。他还认为，人类的大脑中蕴藏着大量的知识与信息，但是在任何一个时刻，只有其中非常小的一部分信息能够被聚焦（be focused on）或者是激活的（active）（Chafe，1987：22）。在此基础上，Chafe 主张一个特定的"概念"（concept）可以是激活的（active）、半激活的（semi-active）（或可及的，accessible）和未激活的（inactive）等三种状态中的一种①。

据上述观点可知,指称对象的激活状态始终处在变化之中,当新的项目被激活时,当前处于激活状态的项目,就要退往后台,其激活性就要减弱或冻结。比如下例:

(3) a. 从前有座**山**,

b. 山上有座**庙**,

c. 庙里有个**老和尚**……(民间故事)

在上例 a.中,由于存现句引介功能的促动,"山"的心理表征先被激活,相应地,其指称对象也就处在激活状态,但是当 b.句中"庙"的心理表征被激活以后,"山"的心理活性随之就被减弱了,从而退居背景信息地位,待到 c.句中"老和尚"的心理表征被激活以后,"山"的信息活性更是被进一步降低到乃至可有可无的状态,即可及性显著降低;强有力的证据是:如果删除掉 a.句,将上例调整成"从前有座庙,庙里有个老和尚",对于我们一般听读者理解、确定"老和尚"这个 NP 结构的指称对象来说,几乎不会形成影响我们识解语义信息的障碍。然而,在后续的叙述中,如果"山"被重新激活,则它的心理表征的所指对象就会再次进入当下的焦点域,重新获得最高的可及性。

尽管可辨识性和激活性是彼此相对独立的认知范畴,前者关乎知识,后者关乎意识;但是,这两个范畴又以某种可预测的方式相互关联着:一个被预设为受话者不可辨识的指称,必然处在激活性界限之外,因为激活性要求受话者的大脑中要存在相应的心理表征;而一个被设想为可辨识的指称必然表现为"激活、半激活/可及、未激活"等三种状态之一。Lambrecht 将 Chafe 的"概念"修订为指称的心理表征(mental representation),并认为可及的指称通常可以分为三个次类:"语篇可及"(textually accessible)、"情境可及"(situationally accessible)和"推理可及"(inferentially accessible)。Lambrecht 的可辨识性与激活性范畴的复杂关系如图 4 - 2 所示。

---

① Chafe 认为,激活的概念,是在特定的时刻被当下激活的、处于意识焦点域内的概念;而可及的或半激活的概念,是处于意识边缘的、未被直接聚焦的概念,大脑对这种概念只有后台(background)意识;未激活的概念是当下处于大脑长时记忆,既不具有焦点活性也不具有边缘活性的概念。

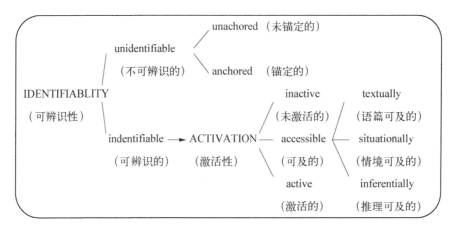

图 4 - 2　Lambrecht(1994)可辨识性范畴与激活性范畴术语关系图

由于受复杂的语境因素的影响,语篇指称的心理表征的认知状态与指称功能的形式手段之间的关联相当复杂,并非一一对应的关系,在此仅借用一例暂作说明而不多加展开:

(4) I heard <u>something terrible</u> last night. (0_1)Remember <u>Mark</u>, the guy <u>we</u> went hiking with(0_2), <u>who</u>'s gay? <u>His</u> lover just died of <u>AIDS</u>. … <u>Mark</u> is terribly upset.(转引自 Lambrecht,1994:110 - 111)

在上例中,相关的指称表达式都添加下画线以便醒目地标识出来,其中指示代词 I、0_1(在上面的语境中代表 you)、we 都是激活的,在语篇外的所谓现实世界中都有显著的实体与之对应;代词成分 0_2、who、his 也是激活的,因为它们可以通过篇内回指转而确定其具体的篇外指称;而 something terrible 的所指则是全新未锚定的;Mark 是通过"remember"被特别激活的信息;而 AIDS 是被提及但并未被特别激活的(未用的)的信息,然而它通常作为百科知识储存于一般人的头脑之中,不需特别激活也可以获得识解。此外,复杂名词组 the guy we went hiking with、who's gay 与 Mark 构成同位语关系,因而暂时也处于未用的状态;last night 则是情境可及的信息,可凭借情境推知其具体指涉的时间节点;his lover 的具体所指则是推理可及的。最后一句话中的 Mark 的指称则是语篇可及的,因为"Mark"是前文中被特别激活的指称,虽然会受篇章距离的影响而被中间存在的话语消解其活跃程度或活性,但是它并未被从当下的语篇域中擦除,随着言说者的谈论中心重新切换到那个叫作 Mark 的人,所以 Mark 一词的心理表征的活性又被大大激活。

下面,让我们依据可辨识性和激活性的观点,回过头再讨论上一小节中的问题。为了便于阅读和对照分析,现将那两段话语重新引述如下,并分别依照前文的序号编排,同时添加上标以作区分:

(6″)第二天,我们去了长城,长城很好看。**别的地方**,我们去了故宫和天坛。

(2′)那一天,**有点不好看的男人**来我家了。他一直在门外很大声地叫我姐姐。

从知识状态的可辨识性来说,"别的地方"这个表达式,在言说者那里是可以辨识的,即是指"故宫和天坛",但特别是后续话语未出现的情况下,这种可辨识性完全不能为受话者共享,在受话者的心目中,表征无定泛指信息的话题表达式"别的地方",只能激发出"长城以外的其他所有地方"这种信息。由此可以说,对受话者而言,由于"别的地方"不具有可辨识的指称性,自然也就不能将之激活并确定为言说者意指的实体,因而在接收和理解话语时,就会出现障碍。当然,对于上面的话语,尤其是对母语者而言,并非完全不可理解,但这种理解只能说是大脑纠错的结果。同样的道理,作为无定泛指的集合性概念的"有点不好看的男人"这个表达式,也不具有可辨识的指称性;尽管对于言说者来说,在其意识中,该表达式的所指是可以辨识的,是可以确定其指称的,但是这种确定性不能被受话者共享,因此,受话者无从辨识,也难以通过语篇信息推及并确定该表达式的指称,在理解话语的过程中自然就会遇到障碍。

上面主要从话题表达式所指对象的可辨识性与可及性的角度讨论了导致话语理解出现障碍的内在原因,对于认识初、中级汉语水平的非母语学习者所生成的话语偏误现象,不无助益。然而,对如何更为有效地开展汉语国际教育领域的语篇教学和话语建构能力培养工作来说,更有价值的,或许应该重点考虑如何指导学生确保表达式的可辨识性和可激活性之类的问题。在此,谈三点粗浅的看法,权作抛砖引玉的尝试:

(1)由于话题表达式(或其他句法形式)的所指的可辨识性与知识有关,因此帮助二语学习者进行必要的知识储备,是非常重要的。在进行汉语语篇教学的过程中,我们就有必要引导学生系统而明确地梳理并储备诸如"什么样的语言表达式,其指称对象总是可辨识的"之类的语言知识。毕竟,通常来说,掌握可辨识性表达式是建构话语的基础,后续的话语往往都要在明确可辨或易推及的信息的基础上展开。如果非母语学习者对此没有清晰的认识,没有相应的知识储备,自然就容易出现上面所讨论的典型的偏误现象。

切夫(Chafe)(1976：39)认为,在交际者或整个言语社团的语篇世界中,如果只存在一个指称对象可以指派(designate)给一个特定的名词(短语),那么该名词(短语)的指称对象可以认为是可辨识的①。这种表征唯一而显著的指称对象的名词(短语)很多,比如"太阳、月亮、秦始皇、鲁迅、《阿Q正传》的作者、太平洋、太湖"等等,这些表达式都具有特别的指称属性,使得它们可以彼此区分。这些表达式所指称的对象,都可以设想为独特的、可辨识的,在各种语境中也都具有高度可及性,所以它们可以作为话语展开的基础。此外,类指或通指性的名词短语,也可以视作所指易辨识、高可及的句法形式,因为类指性的名称短语所指称的对象,不管是有定的还是无定的,也都是易辨识、易推及的。对于母语学习者而言,这些都是不言自明的,但是对于二语学习者来说,则是有必要系统地开展相关教学工作的。

(2)由于信息结构成分是语用结构化的结果,总是和特定语境中的交际者的心理状态直接相关,总被用作和解释为特定话语环境中的信息单位,因此话语中所有具体表达式的可辨识性总是动态变化的,会因交际者的变化而变化。在指导二语学习者建构话语的过程中,对此必须多加强调,以帮助非母语学习者牢固树立因对象、因语境而灵活地建构话语的意识。比如,对一般的受话者来说,指称无定的表达式往往是不可辨识的,而对于特定的交际对象来说则是可以辨识的。请看下例:

(5) A：你的作业,做完了没有?

B：作文写完了,**别的作业**,只做了一点阅读。(留学生作文)

对于一般的听读者来说,上例中"别的作业"的具体指称是不可辨识的,然而对于同班同学来说,则可以认为上面这个的表达式的所指是可辨识的、属于情境可及的信息,因为在交际双方的语用世界(pragmatic universe)中,该表达式的指称对象具有明确的范围,应该视为可辨识的、可及的信息。

---

① Chafe, Wallace. Giveness, contrastiveness, definiteness, subjects, topics and point of view[C]// Subject and Topic. C. Li, ed. New York：Academic Press, 1976：39.

（3）还可以从具体操作手段上指导非母语学习者，通过话语的合理展开，为表达式的可辨识性打下基础。比如，教师可以通过对偏误性语料的分析，让学生认识到：当言说者希望对于某个他/她所预设尚不存在受话者大脑中而又不能直指①（deictically）的实体作出断言时，就必须先通过一定的语言描述为该实体创造一个心理表征。这就好比在语篇域中建立一个新的指称性"文档"（file）。在交际过程中，可以不断向该"文档"添加新信息元素，在后续的话语推进中，还可以将该"文档"重新打开。请看下例：

> （6）寒假时，我回国了。二月下旬，我和东京的朋友一起去福岛了。福岛在东京的北边。我的朋友住在福岛。所以去福岛时，住在那个朋友家。
>
> ⋯⋯⋯⋯⋯⋯
>
> 福岛的朋友养狗。它不但身高很大，而且吼的声音很响。狗的听觉很敏锐，所以我夜半去洗手间的时候，它向我汪汪叫。我大吃了一惊，还担心它的声音令他家人唤醒。（留学生作文）

在上例中，中间的省略号代表三个自然段的内容，在原文这三段共213个字的表述中，作者只字未提"家住在福岛的朋友"。对于上面这个语例，有三个地方值得讨论：①"我的朋友住在福岛"；②"福岛的朋友养狗"；③"狗的听觉很敏锐"。对言说者来说，①中"我的朋友"是可以辨识的，而且能够准确地激活并确定其指称②，但是对于受话者来说，虽然可以借助指称言说者的代词"我"，理解"我的朋友"这个表达式，但严格说来，受话者是无法实现完全辨识的，并不能将该表达式的指称确定为某个特定的人，因此就可以说，言说者的话语，在此出现了偏误。对此，在评析的过程中，我们就可以指导学生，为该表达式先建立一个"文档"，如将之改成"我有一个朋友，叫山本，他住在福岛"，这样，受话者则可以较为明确地确定话语的指称对象。②中"福岛的朋友"也是一个集合概念，对于受话者来说，

---

① 直指是语言学理论所离析出的某些词语或表达式的特征，即直接指示一个话语说出时的情景在人称、时间、或处所方面的特点，其意义是相对于那种具体的情景而言的，例如"现在、那时、这儿、那里、我、你、这、那"等等。这些词语或表达式一般都是指向语篇之外的，不过有时也可以在篇内指称前后文的某个或某些成分，在这个意义上，它们也可以划入元话语（标记语）范畴。

② 言说者在后文中使用的"那个朋友"这一指称表达式，可以反证在其心目中前面的"我的朋友（住在福岛）"的指称是可以精准确定的。

也是难以辨识的,而且该表达式,言说者认为同指的表达式"那个朋友",相隔三个自然段,共计 213 个字,这种间隔较长语篇距离的话语配列,对受话者来说,无疑会形成巨大识解障碍,不易推及其具体所指,只能通过回溯检索语篇才能确认。而③中的"狗",也是一个类指概念,通常指称所有的狗,若像上例中那样将之放在话题位置,也不利于话语的理解。对于这种问题,教师在教学的过程中应该说明原因,以引导学生更妥贴地建构话语。

3. 话题

兰布雷希特(Lambrecht)认为,句子的话题是句子表达的命题所关涉的事物,这表明在其概念体系中,话题与传统语法体系中的主语相关。尽管这种意义上的话题是从传统的主语衍生出来的,但两者并不重合,不能直接合并,因为话题并不一定是主语,主语也不一定是话题[1],而且实际话语中常常出现多级话题的现象,在后续的话语中,这些话题都有可能得到相应的表述[2]。Lambrecht 的话题主要讨论实体和命题的"有关性"[3](aboutness)关系,应该理解为是指称命题所关涉的实体的。要确定某个实体是不是句子的话题,通常有必要考虑句子所处的语篇环境,实体要成为话题就必须是话语指称述说的对象。先看下面的例句:

(7) a. 很久很久以前有一对国王夫妇[i],

b. 他们[i]每天都说:"唉! 要是有个孩子就好了!"(《格林童话·睡美人》)

在上例中,通过存在句这种典型的话题导入句所引出的名词短语"国王夫妇",指涉

---

① 陆俭明认为:"应该分清两个层面——语法结构层面和信息结构层面;主语属于语法结构层面,话题属于信息结构层面。"详见:陆俭明.再议语言信息结构研究[R].复旦大学"纪念《修辞学发凡》问世 90 周年"暨第十二届"望道修辞学论坛"学术研讨会,[2021 - 12 - 04]。

② 如此例:"他一笑,眼角和脸颊的皱纹也跟着笑了——眼角笑出的是菊花纹,脸颊笑出的是葵花纹。"(迟子建《额尔古纳河右岸》)对于这个话语片段,传统语法分析通常将"他"判断为主语,然而,从信息结构分析的角度看,"他"并非后续话语的直接的述说对象,"眼角和脸颊的皱纹"才是述说的重心(也即"话题"),在后续的两个小句中,该话题又被分解为两个次话题,并分别被进一步评述。

③ 斯特劳森 Strawson(1964:97)对"有关性"做过说明:陈述句,或它们所从属的话语片段,都有主语,这不是在相对精确的逻辑和语法的意义上说的,而是在比较含糊(vaguer)的话题与"关于"(about)意义上说的。……叙述(stating)不是一种无缘无故的、任意的人类行为。除非是在完全与世隔绝的境地,叙述者一般不会直接使信息彼此相隔离,相反,一般会倾向于(intend to)为当下关注的事物添加信息。对于什么是叙述的话题、叙述是关于什么的问题,有各种各样的答案……在特定的情况下,这些答案并不相互排斥。

特定的个体,在整个语段中虽然具有话题的地位,但该名词短语第一次出现的时候,它还不能算是一个话题表达式,因为我们不能仅凭上例中的 a. 句认为该句(乃至整个语段)的命题内容就是关于名词短语"国王夫妇"的语篇外指称对象的。当然,由于语用频率效应①的潜在制约,母语者一听到或读到 a. 句这种存现句的内容,往往就会在心理上自然而然地将其中的名词或名词性短语的指称对象视作潜在的话题,但这也只是大概率的情况,并不必然如此,比如,在小说语料中,先提出一个话题,随即便宕开去针对其他话题展开叙事的情形相当常见。例示如下:

> (8) 他两岁多,坐在窗台上。
>
> 　　爷爷在他两个月大的时候从北京回来,见到这个长孙,当着全家人说,这孩子"近乎丑"! 不是随便谁敢说这句话的。妈妈是本县最高学府女子小学校长,爸爸是男子小学校长。晚上,妈妈把爷爷的话告诉爸爸。"嗳! 无所谓。"爸爸说。
>
> 　　孩子肿眼泡,扁鼻子,嘴大,凸脑门,扇风耳,幸好长得胖,一胖遮百丑。
>
> 　　(黄永玉《浪荡河的无忧汉子》第一部《朱雀城》)

在上例中,起始句中的"他",是小说开篇初次提出的话题,作者也从年龄、空间位置等角度对"他"加以述说,即"两岁多,坐在窗台上",按照通常的叙事逻辑,或许应该对"他"做进一步叙述,但是在该文本中,作家黄永玉将"他两岁多,坐在窗台上"这两个小句处理为独立的自然段,随即便宕开去述说"爷爷、妈妈、爸爸"等人的言行,其中还夹杂着叙述者的评论。然后,再另起一个自然段接续第一段,用光杆名词"孩子"回指首段中的"他",并对其相貌展开叙述。由此可以证明,听读者心理期待中的"潜在的话题"的指称对象,甚至是语篇层面的"显性的"话题表达式的指称对象,并不必然是后续话语的述说中心。上例中,黄永玉的这种组配话题的策略,或许正是其文本具有旁逸斜出、跌宕有致的叙述格调的内在因素;这种富于创造性的话题组配策略值得我们借鉴。

　　上例的语言风格之所以跌宕有致,其关键或许是因为"爷爷、妈妈、爸爸、孩子"等四个光杆名词联动共生而成,光杆名词主语的指称确认,值得深入探究。张寒冰(2024)认为:现代汉语中,光杆名词的指称具有多种可能性,而主语位置

---

① 语用频率的高低,即词语或句式等在语用过程中出现次数的高低,会对语言要素的意义、语法结构的内涵等产生不同程度的影响。具体可参阅:邹韶华.语用频率效应研究[M].北京:商务印书馆,2001:39-41。

上的光杆名词,其指称语义与所处的情态环境之间具有显著的、系统的同现规律;典型的光杆名词主语,究竟是表类指还是表定指,取决于其处于现实句还是非现实句,伴随着句子环境从非现实到现实的变化,光杆名词主语指称属性呈现出从类指到定指的连续统,而在该连续统的不同阶段,句子谓语呈现出相应的不同表现①。因为如果仅仅局限于事件句,很多指称现象都不易进行合理的解释,从这个意义上说,张文对于拓展指称研究的格局,具有显著的启发意义。

"话题"和"话题表达式"内涵不同,Lambrecht(1994:131)做过如下界定:

> **话题:** 在一个特定的情境中,如果命题被解释为是关于某个指称对象的信息,也就是说,命题所表达的信息是关于该指称对象、并能增加受话者关于该指称的知识,那么这个指称对象可以解释为命题的话题。
>
> **话题表达式:** 如果某个句法成分所属的小句表达的命题,在语用上被解释为是关于该句法成分的指称对象的,那么该句法成分就是话题表达式。

在某个特定的命题中,话题指称,由于其作为话语的兴趣中心的地位,因而能够发挥管领统摄话语、联缀语篇的功能,在句法形式上通常会附带显性标记,我们要想判定一个表达式的指称对象是否具有话题地位,完全可以借助此类显性标记进行评判,比如依据一个简便实用的分析框架,即"至于……,……"框架。因为,只有当一个 NP 结构的指称对象在话语中即将成为新的言说中心("新话题")的时候,才可以在该 NP 结构前添加"至于"标记,而一个全新的指称对象或未激活不可及的指称对象,都是不可能将表征它的句法结构形式置放到"至于……,……"框架中的。请看下例:

(9) a. 我知道王小明喜欢看电影,至于他哥哥喜欢什么,我不知道。
　　b. ＊至于一个陌生的家伙,我昨天晚上看见他了。(留学生作文)

在上例的 a.中,同位短语"他哥哥"所指称的对象可以说是一个潜在的话题,该体词性短语的指称对象,可以依据前面的成分"王小明"推导出来,其指称对象是可及的,因此可以在其前面添加"至于",而 b.句中,"一个陌生的家伙"的指称对象

---

① 张寒冰.光杆名词主语指称解释的情态动因[J].语言教学与研究,2024,1:69-79.

无法确定,该句法形式表征的是一个全新的信息,不能将它放到"至于"框架中,因此它不宜做整个话语的"话题"。此外,未激活的信息,不能为大脑直接感知或间接推知,所以也不宜作为话语的基础,不宜作为话题,不能将之放到"至于"测试框架中。

话题指称总是要求有相应的语用可及性与之匹配,因此包含低可及性的话题指称的句子,在理解上必定会有特殊的困难,也就会倾向于被判定为不合法的形式(ill-formed)。这种理解上的困难,可以通过预设话题的激活性和可辨识性状态与句子的语用可接受性之间存在大致的对应关系(general correlation)来加以解释。Lambrecht(1994:165)对话题的可接受性程度做过较为细致的梳理,图4-3即其连续统:

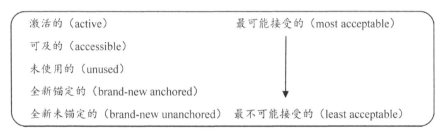

图4-3 话题的可接受性等级连续统

从图4-3可知,在认知上最容易处理的,是那些可接受性等级处于连续统最高位的话题表达式所引领的句子,也即那些话题指称对象在话语中处于完全激活状态的句子。在认知上处于激活状态的指称对象,一般会优先(prefered)成为话题,因为在处理包含这种对象的句子时,无须花费特别的心理努力去评估话题指称,无须到长时记忆中进行相关检索,亦无须提取导向话题指称评估的某种参照。

如果所表达的新信息,是关于一个未使用的(也即可辨识但未激活的)话题指称,语用可接受性就处在临界状态。当然这种临界状态总是动态变化的,往往因具体的交际者、交际情境、话语的类型以及不同的语言等因素的变化而变化。借用Chafe的观点则可以说,处理包含这种话题的话语时,所花费的心理努力是"高成本"(high cost)的(可参阅Lambrecht 1994:166)。因为除了要处理关于某个话题的命题信息,话语的解读者首先必须确定话题本身的指称对象,而这个指称对象在前面的话语中并未被激活。当然,有些未使用的话题指称,对有些交际者来说是容易处理的,而对另外一些交际者来说,则是不那么容易处理的。然则,包含该话题指称的话语的可接受性也会随之发生相应的变化,这主要是由于不同的交际者大脑中的知识储备不同,而且他们激活知识的能力也存在个体差异。

在篇章组织过程中,如果某个话题表达式没有足够高的可及性,为了适应特定的信息安排的需要,言说者往往会求助于存现句、偏置结构等句法形式手段,重新对信息进行编码,将指称从未激活状态提升到激活状态,继而建立新话题。与典型的句子相比,存现句等是非典型的构式(non-canonical configurations)。在这类构式中,指称性名词短语,都没有也不会出现在典型的句子模式所分配给它们的句法位置。因此可以说,这种非典型的构式,允许言说者将名词短语的指称功能与其指称对象在命题中的关系角色分离开来,这种情况可以抽象概括为"指称与角色相分离原则"(the Principle of Separation of Reference and Role, PSRR)。这条原则的交际动因(communicative motivation)则可以归纳为一个简明的语用准则(maxim):"不能在同一个小句中引入某个指称并谈论它。"

可以从两个视角来解释上面这条语用准则。一个是言说者导向的(speaker-oriented)视角,一个是受话者导向的(hearer-oriented)视角。从言说者的角度来看,如果某个未激活的话题指称的词汇性表达式的导入,独立于关乎该指称的命题的语法表达,那么就很容易建构一个复杂的句子;而从受话者的角度来看,如果评估某个话题指称的心理激活状态的任务,能够和解释该话题作为其论元的命题的任务区分开来独立进行,那么就很容易对关于该话题的信息进行解码(decode)(可参阅 Lambrecht 1994:184-185)。

现在我们可以用上面 Lambrecht 关于话题的理论阐述来分析在留学生习作中发现的偏误性语料,解释其话语中话题设置的不当之处。例示如下(为凸显问题,兼用下画线与删除线标明问题所在):

(10)~~男人~~<u>和女人谈恋爱。但是~~男人~~比女人爱得多。</u>所以每次来女人的家的时候,他常常问女人的弟弟。弟弟觉得第一次问的时候可以,但是越来越麻烦。(留学生作文)

(11)那天~~男朋友~~<u>又来女朋友家,坐在沙发上等她了。他等女朋友的时候,女朋友的弟弟向男朋友走过来了,然后继续看男朋友。~~男朋友~~</u>也看弟弟的时候,突然弟弟问男朋友:"你怎么总来找我姐姐,你自己没有姐姐吗?"(留学生作文)

在上面这两段话语中,所存在的主要偏误问题基本一致,都是把通指性指称的名词(组)做话题以建构后续的话语的结果。具体来说,问题出在两个名词(组)身上,即例(10)起首句中的"男人"和(11)起始句中的"男朋友",这两个成分都属于通指性名词,都是通指一类人的群体,如"男人"可以指称所有"男性成年人",因此其指称对象是有指而无定的。而如前文所述,Lambrecht 认为话题指称总是要求有明确的语用可及性程度与之匹配,否则,包含低可及性的话题指称的句子,在受话者理解的过程中必定会产生特殊的困难,受话者因而也就倾向于将之判定为不合法的形式(ill-formed)。综上可言,上面例(10)和例(11)使用所指无定的通指性名词作为话题都是不恰当的,因为它们的可及性程度很低,一般不能用来指称特定的具体对象。在话题的可接受等级中,这样的成分差不多是最难接收的。

此外,我们还可以找到另一个理论依据以证明上面两例用通指性名词来充当话题、建构话题链的不当之处。Givón(1983:17)在讨论语篇的话题连续性时,将不同语言中常用的、具有相关功能的句法手段(grammatical devices)总结成以下等级体系(如图 4-4 所示)。

最连续的/最可及的话题表达式

↑

零形回指(zero anaphora)

非重读/受约束代词或语法一致(unstressed/bound pronouns or grammatical agreement)

重读/独立代词(stressed/independent pronouns)

右偏置有定名词短语(R-dislocated DEF-NP's)

中性位置上的有定名词短语(neutral-ordered DEF-NP's)

左偏置有定名词短语(L-dislocated DEF-NP's)

Y 移位①有定名词短语 (对比性话题化) (Y-moved NP's 'contrastive topicalization')

分裂/焦点结构(cleft/focus constructions)

指称性无定名词短语(referential indefinite NP's)

↓

最不连续/最不可及的话题表达式

图 4-4　Givón 所建构的保持话题连续性或可及性的句法手段等级体系

---

① 通常认为是保罗(Paul Postal)首先使用这个术语的。Paul Postal 将这种话题化移位视为母语为依地语(Yiddish,犹太人使用的一种国际语)的人所说英语的一种特征,因而称之为 Y 移位。在语篇中,这种句法手段典型地用于将某个通常已经引入语篇或至少可以假定是可推断的实体标示为重要的、对比性的话题。请参考:许余龙.篇章回指功能语用探索[M].上海:上海外语教育出版社,2004:149。

依据上面这个连续统可知,通指性名词(或名词性短语),如"男人""男朋友"之类句法成分,均是最不适合用作保持话题连续性或可及性的句法形式手段。因此,在汉语国际教育领域的语篇教学过程中,教师应该设法帮助非母语学习者尽量避免上述典型性偏误问题。

此外,据上文引介的 Lambrecht 所归纳的"指称与角色相分离原则"(the Principle of Separation of Reference and Role),我们也可以较为深入地分析留学生习作中出现的话题选择与组配方面出现的典型偏误问题。先看下面的例子:

> (12)去年寒假的时候,我和一个朋友一起去了东京的一个地方叫原宿,那儿是很有名的卖衣服的地方。(留学生作文)
> (13)昨天我去四川北路逛街了,买了一件衣服很漂亮。(留学生作文)

Lambrecht 认为,在存现句等非典型的构式中,指称性名词短语都没有也不会出现在典型的句子模式所分配给它的句法位置上,这种非典型的构式,允许言说者将名词短语的指称功能与其指称对象在命题中的关系角色分离开来,这就是所谓"指称与角色相分离"的原则。该原则蕴含的具体准则如下:"不能在同一个小句中引入某个指称并谈论它。"据此,再反观上面的例(12)与例(13),我们可以认为,在建构话语的过程中,言说者明显违背了"指称与角色相分离"的原则,两个言说者在引入一个新指称对象之后,都未将该指称与其在命题中的角色分离开来,因而所建构的话语之中都出现了在同一个小句中引入某个指称并谈论它的不当情况,问题具体存在于"去了东京的一个地方叫原宿"和"买了一件衣服很漂亮"两个话语片段,其中的"一个地方"和"一件衣服"两个不定指表达式,被引入话语之后,均未获得充分激活,就被作为被评论对象(话题)的"角色"引领后面的评述性信息,即"叫原宿"和"很漂亮"。很明显,这与"不能在同一个小句中引入某个指称并谈论它"的信息结构组配准则相抵触。话题链建构中所存在的这种信息障碍,自然会对受话者理解话语造成显著的影响。在训练非母语学习者提高话语建构能力的过程中,教师应设法向教学对象讲明导致上述话题选择与话语组配方面的典型偏误的内在原因。

4.2.2　信息结构中命题的分层激活

Lambrecht 认为,语篇指称可以是实体或者命题。一个命题所表达的信息如果被言说者预设为受话者已知的，就会被添加到语篇语域（discourse register）的语用预设集中，它因而就获得了语篇指称的地位。如同实体的指称一样，命题的指称，也可以处于不同的激活状态，而且语用预设命题可以分层激活（be activated 'in layers'）。请看下例：

(14) a. I didn't realize [that you **LIED** to me].
　　 b. I didn't **REALIZE** [that you lied to me].
　　 c. I didn't **REALIZE** [that].

在上例各句中，均包含一个叙实动词（factive verb）"realize"。对于叙实动词，在第 2 章的 2.3.1 之中，我们已阐明其典型的句法功能或特征是可以附带小句宾语，并据孟琮等主编的《汉语动词词典》系统梳理出汉语中常用的叙实动词。而依据大规模的语料分析可知，叙实动词不仅可以附带小句宾语，还具有更大的篇章功能。若灵活应用叙实动词组配话语，可以巧妙地将不同的命题按照一定的层级嵌套起来，形成一个又一个复杂的话语串，即本文所说的话题链。在上面第 2 章关于意向动词和言说动词与话题链的建构组配情况的讨论中，我们已经对这种按照不同层级嵌套命题（或话语）的现象做过分析，不过在那两个小节中，我们主要是从形式描写的角度展开的。在当前这个部分，我们拟依据信息结构的相关理论展开分析，以求从不同视角更为全面深入地探究汉语叙事性话语的组配机制与内在规律。

　　在建构话语的过程中，言说者预设命题的认知状态会决定焦点①重音的位置。Lambrecht（1994:223）指出，可以依据具体的语用结构化命题，将焦点区分为截然不同的类别，而这些类别通常由相异的形式范畴表征，可以用于不同的交际环境。表示不同类别焦点的句法形式，又可以称为焦点结构，句子中的焦点结构是指焦点意义和句子形式之间的规约性联系。根据命题中焦点域（focus

---

　　① Lambrecht 认为，焦点实质上并不是某个句法成分本身，而是某个句法成分在话语中所具有的功能价值，对该功能价值的考察应该放到相应的语用关系之中，不能简单地说句子的焦点就是句子所传递的关于话题的新信息，因为信息不是通过独立的词汇项目或句法成分传递的，而是通过在指称对象和命题之间建立起来的焦点联系（focus relation）传递的。独立的词汇项目或句法成分本身，只能说它们具有某种意义，但不能说具有信息值。在特定的话语环境中，句子的焦点，或者更准确地说，句子所表达的命题的焦点，可以视作语用预设与断言借以相互区分的信息要素。但我们也不能想当然地认为，焦点就是交际时命题的一部分。它是不可预测的（unpredictable），或者从语用上说是话语中非可溯回的（non-recoverable）要素，它是使话语成其为断言的信息要素。

domain)和主要的句法、语义范畴的关系,焦点结构可分为三类：① 谓语焦点结构(predicate-focus structure)。这种结构存在于无标记的主语–谓语(话题–评论)句,在这种句子中,谓语是焦点而主语(加上别的任何话题成分)则处于预设之中。② 论元焦点结构(argument-focus structure)。在这种结构中,焦点确认了预设的开放式命题中缺失的或未确定的论元成分。③ 句子焦点结构(sentence-focus structure)。这种焦点结构主要出现于事件报道句或者存现句等类型的句子中,焦点覆盖(extend over)主语和谓语(减去任何话题性的非主语要素后所剩下的成分)两个部分。

在此,我们只讨论第一种焦点结构,即"谓语焦点结构"。先来看(14)a.,在该句中,小句宾语表达的命题知识,未被预设为是交际双方共享的,小句的表达意图,是言说者要让受话者意识到自己知道其说谎这一事实,句 a.的话语建立了一个新的共享的语篇指称,即命题"You lied to me"的指称。该共享指称建立之后,就具有了可辨识的地位,因而在受话者的大脑中,该指称所表征的命题自然也就被激活了,相应地激活重音就落了在该小句之内。值得注意的是,该激活重音同时也是整个句子的焦点重音,它标记出更高层级的动词结构"didn't realize that you LIED to me"是谓语焦点句的焦点域。当然,也可以认为,在交际时,小句宾语的指称已经是被语用预设为共享的激活信息,即在言说者说话之前,交际双方已经共享该信息。在这种情况下,重音仍然可以落在小句宾语之内,此时其功能是将小句指称从不活跃状态提升到活跃状态。我们可以用下面的形式表征(14)a.的信息结构：

$$(14)a.' \; [[I]_{top} [didn't \; realize \; [that \; [you]_{top} \; LIED \; to \; me]_{foc}]_{foc}$$

相应地,(14)b.和(14)c.则是高一层级的命题被语用预设激活的结果。它们的信息结构可以表征如下：

$$(14)b.' \; [[I]_{top} [didn't \; REALIZE \; [that \; you \; lied \; to \; me]_{top}]_{foc}]$$
$$(14)c.' \; [[I]_{top} [didn't \; REALIZE \; [that]_{top}]_{foc}]$$

在上面的三个结构式中,之所以将"realize"后的方括号内的成分标记为话题成分,因为该叙实动词所嵌套的表达式的指称在交际时都是言说者可以知道的或可以辨识的,即都处于激活状态。在后续的话语中,如果需要的话,我们就可以

为之添加相应的评述,从而增加受话者关于该指称的某种知识。请再来看下面
的例子:

> (15) a. 我没有意识到他知道你已经**看到**那些记录。
>   b. 我没有意识到他**知道**你已经看到那些记录。
>   c. 我没有**意识到**他知道你已经看到那些记录。

在上面的例子中,每句话都包含三个叙实性动词(结构),即"意识到""知道""看
到",这三者所带的小句宾语表达命题知识,均可以被预设为未被交际双方共享,
可以分别形成一个焦点域,可以分别为交际双方建立起共享的语篇指称。比如
(15)a.的话语所建立的共享指称,就是命题"你已经看到那些记录"所表达的信
息。当该共享指称被建立之后,它就具有了可辨识的地位,能够在受话者的大脑
中实现激活,因而重音相应地也就落到小句宾语之内,形成一个焦点域。对于
(15)b.和(15)c.的情况,我们可以依此类推,根据不同的情况,分别实现分层激
活。因为机理相通,所以不再逐一具体分析,仅把上面三个句子的信息结构表示
如下:

> (15)a.′ [[我]_top[没有意识到 [他知道 [你]_top[已经**看到**[那些记
> 录]_top]_foc]_foc]
>
> (15)b.′ [[我]_top[没有意识到 [[他]_top**知道**[你已经看到那些记
> 录]_top]_foc]_foc]
>
> (15)c.′ [[我]_top[没有**意识到**[他知道你已经看到那些记录]_top]_foc]

现在,我们拟对上面两小节中所介绍的信息结构理论作一个简要的评析:
Lambrecht 提出信息结构理论,其目的是要对句子的形式结构及其所处的交际
情境的关系做出系统的阐释,然而考察范围基本局限于句子之内,并没有立足于
更大的语境范围深入探讨篇章的信息结构,不能不说是一种遗憾。关于信息结
构的研究,还有很长的路要走,就如作者自己所说的那样,其研究中对信息结构
所作的探讨并非穷尽性的,更全面的信息结构研究,还应包括对"时、体"等范畴
的因素以及叙述中的前景和后景等诸多问题的探讨。陆俭明也就语言信息结构
领域值得进一步开展的工作梳理出十数个问题,对于我们更加全面深入地开展
信息结构研究,具有深刻的启发价值(可参阅 Lambrecht,1994:334;陆俭明,

2017,2018)。本研究在上面借鉴信息结构理论所作的讨论,基本也是局限于句子内部,主要考虑的也是基本话语层面的话题选择与确立的问题,并没有更多涉及话题链在基本话语层的延展组配问题。在本章的第 3 节中,我们将再做进一步讨论,下面先讨论信息的安排原则问题。

4.2.3　信息安排原则

在运用语言进行交际的过程中,我们往往不会只说单个的词或句子,而是会像刘勰所说的那样:"夫人之立言,因字而成句,积句而成章,积章而成篇。"[①]语言交际的过程本质上是一种信息流动的过程。信息流动的过程,简称信息流(information flow),这是功能主义学者广泛使用的一个术语,他们认为,语言交际的核心或最基本的功能,就是言说者将信息传递给受话者,这是一种极其复杂的动态交互过程。言说者要想准确、高效、妥当地传递信息,就必须对受话者的心理状态、知识背景等,作出预设或判断,从而确定信息的新旧、重要程度等,进而选择恰当的策略、妥当的词汇句法手段,使所要言说的不同信息出入于焦点域(domain of focus)或意识的中心(focus of consciousness)[②];相反,从受话者的角度来说,如果想高效地接收信息、准确地理解言说者的交际意图,就要将交际对象所述说的内容与自己的知识背景、心智状态进行参照运算,从而依据言说者所采用的形式手段,推测相关信息的量值在言说者意识中的轻重,进而判断言说者的心理状态,并尽可能准确判定其表达意图。

依据上文关于可辨识性的论述,我们可以知道,在交际过程中,不同的概念,或者更准确地说,不同的语篇指称对象的心理表征,在大脑中的认知状态是不同的,总是动态地变化着。对于话语中信息的结构及信息传递策略、方式的考察,必然要考虑交际双方的动态认知状态。从言说者的角度来看,要想让受话者更准确全面地关注到重要的信息内容,在处理旧信息(更准确地说是言说者认为量值低的信息)与处理新信息(更准确地说是言说者认为量值高的信息)的时候,就要考虑采用不同的编码方式,就要考虑是否使用标记、使用什么样的标记以及怎样使用标记等问题。一般来说,言说者认为量值低的信息(或者说受话者已知

---

① 陆侃如,牟世金,译注.《文心雕龙》译注[M].济南:齐鲁书社,1995:426.

② Chafe, Wallace L. Discourse, Consciousness, and Time: The flow and Displacement of Conscious Experience in Speaking and Writing [M]. Chicago: Chicago University Press, 1994: 120 - 145, 278 - 300.

或易推知的信息），编码方式比较简单；相反，编码方式则相对繁复。现在，对于这个由简到繁的等级，功能派学者有一个广泛认可的概括，表现为如下的连续统（见图4-5）：

```
零形式≥代词≥光杆名词≥代词/指示词+名词≥限定性定语+名词≥修饰
性定语+名词≥关系从句

无标记 ←——————————————————————————→ 有标记
```

注：本文之所以没有采用通常用的"＞"而使用"≥"，是想强调上面的等级是一个不能截然分开的连续统，因为在大脑的认知状态之中，不同句法词汇形式的指称对象的可及性，难以划分出绝对明晰的级阶，而只能作大致的区分。

图4-5　不同的话题表达式构成的连续统

如果言说者认为受话者能够比较容易地将某个所指对象与其他对象区分开来，他就会采用无标记或接近无标记一端的形式，如零形式或代词等；反之，则会使用较为复杂的结构形式，如关系从句等。表达指称对象的结构形式的差异，能反映言说者对该成分所表征的信息的量值的设想或认定，也能反映言说者的言语表达策略；受话者则可以通过特定的表达式，反向推断言说者的心理状态和交际意图（可参阅 Chafe，1976；Givón，1983；Lambrecht，1994；许余龙，2004；方梅，2005；王芳、吴芙芸，2020；完权，2021；文旭，2022；张寒冰，2024 等相关研究）。

　　上述的话题表达式的选择与排列不是任意的，而是受具有鲜明共通性的语言心理制约的。早在1946年发表的讨论主宾语问题的文章之中，吕叔湘先生就充分阐明了汉语主宾语的位置关系跟新旧信息原则密切相关。他认为，很多汉语句子都是遵从"由'熟'及'生'"的原则的，或是"把听者的心里已有的事物先提出来，然后加以申说"，或是"把听者心中所无的事物暂且掭住，先从环境说起头，然后引出那个未知的事物"，"总之，是要把已知的部分说在前，新知的部分说在后"①遗憾的是，吕先生未在此基础上作进一步的理论建构。上述语言心理的一般趋势，已经被一些学者概括为具体的信息安排原则，其中获得广泛认可的有以下三条：

　　（1）重心在尾原则（End-weight Maxim），即是用复杂的结构将最重要的信息安置在句尾。类似的说法还有焦点在尾原则（End-focus Maxim）、范围在尾原

---

　　①　可参阅张伯江.功能语法与汉语研究[C]//语言前沿与汉语研究.刘丹青,主编.上海：上海教育出版社,2005：31.

则(End-scope Maxim)，前述这三种原则是从句法、语音和语义层面作出的分析（参见韩礼德，1967；Leech，1983；Brown 和 Yule，1983；Lambrecht，1994；Chafe，1994；方梅，2005；屈承熹，2006 等）。

（2）线性增量原则。信息有新旧之分，而对于一个陈述性的话语来说，无标记的或默认的信息安排模式，基本遵循"旧（已知）信息（或者可/易推及信息）→新信息"的线性流向，也即随着话语的推进，在语言符号的线性序列中，位置靠后的成分比靠前的成分提供更多的信息。（可参阅 Bolinger，1977；沈家煊，1999；方梅，2005；屈承熹，2006，2018 等）。不过，有些学者对此尚存异议，如 Givón（1988）就认为，很多时候新信息应先于旧信息；而 Hawkins（1994）则指出，无论是旧信息先于新信息，还是新信息先于旧信息，这些概括都只适用于某一类型的语言（转引自董秀芳，2006：5）。

（3）单一新信息限制原则。在建构话语的过程中，言说者之所以会区别信息的量值，采用比较繁复的形式表达量值高的信息，而对于量值低的信息，则尽量采用比较简单的形式来传达，这无疑是受经济原则驱动的结果，但恐怕更根本的原因在于人类认知活动能力的局限性。在言语交际的过程中，无论是言说者建构话语还是受话者理解话语，都不仅仅要关注当下的正在言说或理解的句子或词，还要将当下正在处理的信息，与已经被压制出当下工作记忆、业已成为背景的信息相整合，才能形成局部与整体都连贯的心理表征。如果在话语的当下建构单位中，一次传递两个或更多信息，就会大大增加交际双方的认知处理的负担，不利于信息的处理。

认知能力的这种局限在信息安排上的制约特点，被 Chafe 概括为所谓"单一新信息限制"（one-new-concept constraint），即作为自然言语基本表达单位的"语调单位"（intonation unit）①，所传达的新信息通常不超过一个，也即"一次一个新信息"。这条原则在口语中的制约作用要远远大于在书面语中所发挥的作用。由于每次传达的新信息的量受到一定限制，两个或两个以上的词汇题元出现在同一个语调单位之内的情况极其少见，一个小句内部通常倾向于只出现一个真正的名词形式的题元，Du Bois 将这种"一次一个词汇题元"的结构称为"偏爱的题元结构"（preferred argument structrue）（可参阅 Chafe，1987、1994；Du

---

① 方梅认为，语调单位就是任何一个自然语调框架内所发出的言语串，是一个相对独立的韵律单位，同时也是一个基本的表达单位。语调单位所承载的信息容量和信息状态，反映了大脑处理信息的过程，是思维过程的外在表现。请参阅：方梅.篇章语法与汉语研究［C］//刘丹青.语言前沿与汉语研究.上海：上海教育出版社，2005：51。

Bois,1987;王穗苹、杨锦绵,2004①;方梅,2005 等)。

需要强调的是,上述原则都应当视为鲜明的语用倾向,而不应看作绝对的原则,而且我们还要注意确定这些原则的适用范围;同时,也要尽可能比较客观地界定相关概念,如新信息、旧信息、信息单位等的内涵;此外,还要正确处理信息表达式和信息量值的关系,这才是科学的态度。

信息安排原则,对于我们认识非母语学习者习作中出现的偏误问题,都具有明确的指导意义,有利于简明爽利地发现关键原因之所在,上文提到的不少偏误问题,都可以从信息安排原则的角度加以解释。在此结合第 1 章分析的一个偏误性语例,再稍加说明。为便于参互阅读,在此沿用第 1 章中的编号,为示区别,记作(7′):

> (7′) 在西边有财经大学,财经大学也有很多留学生,听说特别是
> 韩国的留学生很多。在学校正对面有鲁迅公园,很多老人为了健康每
> 天在那个公园里散步,运动。(留学生作文)

依据上文关于信息安排原则的论述,不难看出上例中的偏误性问题主要出在两个地方,即"在西边有财经大学"和"在学校正对面有鲁迅公园",这里"财经大学"和"鲁迅公园"都属于典型的专有名词,对于一般人来说,其指称对象都是非常具体明确的,因此它们一般都不具有信息价值②,而该文作者却将它们都置放在尾焦点位置,这无疑违背了"重心在尾"的原则与"线性增量"的原则。再如,对于我们前面在 4.2.1 节中讨论过的偏误性现象,即例(13):"昨天我去四川北路逛街了,买了一件衣服很漂亮。"如果借用信息安排原则再加以分析的话,或许可以认为该偏误明显违背了"单一新信息限制",因为该问题较为明显,对此不再赘析。

---

① 王穗苹,杨锦绵.精细阐述与先行信息激活水平的动态变化[J].心理与行为研究,2004,2:425-429.

② 信息理论认为,信息的重要特征之一是具有价值性,表现为可以消除不确定性,但是这种价值是会发生变化的。对于同一信宿来说,相同信息传递频次的增加会导致信息值的衰减。陈垣《语言与社会生活》中有一则材料可以作为生动的例证,即其家乡一度流行的关于答谢科举考试喜讯报告者的说法:"头报三两六,二报三钱六,三报一泡牛屎也没有。"这则材料可以形象地证明人们对于信息价值的态度,即新信息具有突出的价值,而当信息失去其新鲜度之后,则变得毫无价值可言。

4.3 话题链的层级结构与基本话语层话题链的延展

4.3.1 话题链的层级结构

自然话语的建构,可谓将"万途竞萌、云蒸霞蔚"般多维复杂的情思意念进行动态的语言编码的过程,如果没有语言符号作为载体,我们无疑难以相对准确、明晰而高效地表达思想情感,正如索绪尔所言:"思想离开了词的表达,只是一团没有定形的、模糊不清的浑然之物。哲学家和语言学家常一致承认,没有符号的帮助,我们就没法清楚地、坚实地区分两个观念。思想本身好像一团星云,其中没有必然划定的界限。预先确定的观念是没有的。在语言出现之前,一切都是模糊不清的。"①在索绪尔看来,语言表达是将思想转化为"能指"符号链条的过程,而作为"音响形象"的表征的"能指"符号,具有鲜明的线性一维的特征,这是因为:"能指属听觉性质,只在时间上展开,而且具有借自时间的特征:(a)它体现为一个长度,(b)这长度只能在一个向度上测定:它是一条线。……它跟视觉的能指(航海信号等等)相反:视觉的能指可以在几个向度上同时并发,而听觉的能指却只有时间上的一条线;它的要素相继出现,构成一个链条。我们只要用文字把它们表示出来,用书写符号的空间线条代替时间上的前后相继,这个特征就马上可以看到。"②

或许是深受该思想的影响,有些学者在阐述研究成果的过程中有时不免会偏于聚焦语言符号的能指线性特征,并因而会在一定程度上忽略能指符号的线性延展底层所蕴含的非线性特征③。比如,陈保亚(2009)认为:"如果我们注意观察儿童学习语言的过程,可以看出替换实际上也是生成新的组合的手段。以汉语为例:

    (16)喝牛奶   拿果汁

         喝可乐   拿饮料

---

① 费尔迪南·德·索绪尔.普通语言学教程[M].高名凯,译.北京:商务印书馆,1980:157.
② 费尔迪南·德·索绪尔.普通语言学教程[M].高名凯,译.北京:商务印书馆,1980:106.
③ 笔者对这种现象做过简要分析,本章此后的部分论述采自该讨论,并已因需进行相应调整。具体可参阅:杨彬.基于"注意力视窗开启"的叙事性文本的创造性建构分析[J].当代修辞学,2021,5:44-53.

儿童能够很容易从上面的组合中替换出句法单位或语符,生成下面新的组合:

（17）喝果汁　拿牛奶

　　　喝饮料　拿可乐"[①]（注：此二例序号已按本文用例顺序重新

　　　　　　编排。）

陈先生将上述替换视作具有创新意义的初始连接,认为这种情况体现出"符号的线性",并认为这种生成新组合的句法替换行为是儿童语言建构能力不断提升的体现。在我们看来,上述句法替换恐怕不只是具有创新意义的初始连接,对此,或许应该变换认知视角以做进一步分析。"喝牛奶"与"拿牛奶"这两个短语,虽然从句法的角度来看,结构类型一致,都是典型的"动宾式"短语;而且从语义的角度看,"喝"与"拿"这两个动词与宾语"牛奶"之间的语义关系似乎也毫无二致,二者都是动作与受事的关系。因而似乎可以据此认为,把"喝"换成"拿"不过是简单的句法替换;然而,如果从语言的创造性应用的角度重新审视,则应认为,如上例所示的儿童正确而稳定地替换句法单位并生成新组合的行为,其实可以证明儿童创造性应用语言的能力业已实现飞越式发展。

在替换句法成分并生成新组合的过程中,儿童成功地将"喝牛奶、喝可乐"替换为"喝饮料"的现象貌似简单,实则绝非轻而易举之事,从"牛奶、可乐"等具体事物名词到"饮料"这种基本范畴名词的转变,或应视作儿童对词语指称的具体事物进行范畴化处理的结果;在此范畴化处理的基础上进而稳定地生成"拿牛奶、拿可乐、拿果汁、拿饮料"等非线性句段[②]的行为,则更应视作儿童的语言创造性应用能力实现飞跃式发展的结果,而并非仅仅是基于简单的句法替换而形成的具有一定创新性的初始连接行为,这完全可以证明儿童认知能力已经获得突破性发展。因为从句法表层看,从"喝牛奶、喝果汁"到"拿果汁、拿牛奶",似乎只是简单地替换了动词;但若立足语义重加审视,则可发现"喝牛奶、喝果汁"与"拿牛奶、拿果汁"之间存在着根本性的差异,具体表现为:包含［＋液体性］语义特征的"牛奶、果汁",能够与表征身体器官"嘴"所发出的"喝"这一动作行为的动词直接组合;但是,它们并不能直接与表征身体器官的"手"所发出的动作动词

─────────

① 　陈保亚.当代语言学［M］.北京：高等教育出版社,2009：14－15.

② 　索绪尔认为"句段"是"以长度为支柱的结合",并明确指出："一个要素在句段中只是由于它跟前一个或后一个,或前后两个要素相对立才取得它的价值."具体可参阅：费尔迪南·德·索绪尔.普通语言学教程［M］.高名凯,译.北京：商务印书馆,1980：170－171。

"拿"组配。揆以常理即可知,除非是借助于杯子或碗盆等器皿,否则仅仅依靠"手"绝不可能(至少绝对不容易)直接"拿取"具有[＋液体性]语义特征的"牛奶"或"果汁"。"拿牛奶""拿果汁"这种组合之所以能够成立,实质上是此类行为所涵涉的一系列子事件被高度压缩进而并被特别聚焦突显的结果。且以"拿牛奶"为例稍加解析。依据认知语言学领域的事件精制的观念,可以认为"拿牛奶"这一事件中实际上包含着"拿杯子(或碗等)、走过去、打开冰箱、拿出牛奶瓶(或牛奶盒)、打开牛奶瓶(或牛奶盒)、倒牛奶、端过来"等一系列子事件。尽管在理论上,对于"喝牛奶",也可以如此这般地分析为"举起杯子、张开嘴、吮吸牛奶、吞咽牛奶"等一系列子事件,然而,在现实的日常交际中,除非是为了实现特殊的表达效果,对于"喝牛奶"这种行为,通常只会将之处理为独立自明的、不必再作解析的单一事件。在日常的语言交际中,如果生成"某某某张开嘴喝牛奶"之类的语符链条,往往会被认为是画蛇添足之举,此类语言链条往往也会被视作语义冗赘的偏误现象。综上所述,可以认为,对于能指层面的线性与所指层面的非线性的差异,应予以充分重视。

从本质上讲,通常所谓语言的线性特征,实际上是语言符号能指层面的延展特征;而就其所指来说,尤其是对于由语言符号组合而成的句法结构体的所指而言,不同层级的语言符号组合而成的句法结构体,其所指的组合往往呈现为一个立体的层级结构。① 简言之,即在自然语言片段中,能指的线性和所指的非线性(或者说层次结构性)并存。短语或句子,往往如此,而独白性的自然语篇则更是如此。请先看下例:

(18) a. 吃/早//饭/。

b. 我//没///吃////早饭/。

c. 我没吃早饭,起得太晚,来不及了。

d. 我没吃早饭,只能怪起得太晚,来不及了。

从句法上看,上例 a.中的"吃早饭",是一条短语,包含两个层次:"吃"和"早饭"属于第一个层次上的直接成分;"早"和"饭"属于第二个层次上的直接成分。尽管在能指线性序列上,"早"首先和"吃"连接,但是其所指却只能和随后出现的"饭"相关联,而与先行出现的"吃"之间,不存在直接的所指关联。b.是个简单句,虽

---

① 熊学亮.认知语用学概论[M].上海:上海外语教育出版社,1999:126－157.

然表示语气语调的句号到句子末尾才出现,但是从语义表达的功能上看,"。"却处于立体的层级结构的最上层,与主谓结构短语"我没吃早饭"构成整个句子的直接组成成分;而前面的主谓结构短语本身也是个多层次的结构体,与a.近似,不再细分。而c.则是个话语结构,从能指符号的线性角度看,该结构由三个句段或小句构成;但从所指层面看,这三个小句并不在同一层次,"起得太晚"与"来不及(吃)"构成一个"因—果"结构体,而该结构体在所指上又与"我没吃早饭"构成了一个更高层次的倒置性的"因—果"结构体。相较于c.而言,d.则可以认为是更加复杂的结构体,其中的"只能怪"与其余部分(即"我没吃早饭"等),构成"元话语"与"基本话语"的更高级别的结构层次差异。

下面我们再来看一个例子(为节省篇幅,直接在原话语上简要标注分析):

(19) a. **秋依兰**_{top}工的是『**闺门旦**』。b. ⌐豫剧里的闺门旦和帅旦,都是因着一代名伶而成就的行当⌐¹。c. ⌐**顾名思义**,闺门旦演的自然是闺中佳人,比大青衣柔艳,比小花旦雅致,想一想林黛玉、崔莺莺,约略就知道一二了⌐²。d. 五七年秋依兰一出《白蛇传》,红遍豫鲁晋陕甘,一直唱进北京城。e. 秋依兰扮出来的白娘子,真是神仙中人。f. 扮相好,唱更好。(计文君:《天河》,引自《小说月报》2008 年第 10 期,原载于《人民文学》2008 年第 8 期。)

上例是自然语言中极为常见的一种话语表现形式,从句法表现来看,各个自然句及其内部的语言符号,都是在时间向度上以线性一维的方式展开。但是,当我们跳出时间线性延展表象的局限,进而考察话语的语义结构,就能发现自然句 b.和c.对于话题"秋依兰"来说,并不具有直接的语用功能,如果要做语段核心信息摘要的话,完全可以迅速跳过这两个自然句,将之略而不顾,径直追索言说者思维的主线轨迹。对于这种话题链结构,我们在第 3 章中做过一个大致的比方,即上例中的『……』部分,约略像似电脑主机上外接存储设备的插槽口,它为接入更多信息提供了可能性或物质基础,而其后的"⌐(……)⌐"部分则像 U 盘或移动硬盘,为我们附加提供关于"闺门旦"的背景知识,相对于"秋依兰"为话题所引领的叙述主线链条(即 a.∞ d. ∞ e. ∞ f.)来说,"⌐(……)⌐"中所包含的链条(即 b.∞c.)呈现的是背景性信息,它是附丽于主线链条的枝节成分,如果将之删略,对于我们读者理解"秋依兰"所引领的话题链基本不会造成多大的影响。但是,如果将叙述主线链条中的某个环节删略掉,就会严重影响基本话语层的信息

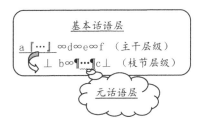

**图 4 - 6 语符能指线性序列内蕴的
所指信息的非线性结构**

表达。此外,从第 2 章所谈到的元话语的视角看,上例中还有一个成分值得特别注意,那就是"顾名思义"(在下图中用"¶……¶"标记),这个成分属于元话语层,为了更加简明地呈现上述话语的内在关系,我们现在将上例中基本话语层与元话语层的语言符号能指链条线性一维表象之下的层级结构图示如下(见图 4 - 6)。

据此可以认为,在自然语篇中,尽管在表层的句法形式上,语言符号的编排似乎严格遵循着能指线性的规则展开,即在时间的线性一维向度上呈现出依次展开的面貌,但从其所指的语义结构来看,则显示出鲜明的层级性,即自然话语首先可以分为元话语层和基本话语层,而基本话语层又可以分出两个层级,即主干层级(在话语形式上则表现为第 2 章所说的主链)和枝节层级(在话语形式上则表现为第 2 章所说的支链),在自然话语中,枝节层级的话题链有时未必出现,当然也可以认为是以零形态的形式存在。图 4 - 6 所示的,可谓较为宏观的语言信息结构,总体而言,这种向度的形式化描写与分析,还存在巨大的开拓空间,值得开展相关的系列研究。在第 2 章中,我们已经讨论过元话语层面的现象,下面主要讨论基本话语层的话题链延展情况。

4.3.2 基本话语层的话题链延展分析

作为结构与功能接口的"话题"[①],是近几十年来语言研究的重要论题之一,相关研究成果为数众多,如宋文辉(2018)《主语和话题》就辟专章详细探究"什么是话题",并系统梳理话题的概念及其认知、语用特征。鉴于话题研究成果斐然,且相关的梳理与评述亦为数众多,前文也做过相关讨论,在此不拟多加赘述。

话题隶属于语用层面,正如贡德勒(Gundel),弗雷特海姆(Fretheim)(2004:176)所言,话题表征"句子所关涉的对象"(what the sentence is about)[②],一般都

---

① 关于话题内涵的讨论为数众多,如曹逢甫(1995、2005)《主题在汉语中的功能研究——迈向语段研究的第一步》与《汉语的句子与子句结构》、徐烈炯、刘丹青(1998)《话题的结构与功能》、屈承熹(2006)《汉语篇章语法》、宋文辉(2018)《主语和话题》等等,均有广泛深入的讨论,故而对此不做赘述。

② Gundel Jeanette K, Thorstein Fretheim. Topic and Focus [M]// The handbook of pragmatics. Horn, Laurence R. Gregory Ward, ed. Oxford: Blackwell Publishing, 2004: 176.

表示一个特定的概念,通常指的是具有独特的指称对象,即已被广为接受的所指是话语对其作出说明的那个实体(人、物等);对话题进行说明的话语则是述题(或评述)。或许正因话语结构的这种特点,Halliday(1967:212)主张将话题视作句子信息的出发点[①](point of departure)。若要全面考察话题链延展状况,既应该关注话题之间的关系,又应该关注述题(或评述)之间的关系,因为在建构话语的过程中,如果仅仅考虑话题之间的关系,往往并不能够保证话语的连贯;但一般来说,进行科学研究总是要先划定研究的界限,然后在特定范围内考察具体研究对象的特点,这样才有助于细致而深入地认识问题、发现规律或趋势。本研究的核心目标是探究叙事性语篇话题链的建构机制,在本小节我们将重点考察话题之间的关系,进而着重讨论基本话语层的话题链的延展特点。

形式逻辑理论认为,客观世界中的两个或两类事物彼此之间,具有多种多样的关系,但若从更普泛更抽象的层次来看,这诸多关系则可以归约简化为一种关系("同异关系"),而这种同异关系又可以进一步划分为五种关系:全同关系、上属关系、下属关系、交叉关系和全异关系[②]。所谓全同关系,就是指如果两个概念(或集合)a与b在内涵和外延上相同,则两者之间具有全同关系;而上属关系则是指对于两个概念a和b来说,如果b的内涵包括a,而a的外延包括b,则a和b之间具有上属关系,若与此相反,则可以认为a和b之间具有下属关系;交叉关系则是指,如果a的有些内涵与b相同,而有的与b不同,而b的有些内涵又和a不同,那么a和b之间具有交叉关系;而如果a的所有内涵和b都不相同,那么a和b之间具有全异关系。

由于人类的自然语言可以运用有限多数的语符要素和句法规则进行无限丰富、永无止境的话语建构,因而自然叙事语篇中话题与话题链的具体表现形态纷繁复杂,恐怕完全无法纯粹以归纳的思路展开全面系统的描写、分析。因而,我们拟遵循逻辑演绎的思路,从理论上先厘清话题之间的逻辑关系,继而以此为基础,考察叙事语篇话题链的不同延展特点,并结合正向语料(母语者建构的规范的乃至典范的语料)和负向语料(非母语者建构的偏误性语料),以求从不同侧面探究话题组配与话题链延展的内在机制。

---

① Halliday, M. A. K. Notes on transitivity and theme in English[J]. Journal of Languistics, 1967, 3(2):212.

② 可参阅:金岳霖. 形式逻辑(重版)[M]. 北京:人民出版社,2018:34–41.

在展开讨论之前,请先让我们厘定两个操作性概念,即"单环话题链"和"多环话题链"。在第 1 章中我们已提出并界定过"单环话题链",即指由单独小句或述题对话题进行评述、说明的话题链,顺此逻辑可以认为,"多环话题链"就是由两个或以上小句对话题进行评述或说明的话题链。为保证分析结果具有相对更高的结构化程度,以便更加准确、高效地理解话语,在具体的分析操作中,我们有时也会将多环话题链视作一个整体进行处理而不再细分。

下面,依据话题之间的逻辑同异关系,分别例示并分析叙事语篇中五种最基本的话题链;这也是我们认识更为复杂多样的话题链的逻辑基础,因为从逻辑的角度来说,其他各种具体的话题链形态,都是基于这五种逻辑关系的话题链所作出的适旨适情适境的灵活变化与巧妙组配。

1. 全同关系型话题链的延展

全同关系型话题链是指分别由 NA(名词性回指)、PA(代词性回指)、ZA(零回指)等三种形式的同指话题表达式所联缀而成的话题链,例示如下:

> (20) a. 麦克$_i$喜欢打篮球,麦克$_i$喜欢踢足球。
>
>   b. 麦克$_i$喜欢打篮球,他$_i$(也/还)喜欢踢足球。
>
>   c. 麦克$_i$喜欢打篮球,0$_i$(也/还)喜欢踢足球。
>
>   d. 麦克$_i$喜欢打篮球,他$_i$(也/还)喜欢打排球,0$_i$(也/还)喜欢踢足球。

上例中的 4 个话题链,由于后面的小句都是从不同侧面对话题表达式所指对象(麦克)所作的评述说明,因此都具有推动话题链延展的功能。从稍微宽泛的意义上来看,无疑可以将 NA、PA、ZA 混合组配的语言链条视作全同关系型话题链。但需要注意的是,利用全同关系构建话题链时,不仅需要考虑不同形式的话题表达式进入话题链的顺序,而且通常情况下还要适当采用相应的逻辑关系衔接词作为强化拈连话题链的手段,以加强前后不同小句之间的语义连贯性。否则,很可能导致话题链存在断裂感,甚或会导致话题链所表达的信息不易乃至无法被母语者接受。请看下例:

> (20′) a. 麦克$_i$喜欢打篮球,他/0$_i$也(/还)喜欢踢足球。
>
>   b. *他$_i$喜欢打篮球,麦克$_i$也喜欢踢足球。
>
>   c. ?0$_i$喜欢打篮球,麦克$_i$也喜欢踢足球。

d. ＊他ᵢ喜欢打篮球，0ᵢ（？还/也）喜欢打排球，麦克ᵢ（也/？还）喜欢踢足球。

e. ＊0ᵢ喜欢打篮球，他ᵢ（？还/也）喜欢打排球，麦克ᵢ（？也/还）喜欢踢足球。

由于受"承'前'就'近'"的回指确认①原则的支配，母语者通常都会以关联为导向进行信息推理，从而认为（20′）的句 a.中后一小句之首的代词"他"，回指前一小句开头的话题，并与前一小句的话题表达式"麦克"所指对象相同，因而会认为该话题链衔接有致、语义连贯，乃是合法的话题链。或应因为"麦克"是一个专有名词，可以激发听读者从大脑日常所积累的信息库中搜寻表征该专有名词的心理实体，以确定其所指并理解话语。即便大脑中尚不存在表征该专有名词的心理实体的相关信息，我们母语者也会临时为诸如此类的专有名词建立一个词条以储存相关信息，因此可以说，像"麦克"这种专有名词的所指，具有高度的可及性，它可以激活已有相关信息，或者临时存储并确定处理命题所需的相关信息，从而为后续话语的理解奠定必要的信息基础。然而，受回指确认推理机制的影响，对于（20′）b.与 d.前一小句中的"他"，母语者通常则倾向于认为和后一小句中的话题表达式"麦克"所指并不相同，因而会认为该语言链条是不符合母语者语感的、不合法的话题链。至于（20′）c.与 e.中起首小句以零形式的话题表达式开启话语，都会显著弱化话题所指心理实体的可及性，其中的道理或应如许余龙所言："由于零形代词在形态和语义上都很空泛，因而不可能建立起一个关于其自身的心理档案；因为如果一个零形代词可以建立关于自身的档案的话，那么这个档案将是一个没有标签和内容的档案，我们将无法对其进行搜寻与查阅，也无法将其与篇章心理表征中其他的档案联系起来。"②所以，如果像（20′）c.与 e.那样组织编排话语，都会给短时记忆造成明显的认知负担，因而母语者倾向于认为其不合法。

值得顺便讨论的是，后续小句采用不同的逻辑关系衔接词，对于话题链的黏合度而言，通常也会产生显著的影响，如上例中，相较于表示两个动作、两个事件

---

① 关于回指理解的心理本质、回指确认原则等讨论，请参阅：许余龙.篇章回指的功能语用探索——一项基于汉语民间故事和报考语料的研究[M].上海：上海外语教育出版社，2004：14-35，179-198。

② 许余龙.篇章回指的功能语用探索——一项基于汉语民间故事和报考语料的研究[M].上海：上海外语教育出版社，2004：21.

或者两种情况相同的副词"也"①,具有"表示在某种程度之上有所增加或在某个范围之外有所补充"②功能的"还"的黏合能力相对明显偏弱。对于(20′)a.这条只有两个小句组成的话题链,笔者在课堂上所调查的60余名母语者认为,后续小句无论用"也"还是"还"来黏合都可以,但是对于例(20)d.这个话题链,前述受试者均认为衔接词"也"应先于"还"出现,而非相反,也即上述由三个小句组成的话题链,应表述为"麦克$_i$喜欢打篮球,他$_i$也喜欢打排球,0$_i$还喜欢踢足球",而非"麦克$_i$喜欢打篮球,他$_i$还喜欢打排球,0$_i$也喜欢踢足球"。由此可以认为,上述(20′)d.与e.这两个话语片段,之所以不被母语者认可,不仅是因为同指话题表达式的呈现顺序不当,也是因为黏结能力不同的逻辑衔接词的出现顺序不当。因此,在训练非母语者提高叙事性话语建构能力的过程中,不仅要阐明不同话题表达式的出现规律或倾向,也应阐明常用的逻辑衔接词的组配使用规则。

还需特别说明的是,尽管上面如此讨论,并不意味着笔者认为零形式或者代词形式的话题表达式不能出现在话语的起始小句中;在第1章中,笔者已提出零形式或代词形式的话题表达式可以用以开启话题链。零形式或者代词形式的话题表达式出现于话语起始小句的现象,是通常所谓"反指"(cataphoric refrence)现象,这种现象在汉语的叙事性话语中相当常见,但是相较于零形回指或者代词回指现象,零形反指或者代词反指现象所受的限制要严格得多。正如陈平所述:"零形反指对象所在的句子在话语结构上一定得从属同指成分所在的句子","如果反指现象所在的句子与同指成分所在的句子在语式结构中是等立关系,或者是主——从关系,反指对象则不能以零形式出现(如 * 0$_i$不想打架,虽然他$_i$不怕打架)。"③上面(20′)中的d.与e.两个语段之所以不合法,深层原因也正在于语式结构中主部主题的句法位置上出现了零形式或者代词形式的话题表达式。

2. 上属关系型话题链的延展

依据认知语言学的理念,可以认为范畴化是人类最基本的高级认知能力的一种体现;所谓的范畴化,是指大脑在处理纷繁复杂的各种事物的过程中,能够看到内在的相似性,并且异中求同地对那些从表面看来差异显著的不同事物进行规约化处理,并由此而纲举目张地将世间万物梳理、划分为不同的类别,进而

---

① 吕叔湘.现代汉语八百词(增订本)[M].北京:商务印书馆,1999:595.

② 中国社会科学院语言研究所词典编辑室.现代汉语词典(第7版)[Z].北京:商务印书馆,2016:506.

③ 陈平.汉语零形回指的话语分析[C]//现代语言学研究——理论· 方法与事实.重庆:重庆出版社,1991:206-208.

相应确立不同层级的概念并构建概念体系。正是因为具备这种认知能力，人类才可以对各种认知经验进行加工、存储，从而进行认知推理和语言交流等活动。正如张敏所言："在语言里，范畴化首先指的是人们运用语言将其所处的世界进行分类的过程；语言形式的意义形成及人们对它的认知正是人们对所处的世界进行范畴化的结果。"①或应认为，正是基于语言所实现的范畴化处理，人们才得以在情思、经验等方面真正形成广泛而高效的深入交流。

要想建立上属关系型话题链，通常的途径是先激活上位概念，然后再将表征下位概念的词语接续在与上位概念相对应的词语之后。这是因为上位概念被激活之后，其下位概念以及表征这些概念的词语相应也就进入了准激活状态，成为可推及的信息，因此，受话者易于在后续话语和前述话语之间建立起信息关联，纲举目张地激活并建构起知识体系，从而实现对整个话语的理解。例示如下：

（21）**动物**$_{Topi}$和她们和睦相处，**0**$_{Topi}$从不伤害她们。**小兔子**$_{F-1}$会从她们手里吃一片菜叶，**小鹿**$_{F-2}$在她们身边吃草，**驯鹿**$_{F-3}$在一旁兴奋地跳跃，**小鸟**$_{F-4}$则停在她们的肩上唱着动听的歌儿。（《格林童话·白雪和红玫瑰》）

在上例中，言说者先将表征"动物"这一上位概念的词语置于话语起首处，这使得受话者在接收话语的时候，能够先行激活这个上位概念及其所指的具体对象，这样一来，该上位概念所涵摄的下位概念及其相应的指称对象，具体如上例中隶属于"动物"这个基本概念范畴的"小兔子、小鹿、驯鹿、小鸟"等词语及其所指称的对象，对于受话者来说也就处于易达及的状态，然则，就容易建立起后续话语和前述话语间的关联，从而易于实现对整个话语的理解。

还有一种常见的上属关系型话题链，并非是依据概念的上下位语义关系形成的，而是依据集合名词和指称该集合之内不同具体成员的名词或短语结构之间的涵摄与被涵摄的语义关系生成的。具体请看下例（注：为节省篇幅计，直接在引文中简要标记；下文此类情况同此处理，不再逐一说明）：

（22）a. 我这一生见过的**河流**太多太多了。b. **它们**$_{Topi}$**有的**$_{F-1}$狭长，**有的**$_{F-2}$宽阔；**有的**$_{F-3}$弯曲，**有的**$_{F-4}$平直；**有的**$_{F-5}$水流急促，**有的**$_{F-6}$则风平

---

① 张敏.认知言言学与汉语名词短语[M].北京：中国社会科学出版社，1998：50.

浪静。c. 它们的名字,基本是我们命名的,比如得耳布尔河、敖鲁古雅河、比斯吹雅河、贝尔茨河以及伊敏河、塔里亚河等。d. 而这些河流,大都是额尔古纳河的支流,或者是支流的支流。(迟子建《额尔古纳河右岸》)

在上例中,据《现代汉语词典(第 7 版)》的解释可知,"河流"指称的是"陆地表面较大的天然水流,如江、河等"①。可见,"河流"是一个表示集合概念的名词。作为话题的"河流"在 a.这个单句中被引入之后,作者随即又在 b.中用代词"它们"进行回指确认,继而以六个"'的'字短语"即"有的"分解话题,从而对所见过的这些不同的河流进行信息精制,以述说不同的河流所具有的突出特点;接着在 c.中又从名称的角度,做进一步的信息精制,在这个环节,既有综合性评述,又有细致的信息枚举;随后,在 d.中又用表达集合概念的"代词+量词+名词"结构,将前文切分开来逐一进行信息精制加工的具体河流收束绾结起来,并进行总体性评述。

　　还有的上属关系型话题链,虽然与上例所示情况存在一定的相通之处,即也是依据集合名词与该集合之内指称具体成员的话题表达式之间的语义涵摄关系建构而成的,但是话题链延展的具体情况则与上例存在显著的差异。请看下例:

　　(23) 一个一个小店,里头全部是**腰带**Top,皮的,布的,塑料的,金属的,长的,短的,宽的,窄的,柔软的,坚硬的,镂空的,适合埃及艳后的,适合小流氓的,像蟒蛇的身躯,像豹的背脊……(《目送·手镯》)

金立鑫认为,"Posi. +是+N"这种结构是汉语中表示存在的句子,和典型的存现句"Posi. +有+N"存在不同,后者表示言说者认为某处存在某物或某人而"N"只是其中之一或者部分,而"Posi. +是+N"能够表达两个意思:"一是说话人认为某处只有某物(或'人',忽视有其他东西存在);二是指紧靠某一参照系的是某物(或人)。"②我们认为,表存现的"是"字句具有鲜明的排他性并凸显唯一性,而非表示"忽视有其他东西存在",因为按照第 2 章所论述的叙实性理论,"忽

---

①　中国社会科学院语言研究所词典编辑室. 现代汉语词典(第 7 版)[Z].北京:商务印书馆,2016:528.

②　金立鑫."Posi. +有+N"和"Posi. +是+N"[J].语言教学与研究,1995,3:83.

视"应视作叙实性动词,言说者认为其后的命题"有其他东西存在"为真,然则,在逻辑上就与言说者认为某处"只有"某物(或人)的"唯一性"之间存在矛盾冲突。另外,在第 1 章中,我们也引介并讨论过存现句的典型功能是引入话题。综而可言,上面例(23)中"里头全部是腰带"这个小句实乃借助存现结构引入整段话语的主话题(即"腰带"),其后的"皮的、布的……"等十三个"'的'字短语",分别从"材质、款式、触感/质地、造型、风格"等多个方面切分出十三个次一级话题。但作者并未针对这十三个次话题分别进行评述,而只是在该段话语收束缩结部分,用两个比喻辞格表达式"像……"以及一个省略号"……",对从前面的主话题分蘖而出的十三个次级话题进行概括性评述,由于话题的频繁变换,且又不像例(22)那样分别有相应的述题与分蘖出的次级话题逐一对应。如此引出并切分话题、延展话题链的话语组配方式,无疑可以更加鲜明地营造出"商品琳琅满目、令人应接不暇"的修辞效果。

3. 下属关系型话题链的延展

下位概念和上位概念总是处于一定的集合体之中,彼此之间具有可以相互激活的关系。正如索绪尔所指出的:"我们的记忆常保存着各种类型的句段,有的复杂些,有的不很复杂,不管是什么种类或长度如何,使用时就让各种联想集合参加进来,以便决定我们的选择。……观念唤起的不是一个形式,而是整个潜在的系统,有了这个系统,人们才能获得构成符号所必需的对立。符号本身没有固定的意义。……这一原则可以适应句段,也可以适用于各种类型的句子,不管它们多么复杂。"①

让受话者通过下位概念激活与之相对应的上位概念,这是叙事性话语建构过程中实现话题链有效延展的常用手段。请看下例:

(24)游泳$_i$,他很喜欢,滑冰$_j$,他很喜欢,踢足球$_k$,也很喜欢,很多运动$_{(i+j+k\cdots\cdots)}$,他全都很喜欢。

在上例中,"游泳""滑冰"和"踢足球"等,都是"运动"的下位概念,它们之间具有稳定的涵摄与被涵摄关系。受话者可以通过下位概念激活相应的上位概念,从而将话语理解成连贯的整体。从上例也可以看出,在建构话语的过程中,可以先提出表征下位概念的名词作为话题表达式建构小句、开启话题链,继而联缀以功

---

① 费尔迪南·德·索绪尔. 普通语言学教程[M].高名凯,译.北京:商务印书馆,1980:179-181.

能上具有一定指称意味、表征同一层级语义信息的短语结构作为话题表达式（"踢足球"）的小句，进一步延展话题链，并不总是使用同一语义场的同一语义层级的名词作为话题表达式。个中道理应如索绪尔所阐述的："我们不是通过孤立的符号说话的，而是通过符号的组合，通过本身就是符号的有组织的集合体说话的。在语言里，一切都归属于差别，但是也归属于集合。"[①]

另外，值得注意的是，在下属关系型话题链这个类别中，有些话题链的话题结构，会与上属关系型的某些话题链的话题结构呈现出鲜明的对称性；这种下属关系型话题链，也并非依据话题表达式所表征的概念彼此之间的上下位语义关系形成的，而是依据指称某个集合之内不同具体成员的名词（或短语结构）与该集合名词之间的涵摄关系生成的，例示如下：

（25）黑的白的红的黄的
　　　紫的绿的蓝的灰的
　　　你的我的他的她的
　　　大的小的圆的扁的
　　　好的坏的美的丑的
　　　新的旧的各种款式
　　　各种花色任你选择（《气球》许佩哲 作词作曲）

上面这段说唱歌词具有鲜明的叙事属性；但若从话题分析的角度来看，上述话语可谓典型的下属关系型话题链。词作者首先连续组配 22 个"'的'字结构"，以此作为话题表达式指称各种具体的"气球"，但又未对这些话题分别展开相应的评述。如此高频变换话题表达式的话语开启方式，非常有助于创造出令人眼花缭乱的想象空间或现实即视感。继而词作者又连用两个偏正结构"各种款式各种花色"表征的基本层次概念[②]的集合名词"气球"，将前面 22 个高频变换、偏于松散的话题表达式绾结起来，构成"由成员到集合"的下属关系，这是我们主张将上例所示的话语判定为下属关系型话题链的基本理据。

---

① 费尔迪南·德·索绪尔. 普通语言学教程[M].高名凯，译.北京：商务印书馆，1980：18.

② 张敏(1998：59-60)认为，基本层次范畴的概念，之所以基本，原因在于这个层次上的范畴成员在感知上具有相似的认知图形，"能形成反映整个类别的单个心灵意象，人们能够最快地辨认其类属"，而且这个层次上的范畴通常会被中性的、具有语境普适性的基础词汇进行表征。具体可参阅张敏《认知语言学与汉语名词短语》中关于范畴化问题的讨论。

4. 交叉关系型话题链的延展

利用话题成分的交叉重叠实现话题链的衔接、连贯,也是一种有效且常见的建构叙事性话题链的方法,用这种方法配列起来的两个话题,彼此之间存在重叠,形式清晰,不需多言,且看下例:

（26）a. 张东$_i$和山本$_j$一起去过北京,b. 山本$_j$和玛丽$_k$一起去过西安。

在上例中,小句 a.中并列关系的名词性结构话题表达式的所指对象,和 b.中相同结构相同性质的话题结构表达式的所指对象,存在部分交叉,前后两个小句因而构成关系密切的话题链。当然,除了这个原因之外,上例中话题链内部之所以具有较强的黏合度,也与两个小句的述题具有高度的同质性密切相关。如果将上例中后一小句的述题调整如下,就会显著地弱化话语的内在黏合度:

（26'）？＊a. 张东$_i$和山本$_j$一起去过北京,b. 山本$_j$和玛丽$_k$从没吃过冰糖葫芦。

由此可见,前后相连的小句的述题句法结构和语义信息是否具有同质性,无疑会对话题链的内在黏合度产生显著的影响;因本章主要探究叙事性话题链中话题表达式的内在关系与组配机制,故而对于上例中述题不同质的现象,不拟多加讨论。

在叙事性话语中,交叉关系型话题链,还存在不同的变体形式。例示如下:

（27）a. ¶看来¶**鲁尼和母亲**$_{Topi1+2}$是连心的,b. 先前**他**$_{Topi-1}$还安静地待在桦皮桶里晒太阳,c. **母亲**$_{Topi-2}$一哭,d. **他**$_{Topi-1}$也哭了。（迟子建《额尔古纳河右岸》）

（28）a. **武松**$_i$手硬,b. 0$_{j(此处指蒋门神小妾)}$那里挣扎得？c. 0$_j$被武松一手接住腰胯,d. 0$_i$一手把冠儿捏做粉碎,e. 0$_i$揪住云髻,f. 0$_i$隔柜身子提将出来,g. 0$_i$望浑酒缸里只一丢。（施耐庵《水浒传》）

在例（27）中,小句 a.中的"鲁尼和母亲",是话语主线的话题表达式,在后续的三个小句中,该话题表达式的所指对象被分解开来,进行交叉叙述,具体表现为:在 b.与 d.两个小句中,作者均使用代词形式的话题表达式回指前面小句 a.中的"鲁尼",而在 c.句中,则用同形名词"母亲"回指 a.中话题表达式的后一并列性成分,从而建立起语义关联。这样一来,四个小句就构成了分麓且交叉的话题结构,从而构成交叉关系型话题链。上述话题链的话题结构可以抽象如下:"¶······¶ Top_{i+2}······,top_{i+1}······,top_{i+2}······,top_{i+1}······。"顺便说明一下,"¶······¶"所标记的"看来"属于凸显主观推断信息的元话语标记语,对此不拟多加讨论,因为本章主要目的是讨论基本话语层的话题链延展机制。

例(28)所示的语料,其原文中,仅在第一个小句开头出现了显性的话题表达式(专有名词"武松"),而在后续的六个小句中,话题表达式则均为零形回指形式。乍一看,该段话语像是传统语法分析所谓"主语承前省略"的现象。然而,稍微深入话语的语义层便可发现,后续六个小句主语位置上的零形式所指对象并不相同,其中 d. e. f. g.等四个小句,均以零形式回指 a.句中的话题表达式"武松"。但是,编插于其间的 b.和 c.这两个小句中的零形式话题表达式所指对象实乃"蒋门神的小妾",与句 a.中的专有名词构成的话题表达式所指却并不相同。这种情况,我们也将之处理为交叉关系型话题链的一种变体。

5. 全异关系型话题链的延展

上一节已经说明,如果两个概念 a.与 b.的内涵与外延均不相同,那么 a.和 b.之间具有全异关系。下面两个例子典型地体现出话题间的全异关系:

(29) a. 太阳$_i$已经落山,b. 他$_j$又背起他的缅刀,c. 0_j离开了帐篷。(《黄裳自选集 森林·雨季·山头人》)

(30) 0_i站起来,他$_i$觉得他$_i$又像个人了。太阳$_j$还在西边的最低处,河水$_k$被晚霞照得有些微红,他$_i$痛快得要喊叫出来。0_i摸了摸脸上那块平滑的疤,0_i摸了摸袋中的钱,0_i又看了一眼角楼上的阳光,他$_i$硬把病忘了,0_i把一切都忘了,0_i好似有点什么心愿,他$_i$决定走进城去。(老舍《骆驼祥子》)

全异关系型话题链的情况值得细加分析。首先需要明确的问题是:何种性质的话题才能以全异的关系与其他话题一起组配成话题链?经语料检索发现,通常只有那些引领表示时间或情境等背景性信息小句的话题表达式,才比较容易进入全异关系型话题链框架,和其他话题表达式所引领的事件信息小句共同组成语义连贯的话题链。

让我们先来分析例(29),无论从内涵还是从外延来看,都可以说小句 a.开头的专有名词"太阳"与 b.句开头的代词"他"以及 c.中的零形回指之间具有全异关系。但是在上例中,由"太阳"这个话题表达式引领的小句所处的是整个话语链条的开端,其功能在于为这个话题链提供或设置时间、情境等背景性信息,因为任何事件或者活动都必然要在特定的时间与情境之中进行,所以像例(29)这种情况,即前后邻接的不同话题表达式所指对象的内涵与外延均不相同,明显属于两个范畴,但是母语者都会认为由它们引领的小句串之间能够形成连贯的语义关系。这种话语结构形式,我们将之视作全异关系型话题链。

但是,值得特别注意的是,像上面例(30)这种话语链条,虽然"太阳""河水"这两个话题表达式所引领的表示时间情境信息的小句其所指对象与前后小句的话题表达式的所指对象并不属于同一个语义范畴,但是我们不主张将之视作全异关系型话题链,主要是因为由"太阳""河水"引领的这两个小句,处于由意向动词"觉得"和心理动词"痛快"所引领的两个小句之间,在语义上,涵摄于"觉得"的意向域之中,也正因这一点,我们在第 1 章中主张这两个表达时间与情境信息的小句之前存在一个零形式的意向动词(不妨构拟为"发现"),从而将整段话语处理为一个话题链;如此处理也可以最大限度地提高分析结果的结构化程度。

在叙事语篇中,当言说者意欲营造场景、氛围的时候,全异关系型话题链是高频应用的话语形态,比如下面例(31)所示的话语,即可谓典型的全异关系型话题链:

(31) a. 芦花才吐新穗。b. 紫灰色的芦穗,发着银光,软软的,滑溜溜的,像一串丝线。c. 有的地方结了蒲棒,d. $\emptyset_{蒲棒}$ 通红的,像一枝一枝小蜡烛。e. 青浮萍,f. 紫浮萍。g. 长脚蚊子,h. 水蜘蛛。i. 野菱角开着四瓣的小白花。j. $\emptyset_船$ 惊起一只青桩(一种水鸟),k. $\emptyset_{青桩}$ 擦着芦穗,扑鲁鲁鲁飞远了。(汪曾祺《受戒》)

上例中的这段话语是汪曾祺的名作《受戒》的最后一个自然段,对于这段话语,为尽量提升分析结果的结构化程度,不妨权且将之切分为由 11 个所指对象不同的话题表达式所引领的话语片段,其中 e. f. g. h.等四个片段,均可视作有话题而无述题的情况,这种话语结体方式,在修辞上被称为"列锦格"①;而 b. d. k.等三个片段,则与前面所提及的四个片段明显不同,尤其是片段 b.,作者连用四个述题分别从光泽、质地、触感与形象等多个侧面对"紫灰色的芦穗"进行细腻的描述。如此组配话语,让 11 个话题表达式所指的不同事物相互配合彼此辉映,恍若国画创作中的散点透视,或将多种墨色洇染②以增效、或留白以生辉的做法,可以生动鲜活地营构出南方水乡芦花荡水墨画般美丽而静谧的景象。

值得特别指出的是,k.中的"扑鲁鲁鲁"这个拟声结构,相较于通常人们所用的"扑鲁"或"扑鲁鲁"来说,可谓神来之笔,正是这种笔法强化了上述艺术效果。因为:"扑"与三个"鲁"这四个音节线性一维延展联缀,叠加而成的视觉形象向度的象似效应,爆破音"p"以及四个合口呼韵母"u"联用所激发的音响形象向度的象似效应,可以更加生动细腻地再现出青桩鸟在宁静的氛围中缓缓振翅划破静谧、摩擦空气慢慢飞远的情形,恰似余音绕梁袅袅不绝,可以更加悠然从容地熏染出水乡芦花荡悠远静谧的氛围,从而让话语颇具"味之者无极、闻之者动心"③的神妙机趣。如此组配话题链,堪称汪曾祺"氛围即人物"的独特艺术创造理念的生动实践。他也明确倡导过:"语言的美,不在语言本身,不在字面上所表现的意思,而在语言暗示出多少东西,传达了多大的信息,即让读者感觉、'想见'的情景有多广阔。古人所谓'言外之意'、'弦外之音'是有道理的。……语言的美不在一句一句的话,而在话与话之间的关系。……语言是处处相通,有内在联系的。语言像树,枝干树叶,汁液流转,一枝动,百枝摇;它是'活'的。"④确为妙论。陈望道也鲜明地指出:"无论作文或说话,又无论华巧或质拙,总以'意与言会,言随意遣'为极致。在'言随意遣'的时候,有的就是运用语辞,使同所欲传达的情

---

① 列锦格的出现,其首要原因是为了提升信息表达的密度而压缩语言要素(特别是缺乏具体实在的理性信息的虚词)的结果;而从认知心理学的视角来看,则是受大脑基本感知处理模式影响的结果,在即时扫描的状态下,"人们可以同时地、网状地感知众多的外部事物。万象并发时,众多事物刹那间进入视听,此时人们无法分析,无法分辨,感知的时序模糊了,事物的因果链条消失了,事物之间的关系隐蔽了",因而言说者会堆叠组配表征事物或景象的名词(名词性短语)来传递瞬间同时感知的诸多信息。可参阅:郭焰坤.列锦辞格的产生与发展[J].修辞学习,2003,5:32-34。

② 洇染,是水墨画创作中常用的技法之一,指的是用水墨或淡色涂抹画面并使墨迹向周围自由散开的渲染方法,这种技法可以显著强化气韵生动的艺术效果。

③ 张连弟.《诗品》校释[M].哈尔滨:北方文艺出版社,2005:18.

④ 可参阅汪曾祺先生在哈佛大学所做的演讲《中国文学的语言问题》;网址如下:http://www.360doc.com/content/16/0617/16/1412644_568560420.shtml.

意充分切当一件事，与其说是语辞的修饰，毋宁说是语辞的调整或适用。即使偶有斟酌修改，如往昔所常称道的所谓推敲，实际也还是针对情意调整适用语辞的事，而不是仅仅文字的修饰。"①

4.3.3 对偏误性的话题链延展的分析

下面简要分析两段从留学生习作中摘出的语料，分析其中话题链延展的偏误性现象，并尝试探讨这种偏误性现象的原因。先看下例：

> （32）我是第一次离开父母来中国留学，有时候很想家，因为刚刚来还不太习惯。现在觉得好多了，又有很多好朋友，**交通很方便**，每个星期跟朋友去玩，得到了不少经验。（留学生作文）

基于上一节中五种类型话题链的讨论，通过分析话题表达式所指对象之间的关系，较容易看出导致上例所示话语有失连贯的关键在于"交通很方便"一句。其中的话题表达式"交通"的所指对象，与其前后其他小句中具有同指关系的代词形式或者零形回指的话题表达式的所指对象完全不同，因而不利于建立不同话题表达式之间的语义关联。而且，依据前文中针对话题的"可辨识性和激活性"所作的相关讨论，我们也可以知道，表示各种运输事业总称的"交通"，虽然在功能上与专有名词近似，无论是对言说者还是对受话者来说，都可以认为"交通"是一个可辨识性成分，可以认为是交际双方都已具备的知识；但是，依据认知心理学则可明白：知道某种东西和想起某种东西是两种完全不同的心理状态，尽管人类的大脑中蕴藏着丰富的百科知识，然而在某个具体的交际过程中，仅有一小部分知识会被聚焦或被激活，在建构话语的过程中，如果未先行使用一些能够有效达及大脑中所蕴藏的相关百科知识的语言形式手段，而直接突然插入表征某种知识的词汇，就会显著增加认知处理的负担，也会导致话题链断裂。在教学中，教师应该设法引导学生避免上述偏误情况。下面再看一例：

> （33）我$_{TOP1}$在一家学院学汉语，我每天早上 8 点 30 分钟坐学院的

---

① 陈望道.陈望道学术著作五种·修辞学发凡[M].上海：复旦大学出版社,2005：214.

车到学院,然后9点钟开始上课,下午5点下课后才回宿舍。那时,有口语课,**口语老师**top2表情很有意思。所以容易了解新学的生词等,还有很热情,好像我们班的班主任一样好,所以我最喜欢那个老师。(留学生作文)

基于前文关于话题链框架的讨论不难看出,上例所示的话语大致可以切分为两个话题链,二者之间具有嵌套关系。具体来说就是,由代词形式的话题表达式"我TOP1"所引领的话题链之中嵌套着由"口语老师TOP2"这个话题表达式所引领的话题链。上述话语之所以存在偏误,关键是由于"口语老师"所引领的话题链在延展的过程中发生了断裂。而导致该话题链出现断裂的主要原因可以概括为两点:其一是未能保持话题表达式所指对象的一致性,具体在于由"口语老师"引领的话题链中,被言说者临时编插进回指主话题"我"的零形话题表达式引领的小句(即"所以Ø我容易了解新学的生词等"),因而使得话题链的延展出现不当交叉;其二在于表达方式的突然改变:"那时,有口语课,口语老师表情很有意思。"这是典型的叙述性表达,而其后的"所以容易了解新学的生词"则明显是议论,而其后的"还有很热情,好像我们班的班主任一样好",又是典型的叙述性表达。正是原文如此叙述过程中突然改变表达方式,导致整个叙事性话题链出现断裂。屈承熹认为,同一个话题的相关信息可以分配在多个话题链中,而未必总是用同一个话题链来表述,不同的表述模式(如"叙述与描写")可以把关于同一话题的不同信息分割到相异的话题链之中,因此表述模式可以作为切分话题链的重要标记①;而屈承熹又进一步讨论了话题链的边界确认问题。他认为,话题链是构成篇章句的最为重要的机制,文体转换、观点改变以及相应的词汇语义要素的改变,都可以作为划分话题链的"相当可靠"的分界标记②。正是综合借鉴这种划分话题链的理念与方法,我们认为上例中内嵌话题链之所以出现断裂,关键在于其中表示推断的"所以容易了解新学的生词等"议论性话语的突然插入。综上可知,在延展话题链、建构话语的过程中,既要设法保证不同的话题表达式所指对象的一致性,又要尽量保证同一条话题链之内的表述模式的一致性。

---

① 屈承熹.汉语篇章语法[M].潘文国,等译.北京:北京语言大学出版社,2006:260-268.
② 屈承熹.汉语篇章句及其灵活性——从话题链说起[J].当代修辞学,2018,2:1-22.

4.4 余论

就其广义而言,信息结构研究可以划归到功能语法研究的范畴。张伯江认为:"功能语法的方法,为人们观察语言、研究语言提供了一个特别广阔的空间。不管是要了解语法形式的来历和未来变化,还是要探讨语法现象的实质,或是要关心语法的实际应用,功能语法都是恰当的途径。"①

如前所述,信息结构研究,特别注重对形式要素的考察与分析,尤其重视考察特定语境中信息的形式表现,并认为如果没有形式向度的证明,则研究和信息结构研究无关。信息的性质不同,则其表达方式往往各异,体现在话题链的延展方面,也会有不同的句法形式表现。而讨论表达方式,自然离不开言语表达的具体环境,也即是要考虑语境语用因素对言语形式的影响和制约作用。范岱克(Van Dijk)②也认为,句子中词语的顺序不是任意的,句子的形式会受到语篇中前后句子的影响。

在考察话题链句法形式的特点时,信息结构理论注重采用比较的方法展开分析,这是由信息内容的无限性与句法形式手段的有限性之间的内在矛盾决定的。用有限的形式手段表达无限的信息内容,必然会导致不同形式之间存在相同之处,主要表现为基本命题信息的相近。换言之,则可以说,同一个命题信息能够使用不同的句法结构来表达,表达相同信息的不同的句子可称为句子变体(allosentences),如"John ate fish and chips"③所表达的命题意义,可以使用下列形态各异的句法结构来传达:

  (34) a. John ate fish and chips.

　　　b. It was John who ate fish and chips.

　　　c. What John did was ate fish and chips.

　　　d. The person who ate fish and chips was John.

---

　　① 张伯江.功能语法与汉语研究[C]//语言学前沿与汉语研究.刘丹青,主编.上海:上海教育出版社,2005:23-45.

　　② Van Dijk, T.A. Discourse as Structure and Process[M].London: Sage Publications,1997: 7.

　　③ Cook, G. Discourse[M].Oxford: Oxford University Press,1989: 61-62.

e. Fish and chips were eaten by John.

f. Eating fish and chips is what John did.

g. Fish and chips John ate.

h. Fish is what John ate — and chips.

这种状况似乎和语言学中的经济原则相违背,但是从信息结构的角度来看,上述句法结构 a.—h.,并不完全等值,张伯江、方梅认为,相同语义的不同表现形式在共时系统里并存,必然具有各自的功能价值①。苗兴伟则对句子变体的出现原因作出推测:"当同一个意义可以体现为不同的句法结构时,其动因可能是修辞性的,因为表达的多样性可以满足修辞的需要,实现不同的修辞效果。但在语篇的层面上,由于不同的句法结构对应于不同的信息结构,句法结构的多样性可以满足语篇组织的需要,实施不同的语篇组织功能。"②由此可以说,考察语篇的信息结构,也应该注意分析句子的不同变体及其在语篇中的功能差异。不同的句子变体,在话题链延展过程中的功能是各不相同的,需要我们依托大规模语料、在更大的语境中展开全面深入的考察,这是我们后续研究的努力方向之一。

---

① 张伯江,方梅.汉语功能语法研究[M].南昌:江西教育出版社,1996:73-138.
② 苗兴伟.语篇语用学:句法结构的语篇视角[J].外国语,2008,5:30-31.

第 5 章　叙事性话题链的篇章功能研究

　　你的所知影响着你如何感知,也受到你如何感知的影响;你对事物概念的形成和分类影响着你对它们的推理方式,反之亦然。

——J. H. 弗拉维尔

　　只有现在是被经历的。过去与将来是视界,是从现在出发的视界。人们是根据现在来建立过去和投射将来的。一切都归于现在。历史之难写,正在于它与我们的现在有关,与我们现在看问题的方式以及投射将来的方式有关。只有一个时间,那就是现在。

——高概

　　自然话语的理解和建构,这二者都是内在于人类大脑的极为复杂的过程。就拿建构的过程来说,当人产生表达动机、意欲传达某种修辞意图的时候,大脑就会启动神思进行构思、谋篇与熔裁,然后通过语言符号的转化生成语篇。语篇是大脑所产生的情思意念的客体化,而大脑内在的、未经语言转化的情思意念可谓复杂的混沌状态[1]。在这种混沌状态之中,大脑可以"万途竞萌",可以"思接千载,视通万里",并可以因为"意/神思"几乎不受限制的特点而"翻空易奇"地进行自由跃迁[2],但是这种情思意念状态若要被客体化,就需要压制到语言符号的线性链条之中,就必须遵循语言符号的能指线性一维展开的基本原则,尤其是在口语交际中,因为不能借助文字等视觉符号的支持,更需严格遵循能指符号线性展开的基本原则,因为语言能指符号在本质上是音响形象。

　　在语篇建构和理解的过程中,作为篇章功能单位的话题链,既为我们提供了一个分析视角,也为我们提供了一个有力的分析工具。本章拟重点讨论话题链

---

　　① 可参阅上一章 4.3.1 的相关论述,在该小节中,我们已经引介过现代语言学鼻祖索绪尔的观点。他认为,离开了词语的表达的思想,只是一团形似星云、没有必然划定的界限的浑然之物。只有在语言出现之后,思想才渐趋明朗清晰起来。

　　② 陆侃如,牟世金.文心雕龙译注[M].济南:齐鲁书社,1995:359-360.

所具有的篇章功能,以及话题链在语篇理解和语篇建构等方面所具有的价值,并针对第1章所述的叙事性语篇话题结构方面所存在的典型偏误问题,探索具有实践价值的应对策略与具体办法,以期为切实有效地帮助非母语者提高叙事性话语建构能力提供参考。

5.1 作为情思意念镜像的语篇

在语篇中,没有所谓纯粹客观的原发事件。原发事件只能在理论上存在,因为事件一旦进入人的意识,就要为人的大脑所认识并通过语言进行建构。语篇中的事件,都是叙述主体基于特定的意图进行建构的结果。没有进入人的意识、完全"不依赖于我们对事物如何存在的表象"[①]的事物和事件,对于人类来说,都是没有任何意义的。而进入了人的意识域并从而被人的大脑认识、建构的事物或事件,在本质上就都不再是原发的,就不再具备"外部实在"的特征。因此,通常所说的客观事实,在本质上都是"不在场"的。我们日常所实施的多种意向行为诸如"计划、思考"等等,并不像日常交际语境中的事物(如桌子、椅子、方向盘等),这些行为或事件并不会被我们当作不言而喻的东西。语篇中的事件,都是叙述主体参照已经发生的事情的时序加以追忆或重构的结果,抑或是基于大脑意识域中的心理表征的认知原型(或认知框架[②])进行创造性构拟的结果。

法国学者高概认为:"只有现在是被经历的。过去与将来是视界,是从现在出发的视界。人们是根据现在来建立过去和投射将来的。一切都归于现在。历史之难写,正在于它与我们的现在有关,与我们现在看问题的方式以及投射将来的方式有关。只有一个时间,那就是现在。"[③]因此可以说,不存在完全独立于意识的、具有绝对的"外部实在性"的客观事件,所有所谓客观事件,都无可避免地烙上了叙述者的信念、愿望、情感等主观性的印记。如此一来,所谓某种客观事实,在语言的世界中,就会衍化成各不相同的言语化的事件叙述。因而可以认为,所有事件都是大脑的"当下/现在"构拟或重建的结果。即便是眼前

---

① 约翰·塞尔.心灵、语言和社会[M].李步楼,译.上海:上海译文出版社,2001:39.

② "认知原型"是针对事物在大脑中的心理表征而言的,而"认知框架"通常则指的是事件在大脑中所形成的心理表征。

③ 高概.话语符号学[M].王东亮,编译.北京:北京大学出版社,1997:7.

正在发生的情况,在意识域中,也会深深地烙上言说者的主观印记。因为"现在"也并非稳固的在场,它转瞬即逝,在我们考察之际,它就飞速地滑入非在场的过去。

所谓客观事实,都是经过叙述主体选择之后构拟的东西;即使是同一个客观事实,不同的观照者也会形成"横看成岭侧成峰"的认知结果,不同的叙述主体也会因观察视角与关注焦点的不同,而对该"客观事实"进行各不相同的重构,通常体现为对事实进行精细程度不同的聚焦,以及对折射该"客观事实"的一系列子事件所做的诸种序列各异的组配,这必然会导致所建构出来的"客观事实"呈现出形态各异的话语面貌。比如,在新闻语篇中,不同媒体对于同一新闻事件的报道,在叙述视角、事件呈现的顺序、事件聚焦的精细程度等诸多方面,经常存在显著的差异。正如陈佳、徐萌(2022)所言:"语言使用者对某一场景的描述从一定程度上反映了他们的认知注意,而人们所选择的词汇—句子—语篇等话语结构与其对事物和事件的认知结构与过程息息相关。"[①]语言学视域的叙事话语分析,应审慎地厘清那些表征某种所谓客观事实的不同子事件的话语片段彼此之间的关系,进而对言说主体在确定认知视角、关注焦点与组配子事件的过程中所运用的词汇句法手段,尽量展开全面细致的甄辨、梳理,从而更加精当地总结内在的语言规律。陈望道先生在《修辞学发凡》中所辑录的"黄犬奔马句法"的现象,可以作为这种情况的经典例证。对此,我们将在下文中展开具体讨论。

语言学视域的叙事话语研究,或应审慎地厘清那些表征某种所谓的客观事实的不同子事件的话语片段彼此之间的关系,进而对言说主体在确定认知视角、关注焦点与组配子事件的过程中所运用的词汇句法手段,展开相对全面细致的甄辨、梳理。从话题链的视角来看,则可以说,叙事性语篇的具体形态体现为话题链的不同组配;通过考察话题链组配过程中所使用的言说策略、元话语层面的标记成分、句法词汇层面的要素,进而探究话题链推进过程中的监控、反思、评价与调节机制等等,我们可以借此努力探索、理解人类在语言理解与运用过程中所展现出的心智活动的性质和意象能力在特定情境中的具体表现,并由此逐步深入地理解、总结叙事话语结构内部受特定的语言心理影响或支配而形成的种种趋向或规律。

Langacker认为,所谓意象能力,指的是,在语言运用过程中,为了实现特定

---

① 陈佳,徐萌.《认知话语分析概论》述评[J].外国语,2022,4:124.

的思维与表达的目的,言说者往往会主动采用不同的方式去观察、认知并再现某种情境的能力,这种能力可以构成不同的意象。① 或许是因在观察视角、认知视点、所凸显的属性或关系、扫描的精细程度等方面所存在的差异,不同的认知主体对同样的情境会采取不同的视角进行观察,会对情境中的不同侧面进行特别聚焦,并且在言说过程中精心地选择相应的词汇项目、句法结构形式,进行不同程度的抽象化概括或者具象化凸显,在同一场景中,聚焦相同或不同的"话题表达式"的所指对象,构造出不同的认知意象,以求更为妥当地传达特别的修辞意图。例如:

    (1) a. The clock is on the table.

        (钟在桌子上。)

        b. The clock is lying on the table.

        (钟横躺在桌子上。)

        c. The clock is resting on the table.

        (钟在桌子上待着呢。)(笔者按:该句或应译为"钟在桌子
        上休息着呢"。)

        d. The table is supporting the clock.

        (桌子托着那个钟。)②

从所传达的基本理性信息的角度看,上例中的四句话所描摹的都是同一种静态的情境,但是所营构的认知意象各有差异;若要深入探究、辨明这种差异,恐怕应该"从具体的语言现象出发,采用科学的方法,对句法与语义界面的各种现象进行实证分析……重视句法与语义接口的认知分析"③。在上例的四个简单句所构成的不同话语链条之中,前三者的话题与 d.的话题明显不同,前三者的话题都是"钟",而 d.的话题则是"桌子"。尽管前三者的话题相同,但是对于该话题表达式所指对象的存在状态,言说者在后续评述性话语中所做的注意力调焦(focal adjustment)与信息精制,均不相同。

---

    ①   Ronald W. Langacker. Foundations of Cognitive Grammar (Volume Ⅰ Theoretical Prerequisites)[M].Beijing: Beijing Universty Press, 2004: 99 - 132.

    ②   这四个句子转引自:张敏.认知语言学与汉语名词短语[M].北京:中国社会科学出版社,1998:106.

    ③   郭纯洁.句法与语义界面研究 60 年反思[J].现代外语,2018,5: 718.

我们之所以能够"通过语言获得、储存和传达各种信息,可以用语言进行规划、推理、解决问题"①,关键是因为我们大脑中关于世界的知识表征内在于我们的语言。据此可言,a.句是常规的、普泛的聚焦,可谓是笼统的认知观照,所形成的认知意象恍若一张被拍得虚化的照片,介词"on"内蕴的相对空间位置关系所传达的信息仅表明[**钟在桌子上**],至于"钟"究竟以何种方式或状态存在于桌子上,则并未加以特别的聚焦,因而读者无从得知,只能做粗疏的意象建构。而在b.句中,由于动词"lie(lying 的原形)"的使用,"钟"的具体存在方式得以精细地凸显出来;根据《牛津高阶英汉双解词典》的注解可知,"lie"指的是"(of a person or an animal)to be or put yourself in a flat or horizontal position so that you are not standing or sitting"②,特别强调凸显的是"人或动物""以平躺或侧卧而非站立或端坐的方式存在于某个平直的处所"。由此可见,相较于 a.来说,言说者在b.中所传达的信息量显著增加,动词"lie"的使用,意味着言说者以比拟的方式将"钟"比作"人或动物",使其临时获得[＋有生]语义特征并从而形象化地凸显其具体的存在方式,因而营构出生动可感的认知意象。

相较于 b.,由于动词的变化,c.所凸显的信息则更加细腻生动,营构出的(严格说来,或应是所激活的)认知意象因而更加形象可感。关键原因或许在于动词"rest"蕴藏着使用该词语的语言族群成员的集体性认知经验信息③,即"to relax, sleep or do nothing after a period of activity or illness；to not use a part of your body for some time"④(意即"在活动一段时间或生病之后,休息、睡觉或者什么都不做;在一段时间内,完全不运用身体的任何部分"),言说者如此表达,则进一步将"钟"人格化,为之赋予人的情感意志,并借此引导听读者注意从"人格化了的钟"的视角感知、体验其被动词临时赋予的"人格化的情状"。正如弗里德里希·温格瑞尔等所言:"每个句子都通过选择动词和它所管辖的特定句法型式来

---

① 文旭.语言、意义与概念化[J].深圳大学学报(人文社会科学版),2022,1：33.

② 引自 A. S. Hornby. Oxford Advanced Learner's English-Chinese Dictionary(Seventh edition)[Z]. Beijing：The Commercial Press，2009：1164。

③ 可参阅金岳霖《形式逻辑》中关于深刻概念的相关论述。他认为,深刻概念的形成,都经历了复杂的过程,即：人类的一系列感觉、知觉经验不断叠加、固化而成印象,进而发展成初级概念并最终发展为深刻概念。对于操持某种语言的使用者族群来说,语言符号的所指涉及的概念,都是业已删夷掉事物所包含的偶有属性而只保留具有区别价值的特有属性的深刻概念;但是对于语言族群中的个体成员而言,语言符号的所指所涉及的概念则并非如此概括、抽象,而总是和个体独特的感觉、知觉与印象等具体的形象信息或个性化的认知经验密切相关。

④ 引自 A. S. Hornby. Oxford Advanced Learner's English-Chinese Dictionary (Seventh edition)[Z].Beijing：The Commercial Press，2009：1700。

激活一个场景中的某个认知视角。"①因此,在建构话语的过程中,词汇项目或句法形式的选择,值得多加推敲、锤炼。

而在 d.句中,言说者所选择的话题表达式为"桌子",相较于前面三个句子来说,这意味着言说者意欲引导听读者调整注意力聚焦,以便从"桌子"的视角来建构认知意象。因为通常来说,我们观察认知某个场景的视角,基本上都取决于该场景中哪种事物或现象首先牵引住了我们的注意力。在建构话语的过程中,言说者选择何种视角以及选用何种词汇、句法项目来模拟或重构某种场景,并引导听读者激活词汇、语法项目所蕴含的经验或知识,从而建构相应的认知意象以观察或理解该场景,则可谓是对于"原初的、直接的"观察与认知的逆向还原,因为认知意象和语言概念及其表征的信息密切相关;个中道理,或许如菲尔墨和阿特金斯(Fillmore & Atkins)所言,作为概念框架表征的词语之中,实则储存着"编码为词语的概念所预设的知识"②。据此,我们也可以认为,词语之中储存着人类认知理解世界的"认知参照点、认知视角、认知方式与认知结晶"等多方面的信息,例如汉语中的形容词"高",《现代汉语词典》的基本义项为"从下向上的距离大;离地面远"③,若从认知的系统观念出发,则可由此义项获知,"高"之中所固化的认知参照点是"地面或地平线",所内蕴的认知视角与认知方式则是"动态仰视、弧轨扫描",所储存的认知结晶则是"(纵向分布的两个端点间的)距离大"。在使用或理解"高"的时候,汉语使用者的大脑中恐怕会不由自主地、或强或弱地激活上述几方面认知经验信息。这种稳固而共通的认知基础,是语言能够促成人们交流思想、达成共识的关键所在。

同样的道理,在上面例(1)的 d.句中,言说者所使用的动词"support"("to hold sb/sth in position;to prevent sb/sth from falling"④,意即"在合适的位置或以恰当的方式托持某人或某物,以阻止其坠落"),也能够临时赋予"桌子"以"有生主体"的情感意志等信息,从而能激发听读者从"桌子"的视角建构认知意

---

① 弗里德里希·温格瑞尔,汉斯-尤格·施密特.认知语言学导论(第二版)[M].彭利贞,许国萍,赵微,译.上海:复旦大学出版社,2009:235.

② Fillmore, Charles C., Beryl T. Atkins. Toward a frame-based lexicon:The semantics of RISK and its neighbors[M]// Frames, Fields, and Contrasts. Adrienne Lehrer, Eva Kittay,ed. Hillsdale, NJ: Lawrence Erlbaum Assoc,1992:75-102.

③ 中国社会科学院语言研究所词典编辑室.现代汉语词典(第 7 版)[Z].北京:商务印书馆,2016:430.

④ 引自 A. S. Hornby. Oxford Advanced Learner's English-Chinese Dictionary (Seventh edition)[Z].Beijing:The Commercial Press, 2009:2029.

象,体会"桌子"对"钟"所做出的、似乎是主动而为的援助、托举,在表达出理性信息的同时,传达出丰富的主观性信息,因而使得话语更富机趣,更加别致生动地描摹场景,并牵引、激发听读者积极参与到情境信息感知与认知意象建构中来。上例中,d.句对应的译文将"supporting"译为"托着",颇能凸显上面所述的恍如主动而为一般的主观性趣味,因为在汉语中,"托"意为"手掌或其他东西向上承受(物体)"①。从上面的讨论可以看出,诚如本章起始部分所述的,在自然语篇之中,确实没有通常所谓的纯客观的原发事件,即便是仅仅由两个物体构成的、最简单的空间关系或者最简洁的静态场景,在话语建构层面,言说者依然能够借助不同的词汇项目、句法组配形式进行不同的描摹,从而触发听读者借以建构出各具特色的认知意象。

综上可言,不同的话语形态,可谓大脑认知理解外在事相的过程中所产生的种种情思意念在语言层面折射出的不同镜像。对于这些不同镜像的理解,又受到主体知识储备、认知能力等因素的制约,正如弗拉维尔指出的:"认知的各个方面是复杂地交织在一起的。任一过程都在其他过程的运作和发展中起着重要的作用,各个过程彼此之间是相互影响的。这种各认知过程之间存在双向交互作用的思想极其重要。**你的所知影响着你如何感知,也受到你如何感知的影响**;你对事物概念的形成和分类影响着你对它们的推理方式,反之亦然。诸如此类,不一而足。"②上面针对例(1)中不同话语的讨论,也可以证明认知者的"所知"与"感知方式"等,都会对感知结果产生深刻的影响。

在对"黄犬奔马句法"展开讨论之前,我们先来看两个通过调整认知意象从而生成迥异的理性信息与主观化情感的语例,例示如下:

    (2) a. 昨日花开今日残。
       b. 今日残花昨日开。(引自李泽厚,2019:178)

对于上面两条语例,李泽厚在其《美学四讲·实践美学短记之二》中如是辨析道:"昨日花开今日残,是在时间中的历史叙述,今日残花昨日开,是时间性的历史感

---

① 中国社会科学院语言研究所词典编辑室.现代汉语词典(第7版)[Z].北京:商务印书馆,2016:1334.
② J. H. 弗拉维尔,P. H. 米勒,S. A. 米勒,等.认知发展[M].邓赐平,刘明,等译.上海:华东师范大学出版社,2002:3.

伤,感伤的是对在时间中的历史审视,这就是对有限人生的审美超越……"①此乃富含哲思与诗情的论述,存在一定的理解障碍。我们认为,若从话题链的角度加以重新分析,则可以相对简净明晰地看出上面两个语例的差别,为求更加明确,先重引上例并作形式分析标注如下:

   (2′) a. 昨日_{TOPi}花_{topj}开,今日_{topk}∅_{topj}残。
         b. 今日残花_{TOPi}昨日开。

依据上面的形式分析可以看出,a.句通过"昨日、今日"的话题对举,引导读者从时间差异的视角切入场景,继而通过聚焦"花"在不同时间点上的状态,构成鲜明对比,从而激发读者建构起历时性变化的认知意象;在句法形式上,因而就形成如上所示的、由两个述谓结构充当述题的小句构成的对举型话题链。鲁川认为,述谓结构可以表达具有"关联性"的述谓概念信息,即"人在认识客观世界时来叙述所指事物的运动状态、属性特征和相互关系"②的信息。据此可认为,a.句链条中的两个小句彼此互文相尚、叠加共生,共同浮现出关于花的"昔""今"变化,客观地传达出顺应时序变化而发生的事相流变状态,或正因此,李泽厚认为该句表达的是"时间中的历史叙述"。而b.句则径直以"今日残花"为认知视角,引导读者聚焦残败之花,营构认知意象,激发"所知"以影响"感知",进而追索残花过往之态;在句法形式上,就表现为单一的"话题—述题"结构,作为话题表达式的"今日残花",是一个指称性结构,所表征的是"当前时点上令观者感伤的残败凋零之花"的静态信息。这也是鲁川所言的指称概念信息,也即"人在认识客观世界时用来称呼所指的事物"③的不具关联属性的信息。而后续的述题"昨日开",则是缘其残败凋零之相而展开的沿波讨源式的历时回顾,抑或因此,李泽厚认为该句凸显的是"时间性的历史感伤"。

   相较于例(1)中偏于静态的情境描摹、例(2)中对于单一事物变化的历时审视而言,陈望道从历代论文书中勾稽出来的具有鲜明动态属性的"黄犬奔马句法"则可以更加丰富地建构出不同的认知意象;如此"错综复杂的现象是词汇形

---

   ① 李泽厚.伦理学新说述要[M].北京:世界图书出版公司,2019:178.
   ② 鲁川.汉语语法的意合网络[M].北京:商务印书馆,2001:25.
   ③ 鲁川.汉语语法的意合网络[M].北京:商务印书馆,2001:25.

式与语法意义相互作用的结果"①。现将其整理汇集的六种句法形式援引如下，以便讨论：

> （3）a. 有奔马践死一犬。（沈括语）
>
> b. 马逸，有黄犬遇蹄而毙。（穆修语）
>
> c. 有犬死奔马之下。（张景语）
>
> d. 有奔马毙犬于道。（《唐宋八大家丛话》语）
>
> e. 有犬卧通衢，逸马践杀之。（欧阳修之翰林院同僚语）
>
> f. 逸马杀犬于道。（欧阳修语）②

经考证，陈望道认为，是沈括率先在其《梦溪笔谈（十四）》中论及黄犬奔马句法工拙的，并认为是沈括不服当时流传的名句，故而记录下来以便一较短长，而后来陈善在其《扪虱新话》中主张"文字意同而立语自有工拙"，认为张景之说优于穆修之语，并又充分肯定沈括的表达方式更加浑成。对此，陈望道认为，"其实张语并不见得优，沈语也不见得怎样浑成。只因张着眼在犬，沈着眼在马，各为一句，穆着眼在犬马两物，就此记以两句罢了"，"这都由于意思有轻重，文辞有宾主之分，所以各人的意见不能齐一"，并主张"有宾主可分时，宾主是须分清的，但分清宾主必须按照具体的情况"。③ 这种观点与其"修辞以适应题旨情境为第一义，不应是仅仅语辞的修饰，更不应是离开情意的修饰"④的核心理念无疑是一脉相通的；不过，陈望道也明确指出："凡是成功的修辞，必定能够适合内容复杂的题旨，内容复杂的情境，极尽语言文字的可能性，使人觉得不可移易，至少写说者自己以为无可移易。"⑤又鉴于黄犬奔马句法的相关讨论是陈望道在论析"消极修辞"的过程中提出的，而且他主张消极修辞要"使当时想要表达的表达得极明白，没有丝毫的含糊，也没有丝毫的歧解"⑥。因此，我们认为，对于上面例（3）所涉及的六种句法形式的工拙短长，仍有讨论的必要。

为了便于更加清晰地观察分析，现将上述六种句法形式分组呈现如下：

---

① 石毓智.论汉语的结构意义和词汇标记之关系[J].当代语言学，2002，1：26.

② 陈望道.陈望道学术著作五种·修辞学发凡[M].上海：复旦大学出版社，2005：258.

③ 陈望道.陈望道学术著作五种·修辞学发凡[M].上海：复旦大学出版社，2005：258.

④ 陈望道.陈望道学术著作五种·修辞学发凡[M].上海：复旦大学出版社，2005：220.

⑤ 陈望道.陈望道学术著作五种·修辞学发凡[M].上海：复旦大学出版社，2005：221.

⑥ 陈望道.陈望道学术著作五种·修辞学发凡[M].上海：复旦大学出版社，2005：246.

（Ⅰ）组：着眼在"马"

    a. 有奔马践死一犬。（沈括语）

    d. 有奔马毙犬于道。（《唐宋八大家丛话》语）

    f. 逸马杀犬于道。（欧阳修语）

（Ⅱ）组：着眼在"犬"

    c. 有犬死奔马之下。（张景语）

（Ⅲ）组：着眼在"犬、马"

    b. 马逸，有黄犬遇蹄而毙。（穆修语）

    e. 有犬卧通衢，逸马践杀之。（欧阳修之翰林院同僚语）

    首先值得说明的是，从现代语言研究的观念来看，陈望道所说的"着眼在……"，可谓已经蕴含着或体现出"话题""认知视角"等理念，"着眼在犬"等说法，实即以"犬"等为认知视角观察事件，在句法形式层面，则几乎等于以"犬"等作为"话题"展开话语建构，借以引导听读者依据所选用的词汇、句法项目，激活相关概念、重构事件的认知意象，从而认知、理解整个事件。

    从认知视角的选择来看，第（Ⅰ）组中 a. d. f. 三个话语片段都是以"马"为认知切入点，相应地，在话语层面以指称"马"的话题表达式为言说的起点；不过 f. 中的话题表达式"逸马"，与前两者中的"（有）奔马"有所不同。第（Ⅱ）组中 c. 则是以"犬"为切入点观察事件，相应地，在话语层面则以无定有指的"（有）犬"作为话题开启话语。而第（Ⅲ）组中的 b.、e. 则分别以"马"和"犬"作为认知视角，所以，在话语层面，也就出现了两个话题表达式，不仅具体形式有所不同，而且二者的出现顺序也各不相同，即在 b. 中体现为"马……，（有）黄犬……"，在 e. 中，体现为"（有）犬……，逸马……"。由此可见，六种句法形式所选取的认知视角差异显著。

    从信息传递的角度来看，第（Ⅰ）组中的三个话题表达式，虽然都是偏正结构，但是所凸显的信息明显不同，指称性结构"逸马"意为"逃跑的马"，表征的是偏于静态的指称性信息，凸显的是"处于逃跑状态的马"这一事物；而 a.、d. 中的"奔马"意为"正在奔跑/急跑着的马"，从形式上来看，虽然也属于"指称性"概念，但因侧重过程性的"奔"不同于侧重结果性的"逸"，其所传达的语义信息便具有鲜明的动态属性，凸显的是"马正在奔跑/急跑的动作行为"；这种动态属性，或许主要是存现动词"有"使然，"有"使得事件的前景属性得以强化。d.、f. 中，还进一步传递出事件发生的处所信息（"道"），而另外两组的四个话语片段中，除了 e. 传递出"犬"的处所信息（"通衢"）之外，均未明示事件发生的处所信息。在第（Ⅱ）

组的 c.中,整体上传递的是静态的结果性信息。而在第(Ⅲ)组的 b.中,"犬"的颜色信息("黄色")被凸显出来,而三组中其余五个话语片段均未显示"犬、马"的颜色信息;在 e.的话题表达式中,"马"的状态信息(即"逸")直接被整合进来,这方面与 b.中表征"马"的话题表达式明显不同。可见,六种句法形式所传递的信息的性质与数量的多寡均存在明显差异。

从认知意象营构与话题链建构的角度则容易发现,三组话语片段中言说者意欲引发听读者形成注意力调焦以营构认知意象的修辞意图显著不同,而借助话题链进行句法形式分析,有助于明确认识这种差异。这因为汉语是"话题突出型语言"的典型代表;话题链也逐渐被公认作语篇的基本功能单位,尤其是对叙事话语分析而言,话题链具有突出的价值。从话题链的视角审视叙事性话语,易于发现叙事话语的组构机制与规律①。

主观性修辞意图的差异,则可谓黄犬奔马句法呈现不同表现形式的直接动因,而更深层次的内因,或应是语言交际内蕴的社会性因素。这种因素的作用机制,该如何理解?

后经典认知语言学的社会转向理念②认为,语言具有社会交际本质,考察语言活动理应考察个中蕴含的社会互动因素。正如陈望道所言:"写说本是一种社会现象,一种写说者同听读者的社会生活上情意交流的现象。从开头就以传达给读听者为目的,也以影响到读听者为任务的。对于读听者的理解、感受,乃至共鸣的可能性,从头就不能不顾到。"③束定芳、张立飞也认为:"每一种语言手段都有其社会意义……语言是一种认知心理现象,也是人类参与社会互动的重要工具,这意味着要全面理解和描述语言必须综合考虑认知心理维度和社会维度。"④下文拟综合认知心理维度和社会维度,进一步探究黄犬奔马句法分歧异出的内在制导机制。

在上述第(Ⅰ)组中,言说者均主要聚焦于"马",以此为起点描摹、重构事件,激发读者建构起不同的认知意象,但因注意力调焦状况不同,所以对事件不同环节的信息精制也有所差异,从而构建出仅有一个"话题—述题"的话语链条。a.、d.中使用"(有)奔马",凸显的是"马"当时急跑飞奔的行为,但对于其过往的

---

① 杨彬."话题链"的重新定义[J].当代修辞学,2016,1:72-78.
② Croft W. Towards a social cognitive linguistics [C]// New Directions in Cognitive Linguistics. V. Evans, S. Pourcel, Ed. Amsterdam: John Benjamins, 2009:395-420.
③ 陈望道.陈望道学术著作五种·修辞学发凡[M].上海:复旦大学出版社,2005:216-217.
④ 束定芳,张立飞.后"经典"认知语言学:社会转向和实证转向[J].现代外语,2021,3:224.

状态,则并未聚焦;而 f.中使用的"逸马",则不仅聚焦于"马"当时的状态,还能激发听读者由动词"逸"而间接聚焦于或迁移联想到"马"之前的状态,进而可能会促使甚或是诱导听读者追究"马的主人"监管不力的责任。而第(Ⅰ)组中三个话语链条的"述题"部分"践死(一犬)""毙犬于道""杀犬于道",都聚焦于"马的主动状态",因而会激发听读者营构出"马(致死)犬"的认知意象。若需要追究责任、进行法务裁决的话,如此表述,无疑有利于激发听读者(或审判者)追究"马"的责任,并很可能因此而认为"马"应负全责。在第(Ⅱ)组的 c.中,言说者首先聚焦的是"犬",在重构事件的过程中,也仅聚焦于偏于静态的、事件结果信息["犬死(于奔马之下)"],由此建构起包含单一"话题—述题"结构的话语链条。听读者借此而建构的认知意象,相应地也会偏重凸显"犬死"的结果。如此表述,无疑会诱导听读者(或审判者)弱化或淡化追究"马"的责任,因为该言说方式,并无明示"马主动而为"的意图或倾向。值得顺便一提的是,c.恐怕包含着明显的语义对立,具体原因在于"死"①蕴含的是偏于静态的信息,而"奔马"如前所述,蕴含的是运动行为("急跑")的信息。而在第(Ⅲ)组中,言说者先后分别聚焦于"马、犬""犬、马",因此在建构话语过程中,就对该突发事件进行分向(或分镜头)聚焦,从而把另外几种句法形式所构拟的单一事件分解为不同的子事件,进而按不同的序列建构出面貌各异的话题链。为了更加明晰地观察这两个话题链的结构,现分别作如下的形式分析:

(3″) b. **马**$_{topi}$逸,有**黄犬**$_{topj}$遇蹄而 Ø$_{topj}$毙。

e. 有**犬**$_{topi}$卧通衢,**逸马**$_{topj}$践杀之。

由上面的分析可以看出,b.包含三个"话题—述题"结构,表征的是三个子事件,而 e.包含两个"话题—述题"结构,表征的是两个子事件;在前者中,首先安排的子事件是"马逃逸",其次安排的子事件是"黄犬遇蹄",继而组配的子事件是"(犬)毙命";如此组配话题链以重构事件,自然会激发听读者建构起相对更复杂的、更具动态过程的认知意象,而不像前两组话语所营构的主要是(践死、毙、杀/死等)瞬间的场景性认知意象。听读者在理解话语片段 b.的过程中,所建构的认

---

① 可参考《现代汉语词典(第7版)》的解释与示例:"(生物)失去生命(跟'生活'相对):～亡|～人 J这棵树～了。～棋|～火山。"详见:中国社会科学院语言研究所词典编辑室.现代汉语词典(第7版)[Z].北京:商务印书馆,2016:1238.

知意象恐应是"逸马黄犬相向运动、黄犬撞上马蹄、黄犬因而毙命";若依此而追究事件相关方的责任的话,听读者(或审判者)恐怕自然会认为"责在双方",当然,因为子事件"马逸"被安排在先,恐会激发或暗示评判者主张"马"应承担相对更多的责任,恐亦会促使有的评判者连带追究"马主人监管不力的责任"。而在e.中,子事件"(有)犬卧通衢"被安排在先,"逸马践杀犬"被安排在后,听读者由此而建构的认知意象,自然会与因 b.而建构的意象不同;若要据此而评判、追究事件相关方的责任,评判者恐怕会因之而认为"犬应承担一定的肇事责任",但因描摹、重构后一子事件的过程中,言说者使用的是"践杀"这种凸显"马的主动状态"的词汇句法项目,自然容易促使评判者责成"马"承担事故的主要责任。

综合上述分析可见,尽管"黄犬奔马句法"所描摹、叙述的是同一个突发事件,但不同的言说者所建构的话语片段,面貌迥然各异、功能显著不同,这恐应是认知视角选择的差异、注意力调焦状态的不同、信息精制程度的区别等多方面因素共同作用的结果;而更深层次的动因,恐怕与不同的言说者各自的价值立场、情感倾向、修辞意图与修辞策略等等主观性的情思意念存在种种差异密切相关。形态各异的语篇(或话题链),是不同的主观性情思意念在语言世界所折射出的不同镜像。听读者则可以借此而建构起各自认同的"认知意象"。

话题链的组配、语篇的建构,是极为复杂而又难臻其妙的过程,需要考虑的因素极其纷繁,正如陈望道所指出的:"语辞的形成,凡是略成片段的,无论笔墨或唇舌,大约都经过三个阶段:一、收集材料;二、剪裁配置;三、写说发表。这三个阶段的工作并非同受一样条件的支配。如收集材料最与生活经验及自然社会的知识有关系。裁剪配置最与见解、识力、逻辑、因明等等有关系。写说发表最与语言文字的习惯及体裁形式的遗产有关。"①而且,在本质上,写与说这两种行为,均是写说者同听读者实现情意交流的重要社会现象,言说的根本目的在于影响到听读者,在于通过巧妙的言语形式激发听读者不油然地产生共鸣,并积极主动地参与到话语的理解中来。

因此,材料的搜集择定、话题的确立、言说策略的选择、认知意象的建构等等,都可谓修辞意图、修辞能力等因素的直接体现,而一旦深入考虑,就可发现内里"有生活、经验的关系,有自然社会知识的关系,有见解识力的关系,有逻辑因明的关系,有语言文字的习惯及体裁形式的遗产的关系,又有读听者的理解力、

---

① 陈望道.陈望道学术著作五种·修辞学发凡[M].上海:复旦大学出版社,2005:216-217.

感受力等等的关系"①。话语建构(或曰修辞创造),何其难也! 不可不悉心用力而为之。

5.2   话题链结构分析在语篇研究与教学中的应用价值

在日常自然交际过程中,言说者通常不会只说一个词或一个孤立的句子,而是会说出连续的语流,这就形成所谓语篇。它既能为观察言说者使用语言的认知过程提供丰富的资源,又会给受话者处理、记忆话语的信息造成巨大的认知负担。为了更加深入地认识言说者运用语言的认知过程,为了更加明确地理清话语的结构以减轻受话者处理、记忆话语的负担,我们需要深入探索应该如何高效而精当地提取、切分话语结构?

刘大为认为:"篇章是一个极其复杂的现象,许多不同类型的因素交叉其中,共同将篇章建构起来。对篇章进行结构分析,最起码的方法就是将同一类型的因素分离出来,观察这些因素如何相互作用而从一个方面支撑起篇章来的。所以篇章的结构分析可以从各种不同的角度切入,形成丰富多彩的结构类型和结构模式,它们在一个篇章中共同作用、交互影响,使篇章成为一个坚固的整体。"②受此研究理念启发,下面笔者拟着重从话题链结构分析的视角对叙事语篇研究与教学的相关问题展开探索。

5.2.1   话题链结构分析的操作性示例

在第 1 章中,我们已经论述过:话题链是语篇的基本功能单位,并结合语料做过初步分析。在此基础上,可以认为话题链是具有鲜明的实践操作性的分析工具,能为理解语篇内所蕴含的认知过程提供可靠的观察视角。从话题链的视角审视语篇,则可以发现,在语篇建构的过程中,言说者通常会组配一些可并置、可缀联或者可套接的组构单位以建构话语;因而,在分析语篇、提取核心信息的时候,我们可以对语篇中种种灵活配列的组构单位进行拆解、剔除或者压缩。

①   陈望道.陈望道学术著作五种·修辞学发凡[M].上海:复旦大学出版社,2005:218.
②   刘大为.意向动词、言说动词与篇章的视域[J].修辞学习,2004,6:6.

在第 2、3、4 等章之中,我们已经深入讨论话题链的内涵,并较为系统地描写分析叙事语篇中话题链的语言形式标记、话题链的主要类型与内在的组配机制。借助上述相关研究,我们可以明确高效地切分、描写话语的结构,准确地把握话语的主要信息。请看下例:

(4) ¶稀奇的是¶[1]他[i]⊠(不像有些有大名之士[j],0[j]识时务者为俊杰,每次新的运动或新的学习到来,0[j]就大作其检讨八股,0[j]说(过去糊涂,现在受到教育,恍然大悟或又明白一些云云))[1]。¶这里插说一点意思¶[2],(检讨中说又明白一些的其实是已经彻悟,因为能够鉴往知来,给下次的检讨留有余地;说恍然大悟表示除了根,下次检讨就难于着笔了)。¶言归正传¶[3],梁先生[i]就不同,[i]是不只不检讨,0[i]反而敢于在大力压之下声言要讲礼,纵使不了了之之后 0[i]也闭门思过。⊠(这显然失之过于『迂阔』。而⊥(迂阔,其外含有硬,其内含有正)⊥,所以 0[i]可敬)[2]。(张中行《桑榆自语·梁漱溟》)

上面这个语例的元话语及其标记性成分较为丰富,共有三个,其中第一个元话语标记成分(¶稀奇的是¶[1]),表示言说主体对所述对象行事做派的整体评价与情感态度,而第二个(¶这里插说一点意思¶[2])和第三个元话语标记语(即,¶言归正传¶[3]),则能折射出言说者对于自我表述过程的元认知监控及相应的后调节行为。借助这些具有标记功能的元话语成分,我们听读者无疑可以明确高效地把握言说者所要表达的主旨。将元话语标记语剔除之后,剩下的是基本话语层。对于基本话语层,我们还可以作进一步切分。上例所示的语料之中,基本话语层主要体现为两个"⊠(……)"所标识的部分,它们形成的都是系联性话题链。前一个系联性话题链通过表示系联关系的词语"不像",将"有些有大名之士"引导的话题链系联到主话题链["他(指梁漱溟)"所引领的话题链]上,其中又通过言说动词"说"呈现一个对举性的话题链,将现在与过去相比,可以丰富话语的内涵;而后一个"⊠(……)"部分,则通过复指代词"这",将言说者的评论系联到主话题链上,此外,在这个系联性话题链里,还有一个值得注意的地方,就是其中包含一个插槽式话题支链,即是由"迂阔"及其相应的解释共同形成的语言链条。

由此可见,从表层来看,依据能指线性呈现的话语,似乎是一维延展的,然而事实上,其内部往往都包含着复杂的非线性的层级结构。依据话题链这个基本功能单位及与之相关的操作性分析标记,我们可以将话语层层剥离开来。

基于上述分析过程可以说,以下两个方面值得我们加以特别申述:

其一,话题链切分,是一种有效的话语分析方法。借助该分析方法,可以清晰而迅速地梳理出话语内部所包含的信息脉络,从而纲举目张地把握言说者的主要意图;更重要的是,还能够简明地抽象出话语的结构,继而将言说者的叙述话语,也即自然话语中的"元话语层",从话语整体中剥离出来。因此,可以推知言说者是如何依据元认知选择并确立话题的,又是如何对话语的延展进行调节的,进而还可以推知整个话语的生长过程与建构策略,例如上例中"稀奇的是",既能凸显言说者的态度,又能显示出言说者对话题的选择。而"这里插说一点意思"以及后面对"迂阔"的插槽式说明,都能反证出言说者在建构话语的过程中对受话者的知识状态所做出的积极的预测。此外,"言归正传"则可以体现出言说者对自己的话语表述过程的实时监控与及时调节。该元话语标记成分的使用,可以反向证明言说者已经监控到前述话语过度外溢的情况,即言说者已经意识到所言说的内容离开起初选定的话题越来越远,必须返回到原先选定的话题上来;"言归正传"就像具有"一键跃回"功能的话语返回标记。因此,表面看来似乎是完全静态的话语结构,若从元认知的视角进行系统的观察,则可以认为,其中实际上包含着丰富复杂的动态生长过程。这种动态化的考察,对于指导学习者(特别是二语学习者)理解和建构叙事性话语来说,无疑具有积极的意义。

其二,自然语篇(或话语)线性一维展开的符号链条底层,实则蕴含着非线性的层级结构,这个层级结构体现为不同话题链的分层组配。自然语篇之所以体现或实现为层级结构,或许是受人类的短时记忆能力影响与制约的结果。高度结构化地安排信息,对于信息的接收、处理和记忆都能提供便利并产生积极的影响,因为对语篇的理解,与其说是依赖于语篇中的各个句子的意义,还不如说是依赖于这些句子的整体组织安排状况,卡罗尔(Carroll)对此做过深刻的探讨①。另外,在第 4 章中,我们已谈到信息安排的一个重要原则——线性增量原则,按照该原则,在配列信息建构话语的过程中,言说者必须遵循"旧(已知)信息(或者可/易推及信息)→新信息"的线性流向。这就意味着在话语推进的过程中,需要不断添加(elaborate)全新的(或重新激活的)信息。桂诗春认为:"对已知信息增加新信息,实际上是把新信息附属在已知信息里面,所以新信息就是对已知信息的一种增添,增加的往往是一些细节。新信息一旦引入后,它就可以作为后面句

---

① 桂诗春.新编心理语言学[M].上海:上海外语教育出版社,2001:410-411.

子的先行词,使句子从属于它。"①因此可以说,信息的逐渐展开所形成的就是一个分层结构,在这个逐渐展开的过程中,言说者的元认知机制基本会实时发挥作用,依据其对于受话者的知识状态和意识状况的积极预测,以及对于自己的话语加工过程所进行的实时动态监控,不断地反思、评价并调节话语,从而在言说的过程中,适时地插说信息,或者折返回原先的叙述轨道,抑或是对相关的信息进行必要的注解或精制,以求更为妥当地传达自我的言说意图。

5.2.2 话题链建构过程中常用的句法手段

在上一小节中,笔者在讨论话题链双层结构的同时,顺便对利用元话语标记语配列话题链的现象略作分析,由此已能看出话题链分析在语篇分析方面所具有的重要潜在价值。经过大量的语料检索,笔者发现,在自然的文本中,言说者组配话题链所采用的句法形式手段,相当丰富而灵活。言说者常常会利用意向动词、关系小句、状语从句等多种词汇或句法形式手段,打破事件的自然时序借以重构事件,或者灵活配置前后景信息,从而生成形态各异的语篇。下面,我们简要分析几种常用的组配话题链的句法手段,以期为母语者(和非母语学习者)简明高效地开展语篇分析提供切实的参考。请先看下例:

> (5) a. 他(指王子)来到那座古塔前,
> b. 打开门,
> c. **看到**[睡美人正在睡觉,她那么美],
> d. 王子情不自禁地注视着她,
> e. 然后弯下腰来吻她。(《格林童话·睡美人》)

上例所示的这个语篇,可以大致切分为五个小句,而五个小句中一共包含七个子事件,其中在小句 c.中的/睡美人睡觉/这个子事件,事实上应当是先于王子的一系列动作事件发生的。但是,在上面的语篇中,叙述主体显然没有按照事件发生的自然时间顺序将之排列在王子的系列动作事件之前,而是利用意向动词结构"看到"将之内嵌到以"他"("王子")作为话题表达式的叙事性话题链之中,从而

---

① 桂诗春.新编心理语言学[M].上海:上海外语教育出版社,2001:421.

将本应作为后景①的先时事件拉到前台，使之前景化。如此处理，既使得文本前后部分的联系得以加强，又能推动前景事件的发展。比如，小句 d.和 e.中的动作行为与相应的子事件，都是受意向动词结构"看到"所内嵌的事件影响与推动的结果，d.中的"情不自禁"可以作为有力的证明。如此组配话题链，也能够加强当下的前景性叙述与前文相关叙述的内在联系，从而使文本（或语篇）成为内在联系更加密切的有机整体。

在考察语料的过程中，我们还发现，利用关系小句将先时事件编码到当下的前景叙述，也是言说者在建构话语的过程中常用的手段。请看下面这两个例子：

（6）a. 他捡回了一张人家丢掉的椅子。

　　b. 老赵赢回（来）了他输掉的两百块钱，就走了。（转引自屈承熹，2006：178,164.）

在上面例（6）的两条语料中，/人家丢掉椅子/、/老赵输掉两百块钱/这两个事件，很明显都是先时发生的，但是在叙述中，它们都被叙述主体利用关系小句编码到当下的前景事件所形成的叙述主线之中，从而改变事件的自然序列，可以触发听读者借此重新建构认知意象。值得顺便一提的是，陶红印（2002）对汉语"梨子的故事"所展开的分析，是一项与上述情况具有鲜明共性的研究。他指出：名词前以"的"字结构为代表的关系从句的主要功能是回指，或追踪语境里已经出现过的对象，在叙事展开的过程中，这些成分都不提供新的信息。②

我们发现，在自然生成的叙事性语料中，不仅先时事件可以被重新拉入当下的叙述之中以充作前景的一部分，而且后时事件也可以被言说者借助状语从句等手段，提前拉入作为前景的叙述中来。但是，这种情况没有将先时事件编入前景的做法那般常见，而且通常主要是编入提供时空信息的状语从句之中。请看下面的例子：

---

① 后景和前景是篇章分析中常见的术语，特别是在分析叙事性语篇时，这两个术语常被提及。一般认为，前景结构表现事件的进程、发展脉络，所以常常依照时间顺序排列，常使用行动动词和完成体标记；后景结构负载的都是枝节性的、辅助性的信息，后景信息往往是对前景信息的补充或修正，往往不需要严格按照时间顺序排列。

② 转引自方梅.篇章语法与汉语篇章语法研究[J].中国社会科学,2005,6：167.[原文见：陶红印.汉语口语叙事体关系从句结构的语义和篇章属性[J].现代中国语研究（日本），2002,4.]

(7) a. 等我读完 MBA，快要毕业的时候，一下子得到了好几家公司的许诺。

    b. 天快亮的时候，城头的笳声又响了起来，匈奴兵竟自动跑散了。

    c. 开往乌拉特中旗海流图镇的长途客车快到海流图镇的时候，草原上下起了雨。

      （以上三段话语均来自北京大学汉语言研究中心语料库）

在上面的三段话语中，/我 MBA 毕业/、/天亮/、/长途客车到海流图镇/等三个事件，相对于后续呈现出来的/（我）得到好几家公司的许诺/、/笳声又响了起来/、/草原上下起了雨/等事件来说，都是尚未实现的，因而都属于后时事件，但是叙述主体却都用状语从句将它们提前，从而使之为后续事件提出"将然"的背景性信息，正常的时间顺序因之都被打破，话语的形态因而也展现出相对更加丰富的面貌。

    基于大量的语料考察可知，在母语者建构的真实语篇中，叙述主体利用关系小句或意向动词等手段将先时事件编码到当下的前景叙述的情况相当常见；但是，将后时事件编入前景叙述的情况却并不多见，而且将后时事件提前拉入前景叙述的状语从句，其主要功能就是提供背景性时空信息。除了我们上面提到的利用状语从句将后时事件编入前景叙述的情况之外，别的形式手段通常会受到汉语结构规律的严格限制。例如，汉语叙事语篇中，通常不能利用关系小句将后时事件编入前景叙述，屈承熹对此现象做过解释，现简单介绍如下：

(8) a. I checked out a book from the library which turned out to be boring.

    b. ? 我从图书馆借了一本结果索然无味的书。[①]

屈承熹认为，上例中 b. 句所做的语序对应的直译之所以会让母语者难以接受，关键是因为"the book turned out to be boring"并不是第一个事件，因而它不能作为后景信息，因为按自然时序来评判的话，它不能出现在/我从图书馆借书/这个事件之前，因而不能充当"借书"这个事件的叙事基础或背景信息，所以不能使用

---

① 屈承熹.汉语篇章语法[M].潘文国,等译.北京：北京语言大学出版社,2006：178。

具有降低信息权重功能的关系小句将它放到名词中心短语之前，这种情况可以充分证明，在汉语中，关系小句通常只能配置于具有指称功能的名词或名词性结构之前。

在建构叙事性话语的过程中，利用意向动词、关系小句以及状语从句等形式手段，打破事件的自然时序、重新组配信息生成话题链的做法，至少有三个好处：一是，可以强化当前叙述与前后文（特别是前文）的叙述之间的内在联系，从而加强整个语篇的有机整体性；二是，可以保证当前叙述的连贯性，使得当下的前景叙述能够统一于连贯的话题链之中；三是，可以有效地压缩组配信息，使得句法结构形式更为简洁，使得语篇面貌更加灵活多变。

5.2.3　话题链分析在面向非母语者的语篇教学中的实践应用

由上文可见，初、中级亚裔来华留学生作文语料中的话题结构存在诸多问题；而导致此类问题的一大重要原因，恐怕是中、低年级的语言教学存在明显的缺陷，即长期偏重句子层面的教学而轻视篇章层面的教学，忽视成段表达训练。尽管学界早就倡导推行"语段或篇章本位"的教学观，呼吁加强语段、篇章分析，以代替过去的"句本位"教学观；尽管也有学者反复倡导开展面向对外汉语教学的语体研究，并力主构建"基于语体的对外汉语教学语法体系"[①]；但在中、低年级教学实践中，"语段或篇章本位"的教学理念并未得到充分贯彻。我们认为，若要解决上文所述的多种问题，亟需加强话语结构规律研究与教学实践探索。对于汉语这种话题突出型语言来说，若要研究话语结构规律，以话题为切入点，不失为一种可行的选择。振本而末从，加之篇幅限制，下文不逐一针对前文所述典型偏误讨论具体的解决方案，而在借鉴相关研究成果的基础上，尝试提出两种或可帮助非母语学习者提高叙事语篇建构能力的应对策略。

1. 引导学习者依据具有篇章管界功能的成分纲举目张地把握话题（链）结构

"在心理学上有一个广为接受的结论，即结构程度越高的材料，越容易为人脑信息加工机制所记忆和处理"[②]。据此可以认为，在指导非母语者理解叙事性语篇、把握语篇组织规律的过程中，首先应强化话语结构特别是话题链结构分

---

① 李泉.面向对外汉语教学的语体研究的范围和内容[J].汉语学习，2004，1：60-66.
② 陆丙甫.核心推导语法[M].上海：上海教育出版社，1993：187.

析。沈开木认为："研究 TR 链(也即"话题链")的意义在于揭示超句体信息传递的规律和环与环之间 T、R(通常所谓话题与述题)内在联系的型式,以便于指导实践,解决问题。"[①]该论点中的"超句体",又称"语段"或"句段","指的是为了交际的需要而由一个人或几个人说出来的两句或两句以上意思有联系的话"[②]。在其《句段分析》中,沈开木还描写并分析了 TR 链的型式及其变化情况,有助于理解叙事性话语的基本结构,值得语篇研究者与教学者借鉴。

在话题研究的早期阶段,不少研究者在结构主义的立场上考察"话题"的结构位置、标记特征、指称特点和语义结构等。这些研究,对于深入认识句子层面的话语结构颇有帮助,但从建构成段成篇话语的角度来看,其不足之处在于:难以解释话语建构过程中话题的动态延展策略或规律,难以明晰地解释话题链的链内结构与链际转换衔接等问题,因而难以为非母语学习者提高话语建构与解构能力提供切实有效的帮助。Givón(1983)对既往的话题研究思路提出过批评意见,认为把话题视为"原子式的、不连续的"实体、当作小句的独立成分的做法,忽视了对话题连续性机制的讨论,不利于深入认识话语的结构规律,话语研究应深入探讨话题连续性的内在机制。如从能否更好地帮助学习者提高言语建构与解构能力的角度评判,深入讨论由同一个话题所联缀的语言链条(话题链)的延展规律,以及不同话题链之间的衔接特点,或许比仅对话题本身进行结构性考察及功能分析更有意义。

近年来,在篇章语法和篇章语言学领域,话题链研究深受重视,对于话题链的界定,也众说纷纭。笔者认为,在界定话题链内涵的时候,既需考虑定义对语言现象的概括力与解释力,又要考虑话语分析过程与分析结果的简洁性和可操作性。出于这些考虑,在评析有关定义之后,立足于叙事性语篇如此界定过话题链:"话题链是(叙事性)语篇建构的基本单位,它是一个由具有同指关系的 NA(名词性回指)、PA(代词性回指)和 ZA(零回指)等三种形式的话题引领的单个或多个小句联缀而成的话语链条,其中可能内嵌由意向动词或言说动词[③]纳入的其他非同指话题所引领的子链,意向动词和言说动词在话题链中也可能处于

---

① 沈开木.句段分析(超句体的探索)[M].北京:语文出版社,1987:279.
② 沈开木.句段分析(超句体的探索)[M].北京:语文出版社,1987:1.
③ "意向动词"和"言说动词"借自刘大为(2004),受其研究目的(试图将视域的分析扩展为一种篇章分析的方法、试图为这种分析探索一种从语言形式入手的手段)的制约,作者在文章中主要进行了方法论层面的建构,而未对意向活动做细致分类,只是依据意向方式的不同列举了部分意向动词:有的意向方式是感知性的,如看见、听见、闻见,或是较为笼统的觉得、感到等;有的则是理智性的,如认为、相信、知道、希望等;也有的带有一定的情感性,如害怕、喜欢等。

缺省状态,而 ZA 与 PA 则可能出现于话题链的起始小句之首。"(杨彬,2016)继而结合自然语料分析,证明该定义对于"纲举目张"地分析叙事语篇具有合理性与易操作性。赵鹏(2022)认为,汉语话题链内部研究不足,需从话题研究入手,借以对话题链进行认定,并着力考察话题链的内部组构,探究汉语篇章话题链结构树模型的构建方法及可行性路径,该研究在实践操作层面,富有启发意义①。

　　前文已经说明,意向动词和言说动词是我们在划分篇章话语结构的重要标记。对外汉语教学中,在指导留学生分析话语的时候,教师若能引导学生观察这些具有标记功能的动词在篇章中的管辖界域,自然可以准确高效地切分、理解、记忆话语结构,从而能够更好地领会汉语语篇的建构规律。毋庸置疑,这样做对于学生自己生成话语而言,也是深有助益的。下面我们结合实例作简要分析:

　　　　(9)我和罗兰先爬山,爬了二十多分钟就爬到了山上。因为爬得太快了,我们出了一身汗。从山上往下看⊩,非常漂亮。山上有很多树,还有很多花。山下的湖上有一座白色的桥。很多人在湖边散步,还有不少人在湖上划船⊣。罗兰说,这个公园真大、真漂亮。(《汉语教程(第二册上)·逛公园》)

对于上面这段近 100 字的话语,在教学中,我们做过对比试验,检验学生的记忆和复述情况。试验分为两个阶段。第一阶段。不作任何分析,限定学生只读两遍,然后让学生复述,先让水平较好的学生复述,然后让水平较差的学生复述,结果是语言水平比较高的学生,只能够复述出大概的内容;而水平较差的学生几乎都无法输出相对完整的内容,有的学生甚至完全说不出来。第二阶段。从话题链的衔接组配的角度,帮助学生理解话语的结构特点。具体操作方法如下:① 提醒学生注意意向动词"看"和言说动词"说",并告诉学生以此为界标,将话语分成三个话题链。② 指导学生分别概括三个话题链的核心信息,如图 5-1 所示。③ 图示以后,让学生齐读一遍原文,随即擦除图示的内容,然后让水平较低的学生复述,再让水平较高的学生复述。试验结果表明,水平较差的学生有显著提高,而水平较高的同学则几乎能够依次将所有信息全部述说出来。由此可见,明确话语的结构,对于记忆话语的内容能够产生积极影响,可以显著提高记忆的效率。

---

① 赵鹏.汉语篇章话题链结构树模型构建研究[J].外语研究,2022,5:57-62.

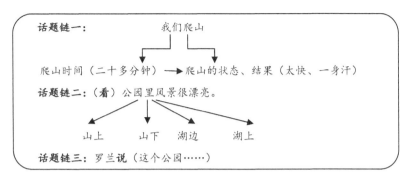

图 5-1 面向非母语者的语篇教学中的话题链分析图示

基于上面所述的教学试验,我们可以推出以下结论:有些非母语学习者不能准确高效地复述话语,除了智力水平相对较低的因素之外,或许还有一个重要原因,就是没有能够把握话语的结构特点。认知心理学认为,记忆是理解的基础,如果不能实现准确全面的记忆,就无法准确理解话语。[①]

2. 借助语篇认知语境,整合词语语义网络、构建话题(链)框架

新版 HSK 考试,让话语建构教学面临新的挑战,亟须探索更加有序、高效的话语建构能力培养策略。如新版 HSK 考试五级书写题的第一部分:利用给出的五个词语(如:负责、惭愧、损失、细节、重视)写出 80 字左右的成段话语。有必要指明的是,汉办发布的 HSK 考试说明及样卷中,没有具体的写作要求和明确的评分标准等导向性信息。据笔者调查,95%以上的非母语者认为这种题型难度最大、不知道该怎么写;而约 80%的母语者也表示这种题型颇有难度。从表面来看,上文所示的"负责"等五个词语具有鲜明的离散性;特别是对非母语者而言,如果未经良好的训练,在时间短、心理高度紧张的应试状态下,若要将它们妥当地联缀起来,建构出连贯有序的成段话语,难度可想而知。

在叙事性语境中,解决这种话语建构任务的关键,或应是将离散性的信息点整合成相对完整的信息块,再将不同信息块妥当地联缀成动态有序的信息流,从而明确地表征某种动态事件(组)或者再现某种静态情景。而整合信息需要依赖人脑的联结机制(connectionism),该机制主要包括"组合机制"(combinationism)和"联想机制"(associationism)。在整合信息的过程中,人脑把若干可以相互匹配的"知识元素"(常体现为实词)按照一定的规则组合成"知识单位"(即事件),再把

---

① 王甦,汪安圣.认知心理学[M].北京:北京大学出版社,2008:90-110. 具体可参阅该书第五章关于短时记忆的相关论述。

许多的"知识单位"组合起来,以叙述客观事物的运动状态、描述客观事物的属性特征和(或)表述客观事物的相互关系;而要想妥善地将"知识元素"组合起来,首先需要依靠联想机制,即依靠大脑的发散思维(radiative thinking)激活并梳理"知识元素"之间各种各样的潜在联系,让它们形成符合人类"静态的知识体系"的信息网络。① 具体到上文提及的"负责、惭愧、损失、细节、重视"等五个词语,若想将它们压制进连贯有序的话语,首先需要依靠大脑的联想机制,尽量充分地激活五个词语之间可能存在的各种语义关系,然后据此将词语所表征的信息点联缀成不同信息块,如"(不)重视—细节""负责—重视—细节""(不)负责—(导致)损失""(对)损失—负责"等等。

在此阶段,不同的信息块仍处于离散状态,若要将之联缀成为连贯有序的话语,还需借助语篇认知语境②在人脑子形成的认知框架或知识草案,选择并确立话题,进而构建"话题(链)框架",如"某人……,他/她ᵢ……,∅ᵢ……",然后从前面的各种信息块集合中提取相关成员,如:"(不)重视细节(或不负责)""(导致)损失""(对)损失—负责""(对)损失(感到)惭愧"等填入上述话题(链)框架。如此联缀,虽能满足"有序"的要求,但往往不能实现"达意"的言说目标,主要是因为前面所述的这些信息块都是客观信息。人类在用语言传达客观信息的同时,无可避免地会同时传达言说者的价值评判、情感态度等主观性信息。在句法层面,这种主观性信息,往往语法化为逻辑关系衔接词(如"先……然后……""因为……所以……"等)和表达"方式、频度、程度、情态、状貌、时态、语气"等诸多方面信息的各种主观化标记词(如"亲自、公然;再三、屡次;非常、特别;多亏、毕竟;来回、连连;着、了;吗、的呀"),鲁川称之为"语意依附标记"。所谓"语意依附","是由于言者的交际意图和重点以及对客观事物的情绪和态度而加在事件上的'依附属性'"③。在建构话语的过程中,诸如此类的主观化标记,具有独特的语用效应,有助于"求真存活"地传情达意;由于长期的、渐趋稳定的语用选择所产生的固化效应,这些主观化标记都比较稳固地依附于表征各种客观信息(块)的实词或实词结构,在句法层面又具有明确的强制性、规律性,具体比如副词性成分,如果从篇章动态视角加以考察,应易于发现此类成分具有改变叙

---

① 鲁川.汉语语法的意合网络[M].北京:商务印书馆,2001:39-51.

② 熊学亮(1999:124)在综合认知语言学相关成果的基础上提出:"人对不同场合使用的语言或语篇在内容和结构方面的知识或经验,构成语篇认知语境。语篇认知语境可以反过来控制语言使用和语篇生成。"

③ 鲁川.汉语语法的意合网络[M].北京:商务印书馆,2001:217.

事话语属性以凸显主观性信息、调节叙事策略以丰富文本形态等显著的叙事价值[①]。在针对话语建构规律的学术研究与教学实践中,我们应高度重视这些因素。

值得特别一提的是,选择不同的话题作为言说起点,也是言说者传达主观性信息的重要方式。例如:

(10) a. 张三打了李四一顿。/张三把李四打了一顿。

b. 李四被[②](张三)打了一顿。

c. 张三和李四打了一架。

如果言说者主观上认定张三要承担主要责任,就会选择(10)a.的两种形式,即选择"张三"作为话题,对之加以评述;而言说者如果主观上同情"李四",认为他遭受了某种不如意不公平的对待,就倾向于选择将李四作为话题,即会采用(10)b.的形式;但是,如果言说者认为"张三"和"李四"均应承担责任,通常就会选择(10)c.的句法形式,即让"张三和李四"二者共同作为话题。顺便要说的是,在自然话语中,话题也有多种高频共现的形式标记,如"至于……、关于……、……上、在……方面、……啊、……呢、……吧、……呀"等。对此,教师应指导学生进行整理,建立相关的知识地图,以便在建构话语的过程中灵活应用。

语篇建构的过程,实质是言说者将内在丰富的意念情思进行信息转化,并设法将多维复杂的信息压制到线性一维的语言符号链条之中的过程。这个过程的关键在于:言说主体需要将混沌复杂的意念情思与并不更为固定明晰的音响形象尽可能精准而明晰地关联起来,并力求实现某种近乎精妙的确定性。其中的关节肯綮,正如索绪尔所言:"语言对思想所起的独特作用不是为表达观念而创造一种物质的声音手段,而是作为思想和声音的媒介,使它们的结合必然导致各单位间彼此划清界限。思想按本质来说是混沌的,它在分解时不得不明确起来。

---

① 杨彬.篇章动态视角下副词性成分的叙事价值分析[J].当代修辞学,2023,1:42-50.

② 对于(10)b.这种被动句,之所以认为语意依附标记"被"依附于其前面表"受事"的"李四",而不认为它依附于其后的"施事"成分,主要理由是大量"被"字句中,"被"之后的"施事"均可以省略。顺此说明,在"把"字句中,作为语意依附标记的"把"所依附的也是其前面的成分,一则因为"把"后的成分,常常可以是无定指的成分,如"张三把人家/别人打了一顿",其中"人家/别人"并无确定的指称对象,依附于无定之物,不合常理;二则因为如此处理的话,可以与"被"字句的处理方法保持一致,有助于保证分析结果的统一性与简明性。

因此,这里既没有思想的物质化,也没有声音的精神化,而是指的这一颇为神秘的事实,即'思想—声音'就隐含着区分,语言是在这两个无定形的浑然之物间形成时制定它的单位的。我们试设想空气和水面发生接触:如果大气的压力发生变化,水的表面就会分解成一系列的小区分,即波浪;这些波浪起伏将会使人想起思想和声音物质的结合。"①如何将内在的意图或情思意念准确、明晰地转化为结构妥当、文思条畅的话语,是一项极其复杂的工程,其中存在一系列值得深入探究的问题。对于第二语言习得者来说,话语建构能力的习得与提高,是一个巨大的难题。在建构话语表情达意的过程中,言说者需要充分激活语义网络,并遵照句法规则和语用限制,从而在混沌复杂的意念情思和并不更为明晰的音响形象之间谋求精妙的确定性,以实现"以词达意、以言传意"的交际目标;这既是语言表达的困顿所在,也是语言建构的魅惑所在。

汉语是典型的话题突出型语言,深入探究非母语者建构的中介语语料存在的系统性偏误,有助于改变认知视角重新审视并理解汉语叙事话语的结构规律。基于对初、中级亚裔来华留学生所建构的大量叙事性作文语料的考察,分析话题结构方面存在的典型偏误,继而在借鉴相关研究成果的基础上,提出两种应对策略以期借此帮助非母语者提高叙事性语篇建构能力:一是引导学习者借助具有篇章管界功能的成分,纲举目张地识解、习得话题(链)结构;二是借助语篇认知语境,整合词语语义网络并构建话题(链)框架。

---

① 索绪尔.普通语言学教程[M].高名凯,译.北京:商务印书馆,1980:157-158.

第6章 结语

Language is language only in context.

——Robert E. Longacre

　　自然语言是人类最主要的交际工具,它在本质上是人类感知、认识世界,通过心智活动将经验到的外在现实加以概念化,并将其编码的结果;换言之,自然语言是人类心智的产物。同时,由于心智活动和语言之间具有密不可分的关系,也由于心智本身难以独立地观察到,因此自然语言又是观察人类心智的一个重要窗口。

——张敏

　　话语生成或语篇建构,是一个极为复杂的动态过程,究其实质,可谓言说者将无限丰富复杂的内在意念情思转化为语言概念信息,进而设法将这些概念信息压制到线性一维的语言符号链条之中的过程。该过程之所以困难重重、举步维艰,其关键原因或许在于:言说主体需要千方百计突破"言"与"意"之间难以弥合的巨大天堑,尽可能精准妥当地将混沌复杂的意念情思与并不更为明晰固定的音响形象或语言文字符号关联起来,并力求实现某种近乎精妙的确定性。如何将内在的情思意念或言说意图妥帖、明晰地转化为结构合理、文思晓畅、意脉连贯的话语,是一项极其复杂的工程,其中包含一系列值得深入探究的问题。

　　在意图言语化的过程中,人类的心理认知机制始终在发挥其制约作用,这种作用首先表现为大脑的元认知机能对话语生成过程的实时监控、评价与调节。从这个角度来看,每一个自然话语片段在理论上都可以离析为两个层面,即元话语层和基本话语层,前者主要表现为元话语成分或元话语标记语,而后者则主要体现为一系列的基本命题。又鉴于汉语是语言学界公认的"话题突出型语言"的典型代表,而话题链也逐渐被越来越多的学者公认为是语篇的基本功能单位,所以本书将"话题"作为切入点,并基于语体语篇的研究思路,从话题链的视角系统深入地考察汉语叙事性语篇的内在结构规律。本书偏向于实践应用,主要依据认知语言学、意象图式理论、信息结构理论等,针对汉语叙事性语篇所包含的丰富的话题链现象,展开多角度分析,力求深入探究汉语叙事性语篇话题链建构的内在机制,从而为汉语叙事语篇研究与教学提供助益。

6.1 本书所做的主要工作及创新之处

6.1.1 主要工作

(1)基于初、中级水平亚裔来华留学生们所建构的叙事性中介语作文语料,梳理出非母语学习者在叙事语篇的话题链建构方面所存在的六种典型偏误,并依据有关研究成果,初步分析导致此类偏误的主要原因。

(2)在简要综述话题研究的基础上,对几种具有代表性的"话题链"定义进行审慎的剖析,并重新拟订"话题链"的操作性定义,进而针对典型的叙事性语料展开细致而明晰的形式化分析,探讨该定义在叙事性语篇分析等方面所具有的实践价值。

(3)基于元认知思想讨论元话语与元话语标记语,重点讨论的是叙事性语篇话题链的显性语符标记,在简介并评析元认知与元话语的相关研究成果之后,对元话语标记语的内涵与类型、元话语标记成分和逻辑衔接语的差异等展开深入讨论,进而系统地考察叙事性语篇话题链的链际、链内衔接标记。依据"用义项出条"的《汉语动词用法词典》开展统计分析,对该词典所选取的 1 223 个动词的 2 117 条语法功能项目加以审慎严谨的甄辨,从中析取出可以用作话题链链内标记的意向动词与言说动词,继而依据叙实性理论,将意向动词划分为"叙实动词""非叙实动词""反叙实动词"三个小类,并根据著名语言哲学家塞尔的言语行为理论,对析取出的言说动词进行系统的整理、分类。此外,还结合较为典范的叙事性语料,细致讨论语篇中意向动词与言说动词的递归套叠现象,以求阐明意向动词与言说动词在语篇分析方面所具有的功能与价值。

(4)依据认知与元认知的相关理论,重点考察叙事性话题链的组配机制及其句法形式表现。依赖主客体之间相互作用而形成的意象图式,是大脑基于反复感知和不断操控形成的,具有鲜明的稳定性。鉴于意象图式具有"无界永在"的空间属性与"无尽永前"的时间属性,本研究将不同的意象图式抽象概括为"空间框架模式"和"时序象似模式"两大基本类别。继而结合具体语料,细致探讨元认知机能状态、意象图式与不同形态的叙事性话题链的内在关联,并着重分析元认知的前调节与后调节现象及其在话语层面的表现。

(5) 在考察信息结构思想发展沿革简况的基础上,对 Lambrecht 的具有集大成意义的信息结构理论所包含的四组各自独立但又彼此关联的范畴(命题信息范畴、可辨识性和激活性范畴、话题范畴与焦点范畴)加以简要介绍,并严格遵循 Lambrecht 通过考察不同信息在特定语境中的句法表现形式开展信息结构研究的理念,针对非母语者生成的语料,着重从话题表达式所指对象的可辨识性与可及性的角度,分析非母语学习者所建构的话题链中存在的信息配置偏误现象及其成因,并对话题链中命题的分层激活与信息安排原则等展开讨论。研究发现,对于某些话题表达式在特定语境中蕴含的具体信息及实际功能,不少非母语学习者缺乏深入的理解与精准的把握,因而我们主张教学者应重视引导非母语学习者系统地理解不同的话题表达式的句法表征形式及其所指对象之间的复杂关系。

(6) 对叙事性语篇话题链的层级结构展开分析,进而依据基本话语层的不同话题表达式所指对象之间的逻辑同异关系,将基本话语层的话题链分为全同关系型、上属关系型、下属关系型、交叉关系型和全异关系型等五个基本类别,同时分别结合具体的叙事性语料展开讨论,我们认为上述五种基本的话题链类型是认识更为复杂多样的话题链的逻辑基础。因为从逻辑的角度来说,其他各种具体的话题链形态,都是基于这五种逻辑关系的话题链所作出的适旨适情适境的灵活变化与巧妙组配。此外,我们还依据上述分析对非母语者所生成的偏误性话题链展开讨论。

(7) 开展话题链的篇章功能研究,认为不同形态的话题链或语篇是内在情思意念在语言层面所折射出来的镜像。重点针对著名的"黄犬奔马句法"现象,从认知视角的切入、信息的传递、认知意象的营构与话题链的建构等多个角度展开深入的讨论,从而更加深刻地认识到,由于认知视角选择的差异、注意力调焦状态的不同、信息精制程度的区别等多方面因素的共同影响,即便是面对同一个突发事件,不同的言说者所建构的话语片段,也会形态迥然各异、功能显著不同;而听读者则可以依据自身的"意象能力",借助形态各异的语篇(或话题链)而建构起各自认同的"认知意象",从而理解、评判相关事件。

(8) 通过大量考察叙事性文本发现,形态丰富变化多端的叙事性语篇是言说者灵活组配话题链的结果;言说者常常会利用意向动词、关系小句、状语从句等多种词汇或句法形式手段,打破自然时序从而重新组配事件,或者灵活地配置前后景信息生成形态各异的语篇。因而可言,将话题链作为话语分析的操作性工具,有助于深入理解叙事性语篇所蕴含的认知过程,也可以为考察叙事性语篇的内在建构机制提供可靠的切入视角。

(9)综合借鉴相关研究成果,针对非母语学习者在汉语叙事语篇理解与建构方面所存在的不足,提出两种可行的应对策略:一是引导学习者借助具有篇章管界功能的成分纲举目张地把握话题(链)结构;二是借助语篇认知语境整合词语语义网络并构建话题(链)框架;以期借此帮助非母语者切实提高汉语叙事性语篇的理解能力与建构能力。

6.1.2 创新之处

(1)在总结前人研究成果的基础上,将话题链的操作性定义进行重新界定,主张"话题链是(叙事性)语篇建构的基本单位,它是一个由具有同指关系的 NA(名词性回指)、PA(代词性回指)和 ZA(零回指)等三种形式的话题表达式引领的单个或多个小句联缀而成的话语链条,其中可能内嵌由意向动词和(/或)言说动词纳入的其他非同指话题所引领的子链,意向动词和言说动词在话题链中可能处于缺省状态,而 ZA 与 PA 这两种话题表达式也可能出现于话题链的起始小句之首"。借此针对自然语料展开严谨的形式分析,从而证明该操作性定义可以涵盖更多的语言事实,也能更加显著地提高话语分析结果的"结构化程度",从而便于听读者高效、准确地识解、把握形态各异的话语所包含的核心信息。

(2)从元话语标记语、逻辑衔接语及意向动词与言说动词等方面,对话题链链际与链内的显性语符标记展开系统的分类描写,特别是依据叙实性理论和语言哲学中的言语行为理论并借助《汉语动词用法词典》,对现代汉语中常用的意向动词和言说动词展开系统的分类统计,有助于简明清晰、纲举目张地分析、理解汉语叙事性语篇。

(3)坚持以语言为本位,依据元话语标记语、意向动词、言说动词、关系小句、状语从句以及相关词汇项目的精细分析,对汉语叙事性语篇中话题链的信息结构与组配机制进行系统考察;在探究叙事语篇话题链组配机制的过程中,借助意向动词与言说动词的互蕴关系等,梳理话语的内在脉络,从而把握其基本结构,并主张:所摄意向域之中仅包含一般动作动词的意向动词,可以充当话语结构的内在界标;而表征言说主体对话性言说行为的言说动词,则应视作话语最高层次或最外层的结构界标;如果这种界标没有显性地出现于话语层面,就可以通过构拟,确定其可能的形态与位置;表征同一或不同言说主体的不同言说行为的言说动词,是确定话题链边界的可靠标记。依据上述语言要素,可以精准而简明地理解把握叙事性话语的内部信息组配机制与外部结构形态。

6.2 理论意义与实践价值

6.2.1 理论意义

(1) 以语言为本位的叙事语篇研究,可以深化对语篇建构过程中潜隐的言说者的心理认知机制的理解。现有的心理认知语言学以认知科学理论为基础,研究语言的习得和使用的心理过程,主要采用实验方法(包括心理测量与统计的方法),也会采用一些生理测量法和自然观察法,考察大脑对言语刺激的反应,业已获得很多富有价值的结论。但就总体而言,这些方法所考察的大都是语言心理活动的外显性特征,虽然能够在一定程度上揭示语言心理活动的某些特点,但不宜把语言心理活动的外显性生理特征约等于语言心理活动本身。正如心理语言学家卡隆(Caron)所指出的,心理语言学的实验都要控制变量,因此实验环境中总是存在诸多人为因素①。然则,现在常用的实验方法究竟能够在多大程度上解释真实的语言心理活动过程,还值得商榷。

语言是人类心智活动的产物,作为心智活动"抽象实在的间接显示"的语言,既是人类认知客体世界的工具,又是记录认知过程与认知结果的载体。因受意识二重性的制约,自然生成的话语也具有二重性,因而可以离析为两个层面:元话语层和基本话语层。元话语层的种种成分能够真切地展现思维运作的动态过程,而作为其具体存在印迹的元话语标记语,则可谓思维活动过程的界标(landmark)。在叙事性语篇中,这些界标能够鲜明地显现作为话语基本功能单位的话题链的衔接与转换状况。通过考察这些界标,我们可以更加清晰地认识不同的话题链彼此之间组织、配列的特点,理解不同组配方式背后的认知机制,推究思维认知的运作过程,从而可以更深入地观察、理解心智活动过程。

(2) 近年来,语言学界越发重视基于语体语篇考察语言事实、探究语言规律,本研究遵循该研究理念,严格甄选叙事语篇,研析汉语叙事语篇的组织规律,

---

① 可参阅桂诗春.新编心理语言学[M].上海:上海外语教育出版社,2000:118–200。

可以为深化语体学的研究工作提供切实的参考,并为汉语语篇的语体定性工作提供一个可靠的统计参项。经过五十多年的研究,汉语语体学研究发展显著,由于数理统计的方法被广泛应用,语篇的语体类型的定性研究,也更加科学化。然而,目前语体的统计研究大都主要考察词量、词频、句长、句类等实体性要素。这些实体性要素,对语体研究而言,自然具有可靠的证明效力,但是,恐怕难以证其根本。正如现代语言学的鼻祖索绪尔大力倡导并积极践行的"关系决定价值"的重要思想所启示的,我们或许更加需要以系统的眼光在体系性、格局性的框架中探究个体的价值。语体研究因而也应该更加重视考察关系性要素、具有格局属性的要素①,而本研究重点考察的话题链,正是具有格局属性的关系性要素,通过细致考察作为语篇基本功能单位的话题链的组配机制与内在规律,我们必然能够不断深入认识叙事语体语篇,乃至其他语体类型的语篇。

6.2.2 实践价值

随着汉语国际推广步伐的不断加大,汉语国际教育工作将面临巨大的挑战,这不仅是由于教学规模的逐步扩大,更是由于教学对象及其具体需求日趋多样化、复杂化。在这种背景下,若要切实提高面向非母语者的汉语教学(特别是语篇教学)的效率,循序渐进地培养和提高教学对象使用汉语进行交际的能力。重中之重恐应是探求切实体现汉语本质特点的"话语建构之法",从而建立系统完善、进阶科学的语篇教学理论体系,以便更加有序高效地培养和提高非母语学习者理解和建构汉语语篇的能力,而不宜仅满足于介绍汉语的"语言结构之法"(也即,基本语法)。毕竟,真正的语言总在使用中,任何一种语言要素最精妙幽微的价值,总是在独特而典型的话语情境之中才能得以显现。但就目前而言,对这方面的研究重视得还不够;而现有的语篇教学理论基本还是沿袭传统文章学的思路,即通过听写、仿写、缩写、扩写、改写等方法,让学生初步掌握布局谋篇、立意、选材、裁剪、开头、结尾、过渡、照应的技巧,通常还需要掌握一些最基本的修辞手段②。面向非母语者的写作教学实践证明,这种思路和方法的效率相当低,中国学生的作文教学事倍功半的现状,也足以作为有力的证明。对于有多年母语习

---

① 李熙宗(2005)指出,语体研究要重视考察具有格局属性的要素,本文之所以选择话题链作为主要的考察对象,正是受此影响的结果。

② 杨惠元.课堂教学理论与实践[M].北京:北京语言大学出版社,2007:265-281.

得经验的中国学生来说,上述语篇教学的理念与方法尚且是低效的,如何能依靠它来实现二语教学中的语篇教学目标,如何能依靠它来培养和提高非母语学习者的话语建构能力? 对于存在不同程度的语言障碍的非母语学习者来说,上述语篇教学的思路与方法恐怕无疑是相当"玄乎"的。

若要切实改变上述窘境,有序而高效地培养和提高非母语学习者理解、(尤其是)建构话语的能力,恐怕必须用现代语言学的理论眼光重新分析并梳理、改造传统文章学的方法,努力探求概念信息和语言形式的接口,系统探讨意图言语化的机制与规律。本书所考察的话题链,正是意图言语化过程中的功能单位,是意义与形式的重要接口。话题的引介与确定,话题的分解与联缀,话题表达式的选取、衔接与转换,都能体现思维认知活动的过程、折射心理意图的言语化的路径与结果。而话题链,作为语篇组织的基本功能单位,对于非母语学习者而言,无疑是直观而具体的语言现象,容易观察、认识、理解并把握。依据话题链的相关显性语符标记,考察、分析、理解汉语的"话语建构之法",显然具有"纲举目张"之效。我们基于教学实践也发现,重视话题链分析,能够切实帮助非母语学习者深入领会汉语语篇的结构特征与组织规律,从而显著提高理解和建构话语的能力。当然,话题链研究,不可能完全解决培养和提高非母语学习者理解、建构汉语语篇的问题,因为语篇的理解与建构,还依赖于学习者的知识水平、人生阅历、心性特征等方面;但恐不能因此而否定话题链研究对于培养非母语学习者提高汉语语篇理解与建构能力方面所具有的价值。

异中存同,百虑一致。本书针对汉语叙事性语篇所展开的形式化研究与相关结论,对于母语学习者提高语篇理解与建构能力来说,以及对于汉语叙事性语篇的自然语言处理而言,也都具有显著的实践价值。

6.3 缺陷与不足

本研究的缺陷与不足表现在以下几个方面:

(1) 对于元话语标记语的分类还不够严谨明确,而且在分类上,主要是从功能的角度进行演绎性的划分,将具有链际衔接功能的元话语标记分为三个类别,并基于语料检索例示性地举出若干元话语标记语,而未能进行大规模的统计分析,因而使分析结果显得较为粗疏。当然,这也是受元话语本身的特点制约的结果,因为元话语是一个动态开放的、不断变化的系统,难以真正实现系统性的定量研究。

（2）对于意向动词和言说动词的考察、统计及分析也存在一些偏颇之处。本研究先从《汉语动词用法词典》中统计出能够带小句宾语的动词,然后再从中甄辨出意向动词和言说动词;这种研究思路与方法,无疑难以真正全面反映所研究对象的实际面貌。更妥当的方法或许应是:依循逻辑演绎的思路,先确立意向活动和言说活动的方式,然后再从规模尽可能庞大的语料中逐一全面检索、系统归纳表征意向活动与言说活动的相关动词、名词。但若如此处理无疑也有不妥之处,一则会有循环论证之嫌,二则是要想将表征意向活动与言说行为的所有动词、名词都从浩如烟海的语料中全面地检索出来,是绝非一夫之力、三日之寒可以毕其功的。因而只好退而求其次,先依托世所公认的词典确定研究对象,再以此为基础展开甄别分析工作。另需说明的是,对照词典进行统计,因为条目繁多,而且意向动词和言说动词都涉及意义,而意义又极为繁杂,因而具体成员的判定存在疏漏错谬恐怕在所难免,重新修订,恐只能寄望于将来,目前权且恳请读者诸君姑且观之哂之。

（3）由于能力、时间等因素的制约,笔者对于信息结构理论以及本文所涉及的其他理论的研习与理解还不到位,因此尚未能依据这些理论对语言事实展开更加系统、细致而深入的研究,致使本文有些环节（特别是第四章的部分内容）显得"述"大于"论",针对具体语言现象所作的讨论因而也显得相对生硬、粗陋。

本项研究的初心是打算从对外汉语语篇教学中的突出性偏误问题出发,依据元认知、图式及信息结构等理论,通过正、负向语料的比较分析,系统而深入考察话题链在汉语叙事性语篇建构过程的延展机制和深层规律;并以此为基础,通过大规模的语料统计分析,对汉语叙事性语篇乃至其他类型的语篇进行生成性研究,进而依据话题链的组配规律,试图抽象出不同语体语篇中所包含的具有格局属性的系列体式特征,从而为语体的定性定量研究提供可靠的统计分析参项。尽管在此番研究过程中,笔者对既往的阶段性成果进行了近乎彻底的重铸,首先在篇幅上净增十万余字,其次对于原先的论述性内容也全面锤炼、重新阐发。不得不说,本书仍然只能算是一个粗浅的开端,要想实现上面所说的研究初心,还有漫长的路要走,在未来的探索中,将再继续努力向前向上迈进。

附录　常用分析符号与示例

1. 话题下标：X_i

   示例：桌子上的葡萄$_i$，你都吃掉吧。

2. 元话语标记语：¶……¶

   示例：¶更奇怪的是¶，如此之近，却一直没走过。

3. 共时成分标记：φ……φ¹

   示例：φ 这时 φ¹ 跑过来很多人，一下子把母女俩围住了。

4. 套娃式容器图式标记：|……|¹（……）。｛|……|²⁻¹（……）。|……|²⁻²（……）。｝

   示例：|海南岛|¹（属热带气候，……。冬季暖热，……。）｛|儋县|²⁻¹（霜冻出现频率仅20％，年平均霜日0.5天，无明显霜害）。|琼海及其以南的沿海地区|²⁻²（历年绝对极低温度＞5℃，终年无霜）。｝

5. 整体—部分图式话题链标记：X⌷¹⁻⁰……X-1⌷¹⁻¹……X-2⌷¹⁻²

   示例：客车⌷¹⁻⁰整个翻倒在沟底，四轮⌷¹⁻¹朝天，变形的车顶⌷¹⁻²卡在高速路的斜坡与平地交接的一道沟渠内，前后挡风玻璃⌷¹⁻³全部破碎。

6. 路径图式话题链标记：（……）þ¹

   示例：（最先想到的）þ¹是李清照，恕我不避有违《曲礼》之嫌，又是个女的。

7. 插槽式话题链标记：X_{top}……『……』¹，⊥……⊥¹

   示例：书$_{top}$有『歧义』¹，⊥书籍之书，多用，书法之书，少用。⊥¹

8. 嵌套式话题链标记：|X＋意向动词|¹⁻¹〖……〗。

   示例：|王子看到|¹⁻¹〖马和猎狗正躺着睡觉，鸽子把头埋在翅膀下静静地睡〗。

9. 枝节式话题链标记：X⚲¹，X-Y⚲¹⁻¹……Z。Z⚲¹⁻²……。

   示例：我今天去看的那套房子⚲¹，周围⚲¹⁻¹环境还可以。西边⚲¹⁻²是山，山下⚲¹⁻²⁻³有一条小河，河边⚲¹⁻²⁻³⁻⁴是一个很大的公园。

10. 系联图式话题链标记：X_{top}，ʘ¹【……X－1……】……。

示例：在梨栈十字路口的转角，有一家**天津书局**$_{top}$，小小的只有一间**门面**$_{top-1}$，但ʘ¹【橱窗】的布置却很有特色。

11. 并列式话题链标记：(Top¹)＃¹……，(Top²)＃²……，(Top³)＃³……

示例：(小兔子)＃¹会从她们手里吃一片菜叶，(小鹿)＃²在她们身边吃草，(驯鹿)＃³在一旁兴奋地跳跃，(小鸟)＃⁴则停在她们的肩上，唱着动听的歌儿。

12. 时序象似图式话题链标记：Time1……，Time2……，Time3……。

示例：七点起床梳洗完毕，吃点饭，七点二十轻轻松松出门，到门口上班车；上了班车还有座位，一直开到单位院内，一点不累。晚上回来也很早，过去要戴月亮，七点多才能到家；现在不用戴了，单位五点下班，她五点四十就到了家，还可以休息一会儿再做饭。

13. 前调节标记：……，Ω(……)¹……。

示例：桥多种，用多种，Ω(贪多嚼不烂，想只说一点点自己感兴趣的)¹。……

14. 后调节标记：……，Ю(¶……¶)。

示例：……，Ю(¶以上的话说得有点偏离，还是说我自己吧¶)。很多朋友注意到，这些短小的文字与我以前的文字气质和色彩都不一样。

15. 事件结构标记：/……/

示例：/**长途车开到海流图镇**/

16. 意向动词与意向域标记：……看见╠……╣。

示例：我看见╠一对老夫妻，看样子是从农村来的。他们要过马路，但是在路口等了半天，也没敢过来╣。

17. 言说动词与言说域标记：……**叙说**╠……╣。

示例：这里我将**叙说**╠一件很可珍贵的经验╣。

18. 逻辑衔接语：……，**不过**$_{逻辑衔接语}$……。

示例：我是最后一个起身的，**不过**$_{逻辑衔接语}$我不像其他人一样走向神鼓，而是火塘，我把桦树皮投到那里了。

参考文献

中文部分：

奥托·叶斯伯森.语法哲学[M].何勇,等译.北京：语文出版社,1988：1，3.

巴丹."极小量＋也/都＋VP"否定构式辨析[J].励耘语言学刊,2017，2：212－223.

巴赫金.巴赫金文论选[M].佟景韩,译.北京：中国社会科学出版社,1996：1－56.

巴赫金.诗学与访谈[M].石家庄：河北教育出版社,1998：242.

曹逢甫.主题在汉语中的功能研究：迈向语段分析的第一步[M].谢天蔚,译.北京：语文出版社,1995：39，40，39－43,92－99.

曹逢甫.汉语的句子与子句结构[M].王静,译.北京：北京语言大学出版社,2005：45－52，53.

曹秀玲.汉语话语标记多视角研究[M].北京：中国社会科学出版社,2016：127－258.

曹秀玲,魏雪.从感官动词到推断元话语标记[J].语文研究,2021，2：13－20.

陈保亚.当代语言学[M].北京：高等教育出版社,2009：14－15.

陈昌来,张长乐."后来"的词汇化及相关问题[J].汉语学习,2009，4：3－8.

陈昌来."近来"类双音时间词演化的系统性及其相关问题[J].上海师范大学学报,2013,5：99－110.

陈昌来,王韦皓."据说"的词汇化历程及其动因分析[J].对外汉语研究,2014,1：19－35.

陈佳,徐萌.《认知话语分析概论》述评[J].外国语,2022，4：124.

陈建民.汉语口语[M].北京：北京出版社,1984：210－226.

陈平.释汉语中与名词性成分相关的四组概念[C]//现代语言学研究：理论·方法与事实.重庆：重庆出版社,1991：119－141.

陈平.汉语零形回指的话语分析[C]//现代语言学研究：理论·方法与事实.重庆：重庆出版社,1991：182－183,183－187,206－208.

陈平.汉语双项名词句与话题—陈述结构[J].中国语文,2004,6:493-507,575.

陈平.系统中的对立:谈现代语言学的理论基础[J].当代修辞学,2015,2:1-11.

陈望道.陈望道学术著作五种·修辞学发凡[M].上海:复旦大学出版社,2005:
214,216-217,216-218,218,220,221,246,258.

陈英和.认知发展心理学[M].杭州:浙江人民出版社,1996:313.

陈忠.认知语言学研究[M].济南:山东教育出版社,2006:1.

陈振宇.汉语的指称与命题:语法中的语义学原理[M].上海:上海人民出版社,
2017:150-190.

陈振宇,朴珉秀.话语标记"你看/我看"与现实情态[J].语言科学,2006,2:
3-13.

陈振宇,甄成.叙实性的本质:词汇语义还是修辞语用[J].当代修辞学,2017,1:
9-23.

陈振宇.汉语的指称与命题:语法中的语义学原理[M].上海:上海人民出版社,
2017:10-11,711.

戴浩一,黄河.时间顺序和汉语的语序[J].国外语言学,1988,1:10-20.

戴浩一,叶蜚声.以认知为基础的汉语功能语法刍议[C]//戴浩一,薛凤生.功能
主义与汉语语法.北京:北京语言学院出版社,1994:187-212.

克里斯特尔.现代语言学词典(第4版)[M].沈家煊,等,译.北京:商务印书馆,2000:
68,221.

董奇.论元认知[J].北京师范大学学报(社科版),1989,1:68,70,71.

董奇.元认知与教会学生如何学习[J].教育论丛,1989,5:16.

董奇.元认知与思维品质关系性质的相关实验研究[J].北京师范大学学报(社科
版),1990,5:51-58.

董秀芳.词汇化与话语标记的形成[J].世界汉语教学,2007,1:50-61.

杜晓新.元认知在认知活动中的作用[J].上海师范大学学报,1992,3:136.

范开泰.语用分析说略[J].中国语文,1985,6:401-408.

方梅.自然口语中弱化连词的话语标记功能[J].中国语文,2000,5:459-470.

方梅.篇章语法与汉语篇章语法研究[J].中国社会科学,2005,6:167.

方梅.篇章语法与汉语研究[C]//刘丹青.语言前沿与汉语研究.上海:上海教育
出版社,2005:51.

方梅.由背景句触发的两种句法结构:主语零形反指和描写性关系从句[J].中国
语文,2008,4:291-303.

方梅.从话题连续性看三类结构的篇章功能[J].中国语言学报,2022:8-24.

方清明.论汉语叙实性语用标记"实际上":兼与"事实上、其实"比较[J].语言教学与研究,2013,4:91-99.

方清明.英汉叙实性标记的对比研究[J].北京第二外国语学院学报,2015,1:10-15.

费尔迪南·德·索绪尔.普通语言学教程[M].高名凯,译.北京:商务印书馆,1980:18,27,106,157,170-171,179-181.

冯光武.汉语语用标记语的语义、语用分析[J].现代外语,2004,1:24-31+104-105.

弗里德里希·温格瑞尔,汉斯-尤格·施密特.认知语言学导论(第2版)[M].彭利贞,许国萍,赵微,译.上海:复旦大学出版社,2009:235.

付晓丽,徐赳赳.国际元话语研究新进展[J].当代语言学,2012,3:260-271+229-230.

高概.话语符号学[M].王东亮,编译.北京:北京大学出版社,1997:7.

高增霞.自然口语中的话语标记"完了"[J].语文研究,2004,4:20-23.

顾曰国.奥斯汀的言语行为理论:诠释与批判[J].外语教学与研究,1989,1:30-39.

顾曰国.John Searle 的言语行为理论:评判和借鉴[J].国外语言学,1994,3:10-16.

桂诗春,编著.新编心理语言学[M].上海:上海外语教育出版社,2000:118-200,410-411,421.

海德格尔.在通向语言的途中[M].孙周兴,译.北京:商务印书馆,1997:1.

胡范铸.从"修辞技巧"到"言语行为":试论中国修辞学研究的语用学转向[J].修辞学习,2003,1:2-5.

胡范铸.言语行为的合意性、合意原则与合意化[J].外语学刊,2009,4:65-68.

胡裕树,范晓.试论语法研究三个平面[C]//袁晖,戴耀晶.三个平面:汉语语法研究的多维视野.北京:语文出版社,1998:25-41.

胡壮麟.语篇的衔接与连贯[M].上海:上海外语教育出版社,1994:1-15.

胡壮麟.功能主义纵横谈[M].北京:外语教学与研究出版社,2000:148-202,316-390.

葛鲁嘉.联结主义:认知过程的新解释和认知科学的新发展[J].心理科学,1994,4:237-241.

郭纯洁.句法与语义界面研究 60 年反思[J].现代外语,2018,5:718.

郭焰坤.列锦辞格的产生与发展[J].修辞学习,2003,5:32-34.

J. H. 弗拉维尔,等.认知发展(第四版)[M].邓赐平,等译.上海:华东师范大学出版社,2002:1-2,3,218-223,244,387.

杰弗里·N.利奇.语义学[M].上海:上海外语教育出版社,1987:427-452.

金立鑫."Posi.＋有＋N"和"Posi.＋是＋N"[J].语言教学与研究,1995,3:83.

金岳霖,主编.形式逻辑(重版)[M].北京:人民出版社,2018:34-41.

库尔特·考夫卡.格式塔心理原理[M].李维,译.北京:北京大学出版社,2010:19-252,230-345.

乐耀,陆笃怡.话题连续性测量的两个维度:可及性和重要性[J].世界汉语教学,2023,1:29-40.

李葆嘉.汉语元语言系统研究的理论建构及应用价值[J].南京师范大学学报,2002,4:140-147.

李大勤."关系化"对"话题化"的影响:汉语话题结构个案分析[J].当代语言学,2001,2:127-131.

李红印.汉语听力教学新论[J].南京大学学报,2000,5:154-159.

李金满,吴芙芸.句首名词作主语还是话题?——来自 SVO 和 TSV 句子加工的证据[J].现代外语,2020,4:477-488.

李晋霞.论话题标记"如果说"[J].汉语学习,2005,1:28-32.

李晋霞."好"的语法化与主观性[J].世界汉语教学,2005,1:44-49.

李锦祥.堆栈技术的应用[J].测绘信息与工程,1979,4:33-41.

李明洁.元认知和话语的链接结构[M].上海:华东师范大学出版社,2008:14-163.

李明洁.会话推理与交际图式[J].修辞学习,2003,1:13-15.

李明洁.口语中的链接结构及其元认知本质[C].全国第八届计算语言学联合学术会议论文.南京,2005.

李熙宗.语体研究中的两个问题[C]//中国华东修辞学会,复旦大学语言文学研究所.语体论.合肥:安徽教育出版社,1987:26-36.

李熙宗.关于语体的定义问题[J].复旦学报,2005,3:176-186.

李熙宗.语体的描写研究与话语的语体分析[C]//语言研究集刊(第二辑).上海:上海辞书出版社,2005:241-263.

李晓琴,陈昌来.现代汉语换言标记构式"往 X 里说"[J].语言文字应用,2020,1:

95－102.

李晓琴,陈昌来.评价性换言标记构式"说得 X 一点"[J].新疆大学学报(哲学・人文社会科学版),2020,1：135－140.

李新良.立足于汉语事实的动词叙实性研究[J].世界汉语教学,2015,4：350－361.

李新良.疑问句与汉语动词的叙实性[J].语言教学与研究,2016,2：92－102.

李新良.概念结构驱动的现代汉语半叙实动词研究[C]//语言研究集刊(第二十辑).上海：上海辞书出版社,2018：38－54.

李新良."感觉"类动词的叙实性及其漂移问题研究[J].语言教学与研究,2018,5：65－75.

李新良,袁毓林."知道"的叙实性及其置信度变异的语法环境[J].中国语文,2017,1：42－52.

李秀明. 汉语元话语标记语研究[D].上海：复旦大学中文系,2006.

李泽厚.伦理学新说述要[M].北京：世界图书出版公司,2019：178.

李战子.话语的人际意义研究[M].上海：上海外语教育出版社,2002：25－175.

李宗江.说"完了"[J].汉语学习,2004,5：10－14.

李宗江."回头"的词汇化与主观性[J].语言科学,2006,4：24－28.

李佐文.论元话语对语境的构建和体现[J].外国语,2001,3：44－50.

李佐文.元话语：元认知的言语体现则[J].外语研究,2003,1：27－30.

廖秋忠.篇章中的框—棂关系与所指的确定[C]//廖秋忠文集.北京：北京语言学院出版社,1992：30－44.

廖秋忠. 现代汉语篇章中的连接成分[C]//廖秋忠文集.北京：北京语言学院出版社,1992：62－91.

廖秋忠.篇章中的管界问题[C]//廖秋忠文集.北京：北京语言学院出版社,1992：92－115.

廖秋忠.也谈形式主义与功能主义[C]//廖秋忠文集.北京：北京语言学院出版社,1992：276－284.

梁宁建.当代认知心理学[M].上海：上海教育出版社,2003：99.

刘大为.作为语言无意识的语感[J].华东师范大学学报,2003,1：105－112,106.

刘大为.意向动词、言说动词与篇章的视域[J].修辞学习,2004,6：1－7.

刘大为.语言对自身的指称[C]//语言研究集刊(第三辑).上海：上海辞书出版社,2006：267－290.

刘大为.自然语言中的链接结构及其修辞动因[C]//首届望道修辞学论坛论文.
上海：复旦大学,2008.

刘复.中国文法通论[M].北京：中华书局,1920：73-74.

刘丽艳.话语标记"你知道"[J].中国语文,2006,5：423-432.

刘月华,等.实用现代汉语语法[M].北京,商务印书馆,2001：1,888-890.

鲁川.汉语语法的意合网络[M].北京：商务印书馆,2001：25,257-268.

鲁健骥.中介语研究中的几个问题[J].语言文字应用,1993,1：22.

陆丙甫.无限递归的条件和有限切分[J].世界科学,1983,9：21,33-37.

陆丙甫.人脑短时记忆机制同人类语言结构的关系[J].世界科学,1983,9：
21-30.

陆丙甫.组块理论的完善化及其在自然语言理解中的应用[J].思维科学,1986,
2：77.

陆丙甫.核心推导语法[M].上海：上海教育出版社,1993：187,187-190.

陆丙甫.语句理解的同步组块过程及其数量描述,汉语的认知心理研究[M].北
京：商务印书馆,2010：81-92.

陆俭明.重视语言信息结构研究 开拓语言研究的新视野[J].当代修辞学,2017,
4：4-14.

陆俭明.再谈语言信息结构理论[J].外语教学与研究,2018,2：163-172.

陆俭明.再议语言信息结构研究[R].纪念《修辞学发凡》问世90周年暨第十二届
"望道修辞学论坛"学术研讨会,上海：复旦大学,2021-12-4.

陆侃如,牟世金,译注.文心雕龙译注[M].济南：齐鲁书社,1995：359,359-
360,426.

陆烁,段旭峰,李翔羽.汉语领属话题句中显著性与局部性规则及其心理现实基
础——来自眼动技术的证据[J].当代修辞学,2021,1：56-73.

罗兰·巴特.叙事作品结构分析导论[C]//张寅德.叙述学研究.北京：中国社会
科学出版社,1989：2.

罗曼·雅柯布森.语言学的元语言问题,雅柯布森文集[M].钱军,编.长沙：湖南
教育出版社,2001：52-65.

吕必松.对外汉语教学理论研究问题刍议[J].语言文字应用,1992,1：65.

吕叔湘,朱德熙.语法修辞讲话[M].北京：中国青年出版社,1962：165-166.

吕叔湘,主编.现代汉语八百词(增订本)[M].北京：商务印书馆,1999：595,619.

马克思,恩格斯.马克思恩格斯选集(第1卷)[M].中央编译局,编译.北京：人民

出版社,1995：30.

毛浩然,徐赳赳,娄开阳.话语研究的方法论和研究方法[J].当代语言学,2018,
　　2：284-299.

孟琮,郑怀德,孟庆海,蔡文兰,编.汉语动词用法词典[Z].北京：商务印书
　　馆,1999.

苗兴伟.语篇语用学：句法结构的语篇视角[J].外国语,2008,5：30-31.

摩罗.《方法》杂志正在崛起[M]//不死的火焰.北京：中国工人出版社,2002：
　　319,322.

倪建文."一……也不(没)"句式的分析[J].汉语学习,2001,4：13-19.

诺姆·乔姆斯基.句法结构[M].邢公畹,等译.北京：中国社会科学出版社,
　　1979：54,85.

欧阳建平.元认知和元认知策略研究及其对外语教学的启示[J].云梦学刊,2006,
　　4：143-145.

潘先军.互动话语标记"瞧你说的"：从否定内容到否定情感[J].语言教学与研
　　究,2022,3：68-78.

彭宣维.语言的过程与维度[M].北京：清华大学出版社,2002：19-273.

皮亚杰.发生认识论原理(英译本序言)[M].王宪钿,等译.北京：商务印书馆,
　　1985：15.

钱乃荣.话题句与话题链[J].汉语学习,1989,1：7.

屈承熹.汉语篇章语法[M].潘文国,等译.北京：北京语言大学出版社,2006：
　　160-161,247-248,250,260-268.

屈承熹.汉语篇章句及其灵活性[J].当代修辞学,2018,2：1-22,12-20.

冉晨.现代汉语中数量名回指语的指称性质与回指确认方式[J].语言教学与研
　　究,2024,1：59-68.

沈家煊.语用法的语法化[J].福建外语,1998,2：1-7.

沈开木.句段分析(超句体的探索)[M].北京：语文出版社,1987：264.

施树森.汉语语法提要[M].南京：江苏人民出版社,1957：41-43.

石毓智.论汉语的结构意义和词汇标记之关系[J].当代语言学,2002,1：26.

束定芳,张立飞.后"经典"认知语言学：社会转向和实证转向[J].现代外语,
　　2021,3：224.

斯琴,李满亮.从图式理论的视角看阅读理解的心理过程[J].内蒙古大学学报(人
　　文社会科学版),2007,1：96-99.

宋柔.汉语篇章广义话题结构的流水模型[J].中国语文,2013,6:483-494.

宋文辉.主语和话题[M].上海:学林出版社,2018:80-93.

完权.话题的互动性:以口语对话材料为例[J].语言教学与研究,2021,5:64-77.

王芳,吴芙芸.汉语话题结构的心理实验研究:进展与展望[J].外语学刊,2020,6:9-16.

王建国.《汉语话题链:篇章分析与语言教学中的应用》简介[J].当代语言学,2008,2:181-183.

王建国.话题链的研究现状[J].汉语学习,2012,6:75.

王穗苹,杨锦绵.精细阐述与先行信息激活水平的动态变化[J].心理与行为研究,2004,2:425-429.

王甦,汪安圣.认知心理学[M].北京:北京大学出版社,2008:30-78,90-110,137-169.

王彤福.谈谈语言的叙实性[J].外语界,1985,2:9-12.

文旭.语言、意义与概念化[J].深圳大学学报(人文社会科学版),2022,1:33.

邢福义.小句中枢说[J].中国语文,1995,6:420-428.

邢福义.汉语小句中枢语法系统论略[J].华中师范大学学报(人文社会科学版),1998,1:1-7.

邢福义.汉语复句研究[M].北京:商务印书馆,2001:1-498.

熊学亮.认知语用学概论[M].上海:上海外语教育出版社,1999:113-157.

徐赳赳.现代汉语篇章回指研究[M].北京:中国社会科学出版社,2003:30-269.

徐赳赳.现代汉语联想回指分析[J].中国语文,2005,3:195-204.

徐赳赳.关于元话语的范围和分类[J].当代语言学,2006,4:345-353.

徐赳赳.现代汉语篇章语言学[M].北京:商务印书馆,2010:343-353.

徐赳赳.导语:篇章研究的继承与发展[J].当代语言学,2018,2:230.

徐烈炯.形式与功能[J].现代外语,1985,4:9-17.

徐烈炯,刘丹青.话题的结构与功能[M].上海:上海教育出版社,1998:1-4,7-10,31,94.

徐烈炯,刘丹青.话题的结构与功能(增订本)[M].上海:上海教育出版社,2018:6-202.

许余龙.篇章回指的功能语用探索:一项基于汉语民间故事和报考语料的研究

[M].上海：上海外语教育出版社,2004：14－35,21,86－90,88,147－149, 183,179－198.

杨彬.话题链语篇建构的多角度研究[D].上海：复旦大学中文系,2009.

杨彬."话题链"的重新定义[J].当代修辞学,2016,1：72－78.

杨彬.修辞困境的三大矛盾及其突破路径[J].湖南师范大学社会科学学报,2019, 1：117－125.

杨彬.语言生态伦理视域下的"炼字"机制及其实践价值[J].南昌大学学报(人文社会科学版),2019,1：103－110.

杨彬.基于"注意力视窗开启"的叙事性文本的创造性建构分析[J].当代修辞学, 2021,5：44－53.

杨彬.篇章动态视角下副词性成分的叙事价值分析[J].当代修辞学,2023,1： 42－50.

杨惠元.课堂教学理论与实践[M].北京：北京语言大学出版社,2007：265－281.

杨万成,陈昌来."我敢说"的话语标记功能与认知立场表达[J].当代修辞学, 2023,4：67－76.

姚双云,刘红原.汉语会话互动中的话题结构[J].当代修辞学,2020,6：62－76.

叶圣陶.怎样写作[M].北京：中华书局,2016：3.

袁晖,李熙宗.汉语语体概论[M].北京：商务印书馆,2005：33－35.

袁晖.语体的通用成分、专用成分和跨体成分[J].烟台大学学报,2005,1： 109－113.

袁行霈.陶渊明集笺注[M].北京：中华书局,2011：344.

袁毓林.一价名词的认知研究[J].中国语文,1994,4：241－253.

袁毓林.话题化及相关的语法过程[J].中国语文,1996,4：241－254.

袁毓林.汉语话题的语法地位和语法化程度：基于真实口语的历时和共时考量 [C]//话题与焦点新论.徐烈炯,刘丹青,主编.上海：上海教育出版社,2003： 97－130.

袁毓林.容器隐喻、套件隐喻及相关的语法现象：词语同现限制的认知解释和计算分析[J].中国语文,2004,3：199,200.

袁毓林.隐性否定动词的叙实性和极项允准功能[J].语言科学,2014,6：575－586.

袁毓林.为什么要给语言造一座宫殿[R].转引自微信公众号"汉语堂",2019－08－23.

袁毓林."记得"的叙实性漂移及其概念结构基础[J].语言教学与研究,2020,1： 36－47.

袁毓林. 叙实性和事实性：语言推理的两种导航机制[J].语言研究,2020,1：1-9.

袁毓林. "忘记"类动词的叙实性漂移及其概念结构基础[J].中国语文,2020,5：515-526.

约翰·塞尔.心灵、语言和社会[M].李步楼,译.上海：上海译文出版社,2001：41,42,40-44,43,64,65,70,77,78,94,95.

约翰·塞尔.意向性：论心灵哲学[M].刘叶秋,译.上海：上海人民出版社,2007：41-42.

詹芳琼. 从构式角度看立场话语标记"本来"的形成[A].清华语言学（辑刊）,2023：113-132.

张必隐,郭德俊.图式理论与阅读过程[J].心理科学通讯,1988,1：57,58.

张伯江,方梅.汉语功能语法研究[M].南昌：江西教育出版社,1996：73-138.

张伯江.功能语法与汉语研究[C]//语言前沿与汉语研究.刘丹青,主编.上海：上海教育出版社,2005：31,23-45.

张德禄.语言符号及其前景化[J].外国语,1994,6：9-14.

张德禄.论衔接[J].外国语,2001,2：23-28.

张耘鸣,方梅. 从自然口语的句法合作共建看汉语话题[J].汉语学报,2023,2：19-29.

张寒冰. 光杆名词主语指称解释的情态动因[J].语言教学与研究,2024,1：69-79.

张连弟.《诗品》校释[M].哈尔滨：北方文艺出版社,2005：18.

张敏.认知语言学与汉语名词短语[M].北京：中国社会科学出版社,1998：1,3,4,50,59,106,103-113,148,139-187.

张新华. 短时副词"顿时"的叙实特征研究[J].语言研究,2017,3：29-36.

张新华."感谢"类叙实动词句的话题、焦点和名词化现象[C]//语言研究集刊（第二十辑）.上海：上海辞书出版社,2018：55-74.

张燕春.易位与倒装和追补[J].汉语学习,2004,6：28-30.

赵晨雨. 话语标记语"说真的"的元语用分析[J].汉字文化,2023,20：20-22.

赵鹏.汉语篇章话题链结构树模型构建研究[J].外语研究,2022,5：57-62.

赵元任.中国话的文法[C]//刘梦溪,主编.石家庄市：河北教育出版社,1996：69.

赵元任.汉语口语语法[M].吕叔湘,译.北京：商务印书馆,2001：351,352-353.

钟小勇.重动句信息结构研究[D].上海：复旦大学中文系,2008.

周国正.书面语篇的主题串连与省略[J],上海大学学报(社会科学版),2005,6：23－33.

中国社会科学院语言研究所词典编辑室,编.现代汉语词典(第 7 版)[Z].北京：商务印书馆,2016：430,506,528,1238,1334.

周篠麟. 对"认知"的几种看法[J].心理科学,1984,2：44－46.

朱德熙.语法讲义[M].北京：商务印书馆,1998：60－61,102－103.

朱晓芳. 语文课堂教学语言的元话语标记语分析[D].上海：华东师范大学中文系,2008.

祝克懿.互文：语篇研究的新论域[J].当代修辞学,2012,5：3.

宗守云. "不用说"为什么还要说?：断言标记"不用说"及其立场特征[J].语言科学,2022,1：51－60.

邹韶华.语用频率效应研究[M].北京：商务印书馆,2001：39－41.

外文部分：

HORNBY A S. Oxford Advanced Learner's English-Chinese Dictionary (Seventh edition) [Z].Beijing：The Commercial Press, 2009：1164,1700, 2029.

BLACKMORE D. Relevance and Linguistic Meaning：The Semantics and Pragmatics of Discourse Markers[M].Cambridge University Press, 2002：59－185.

BROWN G，YULE G. Discourse Analysis [M]. Cambrige：Cambridge University press, 1983：1－188.

CHAFE W. Giveness, contrastiveness, definiteness, subjects, topics and point of view [C]// Subject and Topic. C LI, Ed. New York：Academic Press, 1976：39, 25－55.

CHAFE W. Discourse, Consciousness, and Time：The Flow and Displacement of Conscious Experience in Speaking and Writing [M]. Chicago：Chicago University Press, 1994：120－145,278－300.

LI CHARLES N, THOMPSON SANDRA A. Subject and Topic：A New Typology of Language, Subject and Topic [C]. N L AHARLES, Ed. New York：ACADEMIC PRESS, Inc, 1976：461,459－485.

LI CHARLES N, THOMPSON SANDRA A. Mandarin Chinese[M].Berkeley and Los Angeles: University of California Press, 1981: 659.

COOK G. Discourse [M].Oxford: Oxford University Press, 1989: 61 – 62.

CROFT W. Towards a social cognitive linguistics [C]// New Directions in Cognitive Linguistics. V EVANS, S POURCEL, Ed. Amsterdam: John Benjamins, 2009: 395 – 420.

FILLMORE C J, ATKINS B T S. Toward a frame-based lexicon: the semantics of RISK and its neighbors[C]// Frames, Fields, and Contrasts. A LEHRER, E KITTAY, Ed. Hillsdale, NJ: Lawrence Erlbaum Assoc, 1992: 75 – 102.

BROWN G, YULE G. Discourse Analysis [M]. Cambridge: Cambridge University Press, 1983: 1 – 39, 153 – 188.

GIVÓN T. Syntax: A Functional-typological Introduction (Vol. 2) [M]. Amasterdam: John Benjamins Publishing Company, 2001: 3 – 9.

GUNDEL J K, FRETHEIM T. Topic and Focus [M]// The handbook of pragmatics. HORN L R, WARD G, Ed. Oxford: Blackwell Publishing, 2004: 176.

HALLIDAY M A K. Notes on transitivity and theme in English[J].Journal of Linguistics, 1967, 3: 199 – 244,212.

HALLIDAY M A K, HASAN. Cohesion in English[M]. London: Longman, 1976. Beijing: Foreign Language Teaching and Research Press, 2001.

HALLIDAY M A K, HASAN. Language,Context and Text[M].Victoria: Deakin University Press, 1985.

HARRIS Z. Linguistic transformations for information retrieval [C]// Proceedings of the International Conference on Scientific Information (Vol. 2). Washington D. C.: National Academy of Sciences-National Research Council (NAS-NRC), 1959: 937 – 950.

KEN H, TSE P. Metadiscourse in academic writing: A reap raisal[J].Applied Linguistics, 2004, 2: 156 – 157.

HOCKETT C F. A Course in Linguistics [M].New York: MacMillan, 1958: 201.

JOHNSON M. The Body in the Mind: The Bodily Basis of Meaning, Imagination and Reason [M].Chicago: Chicago University Press, 1987.

SEARLE J R. Expression and Meaning: Studies in the Theory of Speech Acts [M].Beijing: Foreign Language Teaching and Research Press, 2001: 2 – 12,

13 – 20.

KELLER E. Gambits: Conversational strategy signals[J]. Journal of Pragmatics, 1979, 3: 219 – 238.

LAMBRECHT K. Information structures and Sentence form [M]. London: Cambridge University Press, 1994: 36 – 333.

MAFRED K. MUSAN R. Information Structure: Overview and Linguistic and Linguistic Issues [C]// The Expression of Information Structure. K MANFRED, R MUSAN, Ed. BOSTON: WALTER DEGRUYTER GMBH, 2012: 13 – 58.

LI WEN-DAN. Topic chains in Chinese Discourse [J]. Discourse Processes, 2004, 1: 25 – 45.

LONGACRE R E. The Grammar of Discourse [M]. New York: Plenum Press, 1983.

LANGACKER R W. Foundations of Cognitive Grammar (Volume I Theoretical Prerequisites) [M]. Beijing: Beijing University Press, 2004: 99 – 132.

SCHIFFRIN D. Discourse markers: Language, meaning, and context [C]// The Handbook of Discourse Analysis. D SCHIFFRIN, D TANNEN, H HAMILTON, Oxford: Basil Blackwell, 2001: 54 – 75.

SCHIFFRIN D. Discourse Markers [M]. London: Cambridge University Press, 2007: 49 – 330.

KERSTIN S, SUANNE W. On information structure, meaning and Form [M]. Amsterdam: John Benjameans Publishing C.O., 2007.

SEUREN P A M. Western Linguistics: An Historical Introduction [M]. Oxford: Blackwell Publishing, 1998: 125.

SIMARD S. How trees talk to each other[R]. https://www.ted.com/talks/suzanne_simard_how_trees_talk_to_each_other?referrer=playlist-plantastic

TALMY L. Toward a Cognitive Semantics (Volume I): Concept Structuring Systems[M].Cambridge, MA: MIT Press, 2000: 259, 258 – 309.

GIVÓN T. Topic continuity in discourse: an introduction[C]// Topic Continuity in Discourse: A Quantitative Cross-language Study. Talmy Givón, Ed. John Benjamins Publishing Company, 1983: 1 – 41.

KOPPLE W J V. Some exploratory discourse on meta-discourse [J]. College Composition and Communication, 1985: 82 - 93.

VAN DIJK T A. Discourse as Structure and Process [M]. London: Sage Publications, 1997: 7.

WILLIAMS M J. Style: Ten Lessons in Clarity and Grace [M]. Boston: Scott Foresman, 1981: 211 - 212.

索引

后记

（一）

夜雨萧萧对黄灯，枯坐半日，思绪纷杂，感喟良多，不知言何……耳畔却始终一如每日静坐时的乱蝉无数。

十年来，走得很辛苦、很苦闷。一位朋友常笑我，你这么整天早出晚归的，图个啥？我应之以无言的傻笑，心想：对于疲弱的驽马来说，除了尽力坚持往前走，还能怎么办呢。然而，苦闷是常有的，因为总感觉没多少长进。

而今，好不容易捧出这么一个粗鄙不堪的"小板凳"，尽管它无疑让我深感愧对导师，但这是我努力用心做出来的。我应该直面它，不管怎么说，它毕竟是我生命的一段。现在，我想把它当作自己的新起点，澄怀净意，勉力向前。

无论何时，一个人都应该心怀感恩。这里，首先感谢我的导师李熙宗先生，感谢他这么多年的悉心教诲、耐心的指导、温婉的督促和鼓励，感谢老师所付出的大量心血和宝贵时间。有一个细节是我永远无法忘怀的：那时，我困顿于家乡的一个小镇，准备考研，等了很久近乎绝望的时候，终于等到了先生的回信，信尾有一句话"病初愈，久坐生疼，字迹潦草，望谅"，看得我不禁泪流，先生如此谦恭厚重，小子何幸！顺此，我也要感谢师母，她的乐观、和善、慈爱给我温暖，让我永远铭记在心。还要感谢老师和师母对我的家人和生活的关心。感谢刘大为先生的精心指导，先生理论宏阔，思辨精深，给予我诸多深刻的启发，然而我资质愚钝，领悟粗浅，愧对指教。感谢李大勤先生，感谢您把我引领到语言学的道路上来，从大学至今一直关爱鼓励着我，给予我莫大的教益与帮助。三位老师为我树立了人生的标高，对我而言，恩同再造，毕生受益。

感谢陈光磊先生、祝克懿先生、蒋勇先生的诸多建设性的意见和建议，让我受益匪浅，同时也要感谢他们温暖的鼓励和帮助。感谢他们和游汝杰、戴耀晶、屈承熹、傅杰等诸位先生，在他们的课堂上，我获得了很多新知，并被他们对于学术的执着深深感动着。尤其无法忘怀裘锡圭先生课堂上裘夫人侍讲的感人情景。对于行迹其间七年的复旦,自然心怀深深的感激,感激她敞开的课堂,感激课堂上那些执着于学术的虔诚的灵魂,燃烧生命,传递光明。骆玉明、陈思和、王德峰、吴晓明、朱维诤、石磊、华民……一个个名字所指称的生命都让我感动。

感谢相知多年的兄弟兴安,感谢方珍平、吴云、盛若菁、侯昌硕、田英华、黄友、钟小勇、朱磊等同门或好友,他们都给了我巨大的帮助,给我提出了宝贵的意见和建议,给我提供了很多重要的资料。人生路上还有很多好友,恕我不再一一提及,他们都已成了我生命中的重要部分,我也要感谢他们。

感谢我的领导和同事们四年来对我的关心、照顾和帮助;特别要感谢向明友教授对我的指点和帮助,感谢我的同屋鹿钦佞博士给我的诸多温暖的帮助。

更要感谢父母的养育之恩,然而让我无比痛苦的是,父亲那如山的父爱早已化作荒冢,十年来默默地躺在我飘零异乡的心头。"树欲静而风不止,子欲养而亲不待",悲夫!

感谢我的岳父岳母抛却自己的生活,锁上房门,过来照顾我的孩子和家庭,某种意义上,对孩子来说,他们几乎全部承担了"父母的责任"。心中除了无限感激还是感激!

更应感谢我的妻子,从结婚至今一直分居两地,教育孩子的重任基本都落在她的头上,感谢她的坚忍、宽容、理解和支持,还要感谢我的儿子带给我的快乐和力量。感谢他们的爱!

……再回首,硕士毕业匆匆已七年。七年前,我放弃做公务员的机会,选择留在学校,本想好好读书,然而七年来收效甚微,寂然往顾,感慨不已,聊借此"无题"以纪之:

> 明月无端变钩弦,一钩一弦销华年。
> 迷蝶庄生惊晓梦,啼血杜鹃向荒山。
> 长夜疏星渐寥落,三更河汉忽西转。
> 此情亦已成追忆,望帝春心总惘然。

然而,选择的道路自会更坚定地向前走下去;毕竟,自己信奉的是:过程即结果。蚌病成珠或有日,则是不加奢望的。

悟一

2009 年 5 月 13 日

（二）

时光匆匆，漫漫踰纪……
日月相趁掷人去，念此孰能不欷歔？
华发满颠对苍茫，情何以堪，怅何如之！

十二年，恍若一个轮回。

十二年前，在或辛苦辗转或麻木奔波的状态下，勉强完成了我的博士论文，正如在结尾的后记中所说的，那是一个粗鄙不堪的“小板凳”，尽管它是那时的我竭其所能用心用力做出来的，但此番反复修改的过程中，看着它鄙陋的模样，愈发令我深感愧对恩师熙宗先生的大力携掖、谆谆教诲与殷殷期望。

十六年前，在回炉重造之际，恩师温厚地宽慰并嘱咐我说，硕士期间，因为你遭受人生的变故等，没能把书读好，过去的也只好过去了，希望博士期间能够好好用心，尽量把书读好一些。感念于导师的恩德与鞭策，读博四年间，我只能将可能用上的时间都尽量用上，无数个日子只有四五个小时的睡眠，常常是在困累不堪的状态下和衣斜卧休息，夜中醒来继续努力，临近天亮又在沉沉的困倦中睡去，然后在闹铃中醒来，匆匆赶去上班，因为要尽力工作、照顾家庭，占去了大量的时间精力，我也只能这么长期打疲劳战。况且，鲁人难为敏。所以，在答辩前，我只能满怀羞愧地捧出那个粗鄙的小板凳。而现代汉语语法八大家之一的张斌先生担任答辩主席的答辩委员会的诸位先生们对论文给予超乎我的想象的肯定。那些肯定，对于那时的我以及现在的我来说，实在可谓先生们对我这个后进后生的温雅鼓励。

因为任何科学研究的核心意旨，都是要从无限丰富复杂的现象中抽象出有限多数的要素与规则，以指导人们更加便捷、高效、全面而精深地认识现象、改善实践活动。这种意义上的科学研究工作，对于资质愚钝、心性迂阔的我而言，确乎是可望而不可即、完全不敢奢望的大事业。所以，本想将十余年前勉强做成的那张粗鄙的小板凳永远弃之不顾，但偶尔念及鲁迅先生在其《坟》的序言中所说的那番话，“在我自己，还有一点小意义，就是这总算是生活的一部分的痕迹。所以，虽然明知道过去已经过去，神魂是无法追蹑的，但终不能那么决绝，还想将糟粕收敛起来，造成一座小小的新坟，一面是埋藏，一面也是留恋。至于不远的踏成平地，那是不想管，也无从管了”，便又不忍将之彻底抛弃。因而，近两年来又花了颇多时间和心血于其上。

在此番修订的过程中，对于那张粗鄙的小板凳，我进行了近乎彻底的重铸，首先是在篇幅上净增十万余字，其次是对于原先的论述也加以全面锤炼、重新阐发。十二年前，我说过应该直面它，毕竟它是我生命的一段，并希望把它当作自己的起点，澄怀净意，勉力向前。现在，随着马齿徒增、鬓霜日重，愈发相信生命是一场无止境的"为学亦为道，日益仍日损"的修行。从这个意义上来看，不得不说，倾情悉心用力全面修订后的这个文本仍然只能算是一个粗浅的新开端，前路似乎显得更加苍茫漫长，因此更加需要努力向前向上。

在苍莽迷茫中前行，恐怕无疑是需要借助星光点燃内心的光明与愿力的。

于我而言，先后熏陶沉浸于其间长达七年的复旦中文系，有着一团团星光闪耀于历史的时空，令我仰慕不已。之前，在母系百年华诞之际，临风遥望，感慨系之，遂涂鸦一首小词，个中嵌入十二位大先生的名讳信息，以示追怀与敬意。现录于此，聊作一份由衷的纪念：

八 声 甘 州

悟 一

小序：欣闻母系庆祝百年华诞，遥想百年沧桑，追怀十老风华，仰慕诸师博雅清刚，心潮激荡；惭愧七载行迹烟消香然，汗颜半生飘零无成，无以为贺，但捻数缕心香聊作清奉。

望道国士踔圣绍虞，东润谷风寒。遍植嘉树木，芳华渐灿，时雨丰然。孔慕文祺世禄，子展楚狂堪。经解千秋事，傲骨清谈。

林秀景深路远，美天枢邈邈，万水千山。叹欣夫文献，何世恣由勘？忆风流，皓歌慷慨，效俊贤，沧海挂长帆。穹空里，大杰长啸，青史心丹。

时光匆匆，太匆匆，2021 年很快也将彻底远去，历时近两年的修订工作，也不得不告一段落了。尽管两年来，以更大的虔诚与敬畏努力为之。但是，诸多遗憾终究还是难免。

刘彦和"暨乎篇成，半折心始"式的喟然叹息，在我的内心深处，无疑更加强烈、更加无奈、更加沉重。由于翻空易奇的"意"与征实难巧的"言"之间存在着永远无法真正弥合的巨大天堑，词不逮意，恐怕几乎是我们所有努力用心表达者的宿命。而所有倾情悉心用力地表达，恐怕都包含着对于共鸣乃至好声相和的期待与渴望。罪我笑我知我谅我，唯有留待愿意翻翻此书的有缘诸君了。

悟一

记于沪上云间悟一斋

辛丑冬月十八

（三）

流光苦匆匆，令人愈发惊惧！

一恍，又是将近两年的时光，已遽然长逝。

在白发时下的岁月悠悠之中，枯坐书斋，继续努力打磨书稿，经常一坐就是大半日。

在漫长寂寥的煎熬中，长满口罩的人间幻象，终于渐趋模糊。此刻，伏坐于昏黄的孤灯之下，突然忆起某个身为形役百无聊赖的春日午后，从市区归来，在飞速行驶的公交车颤动的后视镜中，道路中间怒放着的一树树海棠炸成一团团球形的闪电；随心顺兴地从某个站台下车，缘溪行，放眼望去，桃花乱落如红雨，然而，几处清溪却用天光拉开大弓，无数芦芽似欲竞发的响箭。不入自然，安知春色如许，安知春光中的希望如许；此番情形让人深感欣慰。夫子曰："天何言哉？四时行焉，百物生焉。天何言哉！"诚哉斯言。

如今，拙稿终于要付梓了。无限感慨之际，更要感谢先父、感谢恩师熙宗先生在天之灵的护佑，还有师母长期以来的关爱与鼓励；感谢大勤师、大为师的关爱与点化；感谢同门克懿师姐、世松师兄、凌燕师姐等诸位兄弟姐妹多年以来的悉心照拂与热情关爱；感谢母亲、岳父母、妻儿对于我的无尽的爱以及对我的学术追求的全心支持；特别感谢责任编辑曹雯京女史与其背后整个团队的尽心尽责；平日里守望相助的师友同仁还有很多，深深铭记于心，不再一一道来。

悟一

记于云间悟一斋

甲辰农历二月初二

2024.03.11